D1703494

KIRCHBERG
SCHWARZ AUF WEISS

KIRCHBERG
SCHWARZ AUF WEISS

Ein Lesebuch von Hans Dieter Haller

Verlag »Kirchberger Fenster«
Antiquariat und Galerie
Herausgeber: Hans Dieter Haller, 2003
Poststraße 17 · 74592 Kirchberg-Jagst
Telefon (0 79 54) 92 54 69
Telefax (0 79 54) 92 54 74

ISBN 3-00-012448-9

Mit freundlicher Unterstützung der

Sparkasse ≦
Schwäbisch Hall-Crailsheim

Gesamtherstellung: Dollmann, Druckerei
74592 Kirchberg an der Jagst

Vorwort

Es fing mit einer Sammlung von Texten an, die von verschiedenen Menschen zu verschiedenen Zeiten geschrieben und veröffentlicht worden sind, und die alle Kirchberg an der Jagst, das Residenzstädtchen in Hohenlohe, zum Inhalt haben. Daraus ist ein Lese- und Bilderbuch entstanden, das wie ein Mosaik Kirchberg in seiner Buntheit zeigt. Jeder Textbeitrag und jedes Bild sind Momentaufnahmen, die aus einem bestimmten, oft sehr persönlichen Blickwinkel das Bild Kirchbergs zeichnen.

Die Sammlung enthält Reiseberichte, beschreibende Texte mit statistischen Angaben aus Lexika oder Oberamtsbeschreibungen, Berichte über besondere Ereignisse, Personen und Institutionen Kirchbergs, persönliche Erzählungen und Gedichte. Inhaltliche Wiederholungen sind dabei nicht zu vermeiden, aber manches wird ergänzt oder in anderer Sichtweise dargestellt.

Die über 60 Texte aus 350 Jahre sind in zeitlicher Reihenfolge angeordnet. Allerdings ist diese Regel dort durchbrochen, wo zeitlich auseinanderliegende Texte sachlich zusammengehören.

Dabei fällt auf, dass der älteste aufgenommene Text aus Merians » Topographia Germaniae « Kirchberg nur sehr knapp erwähnt. Auch fehlt dort eine Stadtansicht, während andere hohenlohische Residenzen abgebildet sind. Erst im 18. Jahrhundert nehmen Zahl und Umfang der Beschreibungen und Berichte zu. Das hängt vermutlich damit zusammen, dass Kirchberg erst ab 1701 ständige Residenz der Linie Hohenlohe-Kirchberg geworden ist.

Kriterium für die Aufnahme eines Textes war, dass er gedruckt vorlag. Nicht aufgenommen wurden Urkunden, Zeitungsausschnitte und Zitate aus wissenschaftlichen Arbeiten, es sei denn, dass keine anderen Texte zu wichtigen Ereignissen wie z. B. zum Brand der Stadtkirche zu finden waren. Die beiden einzigen nicht gedruckt vorliegenden Texte von Marie Kurz und Agnes Günther schienen mir so interessant zu sein, dass hier eine Ausnahme von der oben genannten Regel gemacht wurde.

5

Kürzungen sind nicht deutlich gemacht, die zeitlich bedingte Schreibweise wurde beibehalten. Allerdings sind offensichtliche Fehler korrigiert worden.

Aus Platzgründen musste auf eine Erklärung heute fremder Begriffe vor allem aus der Rechts- und Verwaltungspraxis vergangener Jahrhunderte, wie sie beispielsweise in der Oberamtsbeschreibung von 1847 gehäuft vorkommen, verzichtet werden.

Wer die Seiten durchblättert oder liest, wird manch für ihn Neues entdecken, zum Beispiel dass Lendsiedel einmal badisch war, oder dass in Kirchberg Weinbau betrieben worden war. Interessant ist auch, wie wenig der Vielschreiber Karl Julius Weber über Kirchberg geschrieben hat.

Kirchberg wird, was Landschaft, Lage und Ansicht des Städtchens angeht, in Superlativen gepriesen. »Perle des Jagsttals« ist eine im 20. Jahrhundert immer wiederkehrende Metapher. Aber schon 1850 wurden die Fürstin Marie und Kirchberg in einem Atemzug als Perle Hohenlohes bezeichnet. Erst später machte die Fremdenverkehrswerbung – bescheidener geworden – daraus die Perle des Jagsttals, ein Bild, das sich bis zum heutigen Tag in der Gestaltung des Brunnens am Kirchberger Frankenplatz erhalten hat.

Doch genug der Vorworte. Die Leserin und der Leser sollen selbst ihre Entdeckungen machen. Dieses Buch kann für sie ein etwas anderer »Kirchberger Büchermarkt« sein. Viel Spaß beim Stöbern!

Hans Dieter Haller

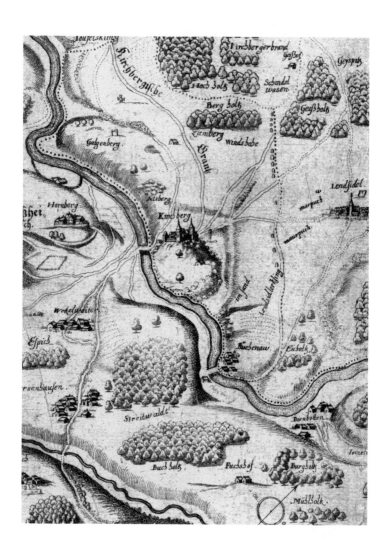

Martin Zeiller (1589-1661)

Kirchberg

Ein Städtlein und Schloß / zwischen Rotenburg und Schwäbischen-Halle / von jedem Ort dritthalb Meilen gelegen / so etwann den Städten Rotenburg / Halle und Dünckelsbühel gehört hat; die solchen Orte den Herren Grafen von Hohenlohe verkaufft; und Rotenburg die Schul erbauet / Dünckelsbühel auch einen Bau in ihrer Stadt geführet / Halle aber den Marckt Ilshofen / von dem Kauffschilling / erkaufft haben sollen; davon gleichwol nichts gewisses verzeichnet zu finden ist.

1656

Kirchberg.

EIn Städtlein und Schloß / zwischen Rotenburg und Schwäbischen-Halle / von jedem Ort dritthalb Meilē gelegen / so etwann den Städten Rotenburg / Halle und Dünckelsbühel gehört hat ; die solchen Ort den Herren Grafen von Hohenlohe verkaufft ; und Rotenburg die Schul erbauet / Dünckelsbühel auch einē Bau in ihrer Stadt geführet / Halle aber den Marckt Jlshofen / von dem Kauffschilling / erkaufft haben sollen ; davon gleichwol nichts gewisses verzeichnet zu finden ist.

Kirchberg
GOttes Lust=Berg/

Wurde,

Als Der

Hochgebohrne Graf und Herr,

HERR
Friedrich Eberhard/

Graf von Hohenlohe und Gleichen/

Herr zu Langenburg und Cranichfeld/ re.

An dem 12. Decemb. 1731.

Die Neu=erbaute Kirche allhier

mit Christlichen Solennitäten einweyhen ließ,

aus dem erwählten Text

vorgestellt/

Und auf gnädigsten Befehl/

Nebst der

Bey Legung des Grund=Steins gehaltenen

SERMON,

Auch einem

Umständlichen Bericht

Von allem dem/ was bey beyden Solennitäten vorgegangen/

Zum Druck übergeben,

von

Johann Ludwig Wolf/

Hof=Prediger/ Beicht=Vatter und Consistorial-Assessor.

Oehringen/ Druckts Joh. Daniel Holl/ Hochgräfl. Hohenl. gemeinsch. Priv. Hof=und Canzley=Buchdr.

Johann Ludwig Wolf (1695-1763)

Nachdeme durch des höchsten Seegen die allhiesig-Kirchbergi-sche Pfarrgemeinde vonetlich und zwantzig Jahren hero sich dergestalten gemehret hat, daß sie in der alten Kirche in die Länge keinen genugsamen Raum gefunden, solches Gebäu auch an und vor sich in vielen Stücken sehr unbequem gewe-sen, und über dieses auch mercklich ruinos geworden ist; Als haben des Hochgebohrnen Grafen und Herrn, Herrn Friederich Eberharden, Grafen von Hohenloh und Gleichen, Herrn zu Lan-genburg und Cranichfeld, Hochgräfl. Excell. ob Sie zwar Zeit währender Dero sowol hier als auf dem Land durch Führung zimlich vieler geist und weltlicher Gebäude grosen Kosten-Auf-wand gehabt, und noch über diß eine gantz neue sehr kostbare Steinerne Brücke über den Kocher bey Döttingen bauen lassen müssen, weil die alte Höltzerne Anno 1729 durch den ungemei-nen starcken Eyß-Gang gäntzlich weggerissen worden ist, nichts destoweniger mit Gott den Entschluß gefasset, Ihme zu Ehren und denen jetzt-lebenden, dann der Posterität zum besten die Erweiterung dieses Kirchen-Gebäues durch Erkaufung eines ohnmittelbar anstossenden Bürgerlichen Haus-Platzes gleich-falls, gantz von Grund auf nicht allein fürnehmen, sondern auch den Thurn in einen bessern und zierlichern Stand, als vorher ge-wesen, setzen, nicht weniger eine geraumige gantz neue Grufft, woran es vorhero gemangelt hat, anrichten zu lassen; Ist also, nach denen vorher, mit Anschaffung derer Materialien, gemach-ten Praeparatorien, diese erstgemeldte, wieauch die Thurn-Ar-beit im Früh-Jahr des 1730 Jahres, in dem Nahmen des Herrn würcklich angegriffen und in denen Sommer-Monathen soweit gebracht worden, daß man am 7. Augusti erstgemeldten Jahrs den Grund- und Eck-Stein des Haupt-Gebäues, gegen weyland Hrn. Cammer-Rath Schusters Behausung, legen können. Nach dieser Zeit wurde mit der Arbeit des äusseren Gemäuers als des Umfangs der neuen Kirchen, den Herbst hindurch fortgefahren, auch der GOttes-Dienst in der alten Kirche den folgenden gant-zen Winter hindurch bis an den Martium 1731 noch continuiret:

Am 5. ejusdem aber, da inmittelst in dem Korn-Haus einige Bequemlichkeit, um die Sacra ad interim daselbst verrichten zu können, aptiret worden, mit Ausraum- und Abbrechung des alten Gebäues der Anfang nicht allein gemachet, sondern auch vornemlich sich Mühe gegeben, um die daselbst beygesetzt-gewesene Hochgräfl Leichname behutsam auszuheben und in die neue Grufft zu bringen, womit man auch wohl reussiret hat. Indessen segnete GOtt den unermüdeten Fleiß derer sämtlichen Handwercks-Leute, bey mehrentheils verliehener favorabler Witterung, dergestalt, daß der neue Bau, nicht allein zeitlich unter Dach, sondern auch die Inwendige Disposition dessen, soviel das nöthigste betroffen, dergestalt zum Stand gekommen, umb noch vor Weihnachten den öffentlichen GOttes-Dienst daselbst wiederum verrichten zu können, wie dann am 12. Dec. zur solennen Einweyhung des Tempels geschritten worden.

1731

Wolfgang Ludwig Köhler   (1695-1732)

Erhabnes Kirchberg! dein Vergnügen
Lässt mich anheut nicht stille liegen /
Es reget den getreuen Sinn /
Es ziehen mich verborgne Triebe
Und eine ganz geheime Liebe
Zu deinem neuen Tempel hin.
Der Tag / der mitten in der Wochen
Zur Freud dem Hof / der Stadt / dem Land /
An diesem Morgen angebrochen /
Hat auch das Hertz in mir entbrannt.

Jetzt / da man ohnehin bey allen
Hört diese frohe Post erschallen:
Dein König / Zion! kommt heran.
Sieht man auf jenen Kirchbergs-Höhen
Den theuren Landes-Vatter stehen /
Wie er die Thür hat aufgetan.
O! ein erbauliches Exempel /
Der HERR macht Thür und Thore weit /
Er geht voran in GOttes Tempel /
Der Unterthan ist auch bereit.

Was hupft ihr andre Berg und Höhen?
Da GOtt den Kirch-Berg ausersehen
Und Lust daselbst zu wohnen hat.
GOtt geb! daß dieser Berg auf Erden
Von Jahr zu Jahr mög höher werden
Und eine veste GOttes-Stadt.
Daß / wann die Berg auch aller Orten
Gleich solten in den Abgrund gehn /
Doch Kirchberg / Trotz den Höllen-Pforten!
Mög vest und unbeweglich stehn.

13

Wohlauf / ihr Kirchbergs-Unterthanen!
Seht heut den Theuren Grafen bahnen
Den Weg zu GOttes Berg und Haus;
Was andre an das Eitle wenden /
Das theilet er mit milden Händen
Zu GOttes Dienst und Ehre aus.
Erkennt das vätterlich Gemüthe /
Erkennet seine Lieb und Treu /
Und bittet heute GOttes Güte /
Damit dieß Fest erfreulich sey.

Doch / da ihr euch jetzt ganz entzücket /
Auf den erfreuten Aufbruch schicket
Nach eurem schönen GOttes-Haus;
So brechen andre / voll von Schmertzen /
Mit nassem Aug / mit bangem Herzen /
In diese stille Seufzer aus:
O! welch ein prächtig-schöner Tempel /
So Hertz und Auge an sich zieht;
Ach! nähmen andre ein Exempel /
Und wärn auch vor ihr Volck bemüht.

Wie manche haben schlechte Hütten /
In derer Schirm / in derer Mitten
Die Lade GOttes ruhen soll.
Der Bau ist löchricht / voller Ritzen /
Das Volck kan kaum da trocken sitzen /
Doch ist dis alles recht und wohl.
Warum? wir haben solche Zeiten /
Da man mit frechem Mund und Muth /
Pflegt als ein Sprüch-Wort auszubreiten:
Es ist solch Leuten alles gut.

Sagt! wie kan sich ein Volck leicht fassen /
Das sich auf solche Weiß verlassen
Und gantz ohn allen Beystand schaut?
Da / wo man zwar an Pracht und Schlössern

Sucht täglich etwas zu verbessern /
Doch nichts an Kirch und Schulen baut.
Wie kan sich jemand da entbrechen /
Wo er dergleichen sieht und hört /
Daß er nicht muß mit Seuffzen sprechen:
Solch Land ist recht Erbarmens wehrt.

Hingegen wo ein Lands-Regente /
In dem beliebten Regimente /
Auch auf die Schul und Kirchen sieht.
Wo er mit unverdrossnem Eiffer /
Zu Trotz dem Neid und dessen Geiffer
Um GOttes Ehre sich bemüht.
Wer solte sich enthalten können /
Daß er nicht solchen Ruhm erhebt?
Wie glücklich ist ein Volck zu nennen /
Das unter solcher Herrschafft lebt.

Bedenckts / ihr Kirchbergs-Unterthanen!
Auf / lasst euch dieses Wort ermahnen
Und sehet euren Wohlstand ein;
Worüber andre seufzend klagen /
Davon wisst ihr ja nichts zu sagen;
Ach! das heist recht glückseelig seyn.
Gewiß / den muß man Undancks straffen /
Der uns anheut nicht stimmet bey /
Daß unter einem solchen Grafen
Erwünscht / erwünscht zu leben sey.

Nun / theurer Graf! des Landes Sonne /
Der Unterthanen Freud und Wonne /
Und der Bedrängten Schutz und Lust;
Erlaube / daß ich mit dem Hauffen /
Die heut zum neuen Tempel lauffen /
Eröffne die getreue Brust;
Sie bringen Wünsche / Bitt und Flehen /
Ich als entfernt stimm auch mit ein /

Damit Dein hohes Wohlergehen
Beständig mög im Segen seyn.

Du stehst heut bey den offnen Thüren /
Den Ehren-König einzuführen /
Du reichst im willig Hertz und Händ;
So woll er dann mit tausend Seegen /
Hof / Kirch / Schul / Stadt und Land belegen /
Bey DEINEM Seegens-Regiment.
DU hast dem HERRN ein Haus gebauet /
So bau er auch dein Gräflichs Haus,
Daß es / wie Hertz und Aug gern schauet /
Sich breit in tausend Zweige aus.

Und solte / nach des Höchsten Willen /
Sich hier und dar das Licht verhüllen /
Aus Undanck gegen GOttes Wort;
So müsse doch auf Kirchbergs-Höhen
Der reinen Lehre Glantz bestehen
Im neuen Tempel fort und fort.
Es müsse Kirchberg hier auf Erden /
Bey seinem holden Glaubens-Schein /
Die Stadt auf einem Berge werden /
Die niemals kan verborgen seyn.

Und muß einst / doch nach späten Jahren /
DEIN edler Geist dahin auffahren /
Woher er seinen Ursprung hat;
So wird das Lamm / dem DU auf Erden
Gedient / DIR selbst zum Tempel werden
In jener grossen GOttes-Stadt.
Ja / lässest DU dis Welt-Getümmel /
Und gehst in jenes Leben ein /
So muß alsdann der schöne Himmel
Dein ewig-bleibend Kirchberg seyn.

1731

Johann Christian Wibel (1711-1772)

Kirchberg, eine sehr wohl situirte Stadt und Residenz derer Herren Grafen von Hohenlohe-Kirchberg zwischen Langenburg und Crailsheim. Es schrieben sich davon Hohenlohische adeliche Vasallen, welche erst ums Jahr 1460 mit Adam von Kirchberg, Marggräflichen Amtmann zu Feuchtwang, der Petronellen Zobelin zur Ehe gehabt, abgestorben. Der Ort aber war lange zuvor schon Hohenlohisch. Dann A. 1373 ertheilte Kaiser Carl, der vierte, Graf Craften ein Privilegium denselben zu einer Stadt zu machen, einen Wochenmarkt allda halten, auch Stock und Galgen aufzurichten. A. 1398 verkaufte Graf Ulrich von Hohenlohe denen Städten Rotenburg, Hall und Dünkelspiel für 13000 Goldgulden Kirchberg nebst Hohnhart und Ilshofen.

Im Jahr 1562 aber Mittwochs nach Michaelis hat Graf Ludwig Casimir Kirchberg, samt denen in nächstumliegenden Orten Ilshofen, Lendsiedel, Aichenau, Dienboth, Weckelweiler, Gagstadt, Mistlau, Almasband, Dörmüntz, Unterstetten, Herboltzhausen, Niederwinden und Düntzbach von ernannten Städten in Besitz gehabten Rechten, Nutzungen und Einkommen, mit allen deren hohen und niedern Obrigkeit, durch eine ansehnliche Summer wieder acquiriret. Johann Hornburg, Burgermeister zu Rotenburg machte darauf die Verse:

Vade tuum ad veterum Dominum, Kirchberga, valeto:
Ipse tibi pacem, cunctaque fausta precor.

Kirchberg an der Jagst hatte vor den Zeiten der Reformation nur eine Kapelle, welche A. 1377 Graf Craft und Gottfried von Hohenlohe um Raban von Kirchberg für 80 Pfund Heller erkauft. Es erhub sich zwar eine Mißhelligkeit und Fehde zwischen den contrahirenden Theilen, die aber durch den Landgrafen Johann von Leuchtenberg beygeleget worden, und stehet in dem schriftlichen Vergleich unter andern: »Auch schaiden wir umb die Capeln oder Kirchen zu Kirchberg, da soll unser Oheim von Hohenlohe dabei bleiben etc.«

A. 1398 kam die Kaplaneybestellung käufflich an die drey Städte. A. 1411 wurde durch einen Kardinal den Einwohnern zu Kirchberg erlaubet, an Festtagen den Gottesdienst, und was dazu gehöret, in der Kapelle daselbst durch einen weltlichen Priester halten zu lassen. Im Jahr 1459 verkaufte Adam von Kirchberg seine Gerechtigkeit und Gülten zu Gackstadt, Weckelweiler, Helmhofen, Lendsidel und Kirchberg an ermeldte Städte, dabey er sich bedungen, daß jeglicher Kaplan seiner und seiner Vorfahren, wie herkommlich, zu Kirchberg an der Kanzel gedenke. A. 1518 bewilligte Bischof Lorentz zu Würtzburg die Transferirung der Kapelle.

Im December ersagten Jahres (1546) kam Kaiser Carl, der fünfte, glorwürdigsten Andenkens, Mittwochs nach Luciae in eigener höchster Person nach Kirchberg, und übernachtete daselbst in dem neuen Bau, dem Wirthshauß gegen über gelegen. Der Obervogt Ludwig Virnhaber und die Burgermeister Carl Hildebrand und Thomas Braun, giengen ihme, samt dem Schultheisen Leonhard Vischer entgegen, und wollten die äusere Thorschlüssel überantworten, die er aber eher nicht, als biß er in eine Stube im Wirthshaus gekommen, angenommen, da er auch, auf geschehene unterthänigste Bitte ihnen und dem Ort mit Kaiserlicher Huld und Gnade zugethan zu seyn, durch einen seiner Räthe eine gnädige Antwort ertheilen lassen und ihnen darauf die Hand gereichet, folgenden Tages aber wieder abgereiset.

Gagstadt, eine halbe Stunde von Kirchberg, hatte A. 1479 eine Kapelle zum heil. Kreutz, aber auch um die Zeit der Reformation eine Pfarrkyrche. Dann ich finde, daß im Jahr 1544 Johann Steinmetz Pfarrer allda gewesen, und mit demselben ein trauriger Zufall sich ereignet habe, welcher in einem alten Urkundenbuch, wie der Titul lautet, also erzählet wird:

»Am Montag vor dem Jarstag A. 1544 hat sich zu Gackstatt inn Hans Ruppen (oder wie er sonst genent, Schummenhänsis) Haus zugetragen, daß derselb Hans Rup, Lorentz Schmid, Sigel Kurtz von preten (Brettheim) und Hans Hallwedel ain krebenmacher mit ainander gespyllt. Ist der Hans Steinmetz pfarrer zu

Gackstatt auch darzu khomen, und mit dem krebenmacher darneben gewettet, inn welchem nebenwetten Sy zwen aines Göttingers halben mitainander entstossen, dermassen, das der Krebenmacher gewöllt hat, der pfarrer hab in fur ain halben Batzen gesetzt, hat aber der pfarrer gewölt. Nain, und umb dieses Göttingers willen, sein sy zwen mitainander entstossen, das er krebenmacher den Pfarrer ins Maul geschlagen, und bed zu den Wöhren griffen, und inn ainander gehawen, der pfarrer hat aber nit mer dan ain clains Waidnerli an Im gehapt. aber der Krebenmacher ain knechtischen handtdegen, Inn welchem schlagen der pfarrer vom Krebenmacher uff den todt verwundt worden. namlich das Ime an der lincken Hand das clain fingerli gar abgehawen, das Ime noch an ainem clainen Heutli gehangen, und im Angesicht am rechten backhen bey dem aug ain dieffe Wunden, und an der stirnen creutzweis verwundt, und am Kopff herum drey Wunden, also das der Wunden am backhen und kopf herum sechs gewesen, und oben uff dem kopff zu öberst, uff dem Wyrbel ain dieffe grosse Wunden zwerch herüber gehapt, zu welcher Wunden, wie der Arzt am Morgen dem Vogt angesagt hat, der atem hindurch gangen.«

Der Thäter wurde darauf gefänglich nach Kirchberg gebracht, und mit dem Schwerdt hingerichtet.

Lendsiedel, ein viertel Stunde von Kirchberg, ist ein ansehnlicher Flecken, der ehedessen verschiedene Besitzer gehabt, nunmehro aber fast ganz Hohenlohisch ist. Den Kirchsatz hatte A.1231 Marggraf Hermann von Baden. Wie er nach und nach an Hohenlohe gekommen, ist bey Gagstadt angezeiget. Pfarr sind allhie gewesen:

1534 Wilhelm Wolff, auf welchem Montags nach Barthol. h.a. da er auf die Nachkyrchweyh gen Lobenhausen gehen wollen, Hieronymus von Velberg selbander gestossen, ihn geschlagen, gefangen, ihme beyde Hochbälg ausgeschnitten und ihn also gehen lassen... Es waren auch Frühemesser allhie, deren einer A. 1532. Dienstags nach Petri und Pauli Tag mit dem Schulmeister sich dergestalt gezanket, daß sie einander auf dem Kyrchhof mit den Haaren herumgezogen, deswegen sie in Verhaft genommen worden. Um diese Zeit entstunde ein anderer Streit des Frühemessers Stephans mit Matthäus Fuchsen zu Almersbund über dem Einseegnungsgeld, dabey jener mit einem Dolch, dieser mit einem Stecken zugeschlagen.

Lobenhausen, unweit Kirchberg, war eine Veste an der Jagst, nebst einer Kapelle in die Pfarr Trinspach gehörig. Die ältesten Besitzer waren Freyherren, so sich davon geschrieben, von denen sie an Hohenlohe und letztlich an die Burggrafen von Nürnberg und Marggrafen zu Brandenburg gekommen.

1752

Dorothea von Schlözer (1770-1825)

Des Morgens fuhren wir von Öhringen nach Hall. Nun waren wir im Schwabenlande, und sahen eine schöne Kirche mit vielen Stufen. Nach Tische fuhren wir von Hall nach Kirchberg, an der Jaxt. Unterwegs war die Gröpfelbacher Steige, da hatten wir Ochsenpost. Es roch sehr übel.

Nun blieben wir 5 Tage in Kirchberg. Hier blies der Kuhhirt wie ein Oboist. Ich sah eine schöne Allee. Am Ende stunden 4 Bäume von Blech: die sahen natürlich wie Palmbäume aus, die in Ägypten wachsen. Wir fuhren nach Jagstadt. Ich sah dort Flachs brechen, und das Grab meines Großpapas.

Weil mir meine lieben Tanten so viel zu schnabulieren gaben, so bekam ich ein schlimmes Aug: aber der Herr Rat H. kurierte mich. In Kirchberg sah ich auch ein Pferd beschlagen: warum hatte ich das nie in Göttingen gesehen? Von Kirchberg nahmen wir ewigen Kohl mit: der soll nun künftig auch in Göttingen wachsen.

Die Rückreise ging über Mergentheim, Hundheim, Miltenberg, Hanau, Frankfurt nach Friedberg, und von dort über Kassel denselben Weg zurück wie gekommen.

1774

Christian Friedrich D. Schubart (1739-1791)
Carl Ludwig Junker (1748-1797)

Zur Kunst

Mir schwillt das Herz, so oft ich von einem Fürsten höre, der seiner Größe durch That sich würdig macht; um so verzeihlicher wird es seyn, wenn ich, indem ich dieß Gefühl bey allen Lesern voraussetze, eine Stelle aus einem Briefe meines Freundes von Kirchberg einrücke:

1777

»Mir würde mein Leben in dem Schoos der Meinigen weit weniger angenehm verfließen, wenn wir nicht einen Fürsten hätten, der gegen den Jüngling von Hofnung sich fast bis zum Gefühl der Freundschaft herablassen kann, und der gegen den Liebhaber und Kenner, in Absicht seiner Schätze, der gütigste Mittheiler ist. Der Geschmack unsrer Fürsten hat das hiesige Residenzschloß zum Stolz von Hohenlohe, und fast für Franken zum Neide gemacht. Mit Größe und Pracht ist Schönheit und Geschmack gepaart. Alle Zimmer prangen mit Gemählden eines Meytens, Rubens, Wouvermanns, Rugendas, Umbachs, Millers, Merians, Ticians, Berghem, Roos, Tischbeins, Hondekotters, Heys, Vandyks, Syverts, einer Therbusch, der Dietschinen u.s.w. Oft wünsch' ich schon, daß diese herrliche Sammlung von Gemälden für den Fremden beschrieben werden möchte. Nun hat der Fürst würklich eine kleine Gallerie von den besten Stücken formirt. Die Fürstliche Sammlung von Kupferstichen ist ausgesucht und zahlreich. Glaubst du es wohl, wenn ich dir versichre, daß mir der Fürst ein Heft nach dem andern zur ruhigen Beschauung ins Haus schickt? Ja, schon ihrer zwanzig, jedes von 150. bis 200. Stücken, hab' ich durchblättert. Bester, wie mich Edelinks, Schmidts, Chereaus, Drevers, Masons, Balechous, Audrans, van Schuppen, Willes und Stranges entzückten! Jedes Gefühl war Ehre für den Fürsten. Ausser dem Kunst- und Münzcabinet und einer neuangefangenen Sammlung

23

von Gemmen haben wir nun auch die durch Hanselmann entdeckten Römischen Antiquitäten. Wie man sie in Oehringen weglassen konnte, begreif' ich nicht, aber wir freuen uns über ihren Besitz, und seegnen Hanselmanns Asche.

Die Hauptleidenschaft des Fürsten scheint Liebe zur Tonkunst zu seyn, wenn es Vergnügen an Regierungsgeschäften nicht ist. Vor ohngefähr 8. Jahren war noch altum silentium, nun aber haben wir die Tonkunst zu einer Vollkommenheit gebracht, die uns nach unsrer Situation nicht einmal wahrscheinlich zu seyn schien. Hier kommt uns die Nachbarschaft von Wallerstein gut zu statten. Wir haben in jedem Instrument Concertisten, und unsre Ausführung ist präcis und regelmäßig. Der Fürst fühlt, was schön ist, freut sich, wenn mans recht macht, und lohnts. Seit einigen Jahren hat man hier einen besonderen Geschmack am Gesang bekommen. Dieser Geschmack bestimmt die Ehre des Fürsten. Es ist kein Concert, wo nicht fast immer 3. Arien gesungen würden. Jedermann hat Eintritt, und das Vergnügen des Fürsten scheint durch die Anzahl der Zuhörer vergrößert zu werden. Nicht seine Eigenliebe, sondern seine Menschenliebe wird dadurch befriedigt. Er freut sich, wenn alles des Genusses fähig ist und genießt. Von wie viel Fürsten läßt sich das sagen? Unser Fürst wär, wenns ihm daran gelegen wäre, bekannt zu seyn, (jedem seiner Unterthanen ist Er Vater) wenigstens der Stolz des Frankenlandes.«

1774

Gegendarstellung des Kirchberger Hofes

In einem der letzten Stücke der Teutschen Chronik kommt unter dem Artikel: Zur Kunst, ein Brief von einem Freund aus Kirchberg vor, der sowohl den Fürsten, als die ganze inner- und äußerliche Verfassung des Hofes, auf eine allzuschmeichelhafte Art bezeichnet. Dem Publikum ist man schuldig zu sagen, daß der Fürst nicht nur gar keinen Theil, sondern auch nicht einmal einiges Wohlgefallen daran nimmt. Was an der Beschreibung wahr ist, und wahr seyn kann, daß überläßt man der Beurtheilung derer, welche die hiesige Verfassung kennen. Alles übrige und übertriebene aber bittet man lediglich auf Rechnung des für seinen Fürsten und sein Vaterland allzu lebhaft begeisterten jungen Mannes zu schreiben, und es seiner starken Empfindsamkeit zu gut zu halten.

Kirchberg, den 15. Februar 1777

Johann Friedrich Mayer (1719-1798)

Der erste Anblick des auf einer Anhöhe liegenden Städtgens
Kirchberg, dessen ganz artige Gebäute der Vorstadt, die sich den
Berg gegen den Jachstfluß, welcher den Fuß der Anhöhe berührt, herabziehen, die eine erst vor einem Jahr über die Jachst
angelegte, steinerne, sehr schöne und lange Brücke, mit noch
anderen Gebäuden verbindet, versprach mir viel schönes und
nettes, verriethe Ordnung, Auswahl und Geschmack.

Die fürstliche Residenz ist allerliebst ausgebauet, hat innen
viel schönes, und ist in wahrem, besten Geschmack durch Ab-
änderungen eines längst stehenden Gebäutes in dieses Schöne
umgesezt und verwandelt.

So in der Residenz, so im Städtgen und in den übrigen Ge-
bäuten der Vorstadt sieht eine Freundlichkeit herfür, die ich
schon lange sonstwo nicht wieder wahrnahm; es verräth, wann
ich recht rathe, eine ganze Zufriedenheit der Inwohner über
dem, so ihnen ist, und sie noch hoffen: froher Muth und gute
Aussichten schienen mir auf jedwedem Gesichte derselben ge-
mahlt.

In der Residenz herrscht eine philosophische Stille; im Städtgen und ausserhalb solchem bürgerlicher Ernst; dort bemerkt
man Eifer und Präcision in den Geschäften; hier Betriebsamkeit
in den Gewerben: Redlichkeit, das Menschenfreundliche, Wünsche aufs beste, Standhaftigkeit in den Arbeiten, und daraus die
besten Erfolge, und allemal den Ausschlag, welchen man sucht:
der Ruhm des besten Fürsten: das Wohl seines Landes.

Ich könnte von dem Naturalien- und Raritätencabinete, so
sich in der Residenz vorfindet, mehreres sagen; allein da, von so
was zu schreiben, gar nicht mein Zweck ist, so umgehe ich,
wann ich gesagt habe, wie ich da sagen hören, daß ein Graf von
Hohenloe nach vollendeter, für die schwedischen Waffen so
rühmlichen; doch aber auch mit dem theuersten Leben Gu-
stavs, eines der grösten Heldens der Welt, bezahlten Schlacht
bey Lüzen, an die Hohen Seinigen den grosen weisen runden
Huth dieses Königes, welchen er ihm wehrend der Schlacht

gegen den seinigen, als er bemerkte, daß der König den Feinden durch solchen alzu kenntbar gemacht worden war, ausgewechselt, als eine Reliquie hieher übersendet habe, wo er in dem Cabinet aufbewahret wurde, wann ich dabey versichere, daß ich ihn da nicht ohne Rührung gesehen, und ihn selbst in der Hand gehabt habe, alles übrige ganz.

Mit gleicher Uebersicht mehr anderer Dinge sage ich von einem Gesundbronnen von gewisser Wichtigkeit, welcher erst vor etwa einem Jahre ganz nahe an Kirchberg in dem Jachstthal entdeckt wurde. Der Erfinder ist der Geheimerath Stockhorn von Stocheim. Die Bestandtheile des Wassers sind Bittersalz, gemeines Kochsalz, Magnesia und Selenit. Der Bronne selbst gibt ungemein vieles Wasser, und mehrere Kranke haben vom Trinken schon die heilsamsten Wirkungen empfunden. Der Geschmack des Wassers kommt dem zu Selters viel bey; kan es doch seyn, daß er sich bey mehrerer Nachsicht ganz in solchen verkehrt, und vielen Gewinn abwirft.

Das, was mich näher angieng, war, was ich in meinem Gasthause, wo sich Viehhändler und Bauern untereinander hinsezten, waidlich zechten, und von der Mastung, wie von dem Handel unter sich sprachen, erfuhr.

Ich erfuhr, daß sich in Kirchberg der Mastochsenhandel ebenfals wohl angesezt hat, und sich daselbst drey oder vier Handlungsgesellschaften befinden, welche all ihre Ochsen von Wochen zu Wochen nach Augspurg hinwegtreiben.

Die Mastung ist in dieser Gegend ganz gut; doch, wann auch das Vieh immerhin fette gemacht wird, so hat es doch die Gröse und Schwere nicht, welche man in dem untern Hohenloe wahrnimmt.

Die Zeit meines Aufenthalts solte hier von keiner langen Dauer seyn; eine bequeme Gelegenheit, mit der ich auf den besten Chausseen von Kirchberg aus, mit welcher der Anfang in Hohenloe im Chaussiren der Weege gemacht wurde, gieng ich aus diesem fruchtbaren, schönen Landstrich gegen Schillingsfürst ab.

1782

Friedrich Jäger Ritter von Jaxtthal (1784-1871)

Mein Vater unternahm einen Reise-Ausflug zu Pferde, um über einen neuen Lebensplan ruhig zu denken und überlegen zu können. Die eingehaltene Richtung führte ihn über Schwäbisch Hall und Kirchberg; als er an diesem Orte die über die Jaxt führende Brücke, versunken im Anschauen der lieblichen Gegend, passierte, vernahm er hinter sich und von dem auf der Anhöhe gelegenen Schloße des Fürst Hohenlohe-Kirchberg herab ein wohlbekanntes Pfeifen. Schnell sich umdrehend sah er, wie aus einem geöffneten Fenster eine männliche Gestalt ihm mit einem Tuche zuwinkte und zum Umkehren aufforderte. Als er in dieser einen bewährten Bekannten, einen Portraitmaler, der gerade bei der fürstlichen Familie als dort beschäftigt sich aufhielt, erkannte, wendete er rasch um, und nach wenigen Minuten lagen sie sich in den Armen. Als er nach der ersten Begrüßung unter anderem den Zweck und die Ursache der Reise und seinen festen Entschluß, Stuttgart für immer zu verlassen, dem Freunde kundgegeben hatte, rief dieser, der gute Gott hat dich sicher hierhergeführt; hier trauert eine trostbedürftige Witwe mit 5 unerzogenen Kindern, die Frau des jüngst verstorbenen Stadtarztes und Leibchirurgen des Fürsten; diese braucht einen Beschützer, die Kinder einen Erzieher, das Städtchen und der Fürst einen Arzt. Du bist der Mann von Geist und Gemüt, der alle diese Pflichten zu erfüllen vermag; ich lasse Dich nicht los, ich mache den Bewerber. Und das Los war gefallen!

Nach Monden führte er meine teure Mutter, obgleich Mutter von 5 Kindern, doch noch sehr schöne, lebenskräftige und jugendliche Witwe als Gattin heim. Sie war von unendlich liebevoller und sanfter Gemütsbeschaffenheit, sehr fromm, eine vortreffliche Mutter und eine sehr praktische Hausfrau; sie gebar in neuer Ehe merkwürdigerweise in gleicher Anzahl 5 Kinder, dem Geschlechte nach 3 Mädchen und 2 Knaben.

Die medizinisch-chirurgische Praxis beschränkte sich auf einmal auf einen so kleinen Hof, nebst Städtchen und Umgebung, noch dazu geteilt mit anderen Ärzten der umliegenden anderen

Städtchen und größeren Dörfern, so daß dieselbe trotz allen guten Rufes und Zutrauens, insbesondere im Fache der Geburtshilfe, doch nicht hinreichen konnte, um eine so große Familie auch bei der eingeschränktesten Lebensweise zu ernähren.

Es handelte sich daher für ihn noch darum, eine solche Feldwirtschaft zu erwerben, daß sie zur Sustentation der Familie wesentlich beitragen konnte.

Zu welchen tragikomischen Ereignissen es führte, bis die in der Ökonomie ganz unerfahrene Frau die nötige Praxis sich erwarb, kann man sich denken; so weiß ich mich sehr gut zu erinnern, daß meine Mutter öfters erwähnte, wie der Vater ihr dadurch viel Verdruß gemacht habe, daß er am frühen Morgen, halb angekleidet im Schlafrock und Pantoffel zwecks Nachschau in der Ökonomie, in die Pferde-, Ochsen- u. Kuhställe ging und dann mit reich angezogenen, weißen Seidenstrümpfen, stark verunreinigt zurückkam. Übrigens ein Beweis, daß seine Garderobe vom herzoglichen Hofe her eine sehr gewählte und reichlich ausstaffierte gewesen sein muß; so erinnere ich mich, daß aus einem seiner Fracks von schönem englischen Tuch für meine Konfirmation ein Frack gemacht wurde.

Die Kindheit

Ich beginne die Erzählung und Darstellung meines Lebens mit dem Berichte von 2 Begebenheiten meiner ersten Kindheit, wodurch mein Leben so gefährdet war, daß dasselbe nur durch eine glückliche Fügung gerettet und erhalten blieb; das erste Mal war mein Leben durch Erfrieren bedroht, das zweite Mal sollte ich im Wasser enden. An einem kalten Winterabend hatte mich nämlich meine Schwester Katherine so lange im Freien auf einem kleinen Schlitten herumgefahren, daß ich, als sie mich nach Hause brachte, vollkommen erstarrt und ohne jedes Lebenszeichen gewesen sein soll; der abwesende, aber schnell zu Hilfe gerufene Vater verschwendete vergebens alle Wiederbelebungsversuche, erschöpft und trostlos über das Mißlingen seiner Bemühungen suchte er zur Linderung seiner Schmerzen Schlaf zu finden und legte sich zu Bett, doch fand er keine Ruhe; da erhob er sich wieder aus dem Bette, begann von neuem die

Wiederbelebungsversuche und sieh' da, ich kehrte zum Leben zurück.

Am Ufer der an unserem Hause vorbeifließenden Jaxt ohne Aufsicht spielend, wahrscheinlich beim Werfen von Steinen in das Wasser, fiel ich in dasselbe, von der Strömung ergriffen, wurde ich durch einen viele Klafter langen, überwölbten Kanal, über welchen die Chaussée führte, hindurchgeschwemmt, jedoch an dessen Ausgang von den glücklicherweise ebendort mit dem Auswaschen von Tüchern beschäftigten Färbergesellen wahrgenommen, trotzdem ich bereits unter Wasser schwamm und noch lebend herausgezogen.

Von diesen Ereignissen blieb nichts in meiner Erinnerung, obgleich andere Eindrücke aus dieser Epoche der Kindheit mir noch lebendig im Geiste sind; z.B. erinnere ich mich noch sehr gut der überstandenen Blattern-Erkrankung in meinem 3ten Lebensjahre, wobei mein Vater mich im Abtrocknungs-Stadium vor einen Spiegel, den ich jetzt noch besitze, brachte, wahrscheinlich um mich von dem Abreißen der Blatternflecken abzuschrecken; dann der großen Wasserflut im Jahre 1788, wo die Jaxt derart anschwoll, daß unser Haus unter Wasser gesetzt wurde und wir aus dem ersten Stock uns auf Leitern retten mußten.

Vom 5ten Jahr angefangen bin ich eigentlich der Hauptbegebenheiten mir völlig bewußt, zu welchen auch das gehört, daß die ganze Familie das Haus unserer Geburt verließ, um ein größeres am anderen Ufer der Jaxt gelegenes zu beziehen, mit welchem auch eine ganze Feldwirtschaft verbunden war und das vom Vater zur besseren und gesicherteren Installation der so zahlreichen Familie gekauft wurde.

Die Jugend
Hier in diesem Hause, im Schoße der Familie unter dem Schutz und Hort der besten, vortrefflichsten Eltern, umgeben von liebenden Geschwistern, von Freunden und Bekannten wuchs ich heran vom Knaben zum Jüngling bis fast zum beginnenden Mannesalter in Ruhe und Zufriedenheit und wenn auch in einfach bürgerlichen und vielfach beschränkten Lebensverhältnissen, doch ohne Not, ohne Kummer und Sorgen und da

31

überdies meine physische Erziehung und Entwicklung eine ebenso zwanglose wie zweckentsprechende war, so erlangte mein Körper trotz seiner mehr zarten und schwächlichen wie derben und robusten Beschaffenheit eine solche Spannkraft, Festigkeit und Widerstandsfähigkeit, daß er bis ins Greisenalter als fest und rüstig sich erwies.

Weniger begünstigend wie auf meine physische Entwicklung wirkten die gegebenen Familienverhältnisse auf meine geistige Erziehung und Bildung und dies insbesondere ob des Mangels an strenger Leitung und Überwachung.

Korrepetitoren, geschweige Hofmeister zu halten, dazu fehlten die Geldmittel; die gute Mutter gab sich zwar alle Mühe, mich zum Lernen anzuhalten, aber sie war zu gut und zu sehr mit dem Hauswesen und unserer physischen und moralischen Überwachung beschäftigt, als daß sie mit der erforderlichen Strenge und mit Erfolg für meine geistige Erziehung hätte wirken können. Noch klingen mir ihre steten Ermahnungen in den Ohren und schwer fühle ich in meinen alten Tagen den inhaltsvollen Sinn ihrer Warnungen und sprichwörtlichen Sentenzen.

Dem Vater mangelte absolut die Zeit hierzu, denn er hatte nicht nur für die Existenz der so zahlreichen Familie zu sorgen, sondern es nahm ihn die Militärpraxis und die Besorgung der Ökonomie voll in Anspruch, obwohl er dazu vollkommen geeignet gewesen wäre, wie es sein uns erteilter Unterricht in der medizinisch-chirurgischen Kunst auch zeigte.

Der Schulunterricht, den ich erhielt, begann mit meinem 5ten Jahr, und zwar durch den täglichen Besuch der deutschen Schule. Von 8–11 Uhr vormittags und 1–3 Uhr nachmittags. Die Gegenstände des Unterrichtes waren Lesen, Schreiben, Rechnen und Religion. Die Lehrer waren ein Präceptor und ein Kantor, ganz für das Lehrfach geeignete Männer, die ihrer Pflicht auch streng nachkamen. Da ihnen aber der Unterricht der gesamten männlichen und weiblichen Schuljugend Kirchbergs oblag, so reichte die bemessene Zeit wohl hin, für die Gesamtheit der Schüler die Aufgabe nach Möglichkeit zu lösen und den Einzelnen nach seinen Anlagen und Fähigkeiten oder gar seinen Eigentümlichkeiten zu berücksichtigen, aber es verblieb den

Eltern doch die Aufgabe, den öffentlichen Unterricht zu Hause durch Vorbereitung und Rekapitulation zu ergänzen. Da aber dieses aus erwähnten Gründen nicht oder nur höchst unvollkommen und unzureichend geschah, so war denn auch bei mir, obgleich ich die deutsche Schule bis zum 10ten Lebensjahr besuchte, nichts Ausgebildetes, namentlich gehörig Geordnetes, sondern mehr ein fragmentarisches Wissen und Können vorhanden.

Mit meinem 10ten Lebensjahre trat ich nach der Bestimmung meines Vaters in die lateinische Schule ein mit der Voraussetzung, Erwartung und Hoffnung, daß ich hier, trotzdem daß diese hier nur dem Namen, nicht aber der Wesenheit nach ein Gymnasium war, doch jene wissenschaftliche Vorbildung werde erlangen können, die mich zum Beginn eines höheren, medizinischen und chirurgischen Studiums, wofür ich von früher Jugend an als bestimmt und geeignet erachtet wurde, befähigen werde.

Mich auf ein vollkommen und zweckmäßig bestelltes Gymnasium wie Hall, Rothenburg etc. unterzubringen, dazu reichten die Mittel nicht mehr aus. Es blieb daher keine weitere Wahl, und am Ende hätte es zur Lösung der Aufgabe trotz der Mangelhaftigkeit und Unvollständigkeit seiner Organisation doch noch hinreichen können, wenn ein Lehrer vom Fach und Beruf und nicht der jeweilige Kaplan der Stadtpfarre dem Lehramt vorgestanden wäre.

So blieb aber auch der Gymnasial-Unterricht sehr unvollkommen und lückenhaft, weil er ohne streng wissenschaftlicher und logischer Ordnung und Konsequenz erteilt wurde. In die Zeit des Anfangs meines Gymnasialstudiums fiel nach protestantischem Ritus auch meine Aufnahme in die Gemeinde. So würdevoll auch sonst der spezielle Religionsunterricht vom Stadtpfarrer erteilt wurde und auf so empfänglichen Boden er auch fiel, wodurch der Glaube und das religiöse Gefühl befestigt wurde, so war derselbe doch mehr auf Anerkennung und Ausübung der christlichen Lehrsätze berechnet, als daß er zur geistigen Auffassung und Erkenntnis der Grundprinzipien der christlichen Religion geführt und dadurch erreicht hätte, daß den Sittengesetzen aus Selbstüberzeugung und Selbstbestimmung nachzukommen ist.

Wie sehr meinen Vater daran gelegen war, daß wir möglichst vielseitige Kenntnisse und Fertigkeiten erwerben, zeigt, daß er jede sich darbietende Gelegenheit zu benützen versuchte; z.B. Unterricht in der französischen Sprache durch einen in Kirchberg domizilierenden Emigranten. Unterricht im Zeichnen durch Bildhauer Miger, Unterricht in Musik durch den Kantor Bäuerlein, wozu selbst ein Pianoforte angeschafft wurde; aber auch hier entsprach dem guten Willen nicht die Tat, wegen mangelnden Willens und entsprechender Ausdauer, eine einmal und anhaftende Erbsünde.

Wo seine Bemühungen für mich noch die reellsten Früchte trugen, war sein Bestreben, mich selbst schon in einer für mein Alter sehr antizipierender Weise praktisch zu beschäftigen und meinen Geist durch Kenntnisse, durch Selbstbeobachtung und Erfahrung in der Medizin und Chirurgie vorzubereiten, wozu die gegebenen Verhältnisse und sein direkter Einfluß und Einwirkung glückliche Gelegenheiten gaben.

So geschah es, daß ich schon in meinem 7ten Jahre einer Leichensektion beiwohnte und zur größten Freude meines Vaters nicht nur großes Interesse zeigte, sondern auch Sinn und richtige Auffassung dadurch zeigte, daß ich, als der Vater und der anwesende Dr. Max ihr Befremden über den Mangel der linksseitigen Niere aussprachen, sie auf die zufällig höhere Lage derselben, mit dem Finger darauf hinweisend, aufmerksam machte.

Noch erinnere ich mich, wie die gute Mutter, als wir von der Sektion nach Hause kamen, und ich mit dem Heft über den frisch gebackenen Zwetschgenkuchen herfiel, vor Staunen ausrief, sieh mal den bösen Buben an, kommt von einer ekelhaften Arbeit und kann doch essen und gewiß, ohne die Hände sich gehörig gewaschen zu haben. Besonders war es bei chirurgischen Vorfällen, wo er bei Operationen, Beinbrüchen, Verletzungen etc. mich zu beschäftigen suchte, und zwar durch Herrichtung der Verbände, mit der Anlegung derselben besonders bei Aderlässen, die in jener Zeit eine förmliche Modesache waren; so geschah es, daß ich mit weniger als 9 Jahren bereits meine erste Venensektion machte.

Wie für das chirurgische Geschäft, so suchte er auch für die innere Medizin unser Interesse wachzurufen und uns dazu praktisch vorzubereiten; zum Beispiel nahm er mich zu Kranken, selbst zu Pferde mit, auch auf Fußtouren, bis zu mehreren Stunden, so namentlich blieb mir in Erinnerung ein Kranker in meinem Alter, dem durch Blattern, die in Brand übergingen, der linksseitige Brustkorb so zerstört war, daß man das Herz in seinem Beutel pulsieren sah.

Dabei beschäftigte er uns mit dem Aufsuchen und Einsammeln medizinischer Kräuter und Wurzeln, sowie mit der Zubereitung von Arzneien, zu deren Herstellung er die Befugnis hatte, ja er hatte im Sinne und sprach es wiederholt aus, daß er vor meinem Abgang auf eine Universität mich noch auf ein Jahr zu einem renomierten Apotheker in die Lehre geben wolle, damit ich die Medikamente und ihre Zubereitung praktisch erlerne, was aber durch seinen vorzeitigen Tod hintangehalten wurde. Am Abend, insbesondere an langen Winterabenden, wenn mein Vater mit dem Lesen und Studieren medizinisch-chirurgischer Schriften beschäftigt war, nahm er mich oft auf seinen Schoß und suchte mir manches zu erklären und beizubringen, besonders die Knochenlehre, an der Hand einer Anzahl schöner und zusammengesetzter Skeletts und insbesonders einzelner Knochenteile und schön gebleichter Schädel, die er jedesmal in einer Schachtel sorgfältig verwahrte. Besonders interessierte mich ein großes anatomisches Werk von so eigener Art, daß man nach Aufschlagen der äußeren Körperteile die unmittelbar darunterliegenden Körperschichten sehen konnte. Auch erinnere ich mich, wie er nach bekannter Methode die Einteilung der Krankheiten nach beigefügten Skalen zu erklären versuchte.

Wiedersehen in Kirchberg 1818
Ich hatte berechnet, daß ich am 3ten Tage der Reise zur Mittagszeit in Kirchberg eintreffen werde, aber ich hatte mich um einige Stunden verrechnet, und schon war die Nacht angebrochen, als ich Kirchberg nahekam, doch aus den vielseitig auftauchenden Lichtern kam das ersehnte Bild vor mir zur Anschauung, als stünde es im hellsten Sonnenschein. Da ergriff mich auch

plötzlich eine solche sehnsuchtsvolle Stimmung und war vor Rührung so ergriffen, daß ich, wegen Ersteigung einer Anhöhe noch neben dem Wagen hergehend, in die Knie sank und betend meine Arme nach der geliebten Heimat ausstreckte, um alle die Geliebten mit Inbrunst an mein Herz zu drücken.

Schnell war nun der Ort erreicht, und unbemerkt stand ich vor dem elterlichen Haus, und hell sah ich das Licht in dem Zimmer brennen, in welchem die teure Mutter, wahrscheinlich mit Spinnen beschäftigt, gewöhnlich verweilte. Ich eilte durch die stets offene Pforte die Treppe hinauf, klopfte vernehmlich an, um das Eintreten anzuzeigen und schreite ruhigen Schrittes der geliebten und wirklich am Spinnrad sitzenden Mutter entgegen. Mit weitgeöffneten Augen schaut sie den Ankommenden an, als sollten wie im Dämmerlicht alt bekannte Züge vor ihrem inneren Sinn nun erwachen. »Mutter kennst Du Deinen Sohn nicht mehr!« Laut aufschreiend vor Freude und Überraschung übermannt, sank sie sprachlos in meine Arme. Noch hielten wir uns fest umschlungen und vor Rührung stumm, als die Schwestern Katharine und Dorothea durch das kräftige Blasen des Postillions, an dem, was vorging in Kenntnis gesetzt, in das Zimmer stürmten und uns aus dem Vergessensein unserer Seelen aufweckten. Freudenvoll war das Wiedersehen! Noch um Mitternacht, wo wir uns mit Gewalt trennen mußten, war des Fragens und des Antwortens noch kein Ende sowie der herzlichen Begrüßungen von zuströmenden Verwandten und Bekannten, denn rasch hatte sich in der kleinen Stadt die Nachricht von meiner Ankunft verbreitet. Der folgende Tag, im voraus zum Verweilen bestimmt, ward im Kreise der Teuren sowie unter Besuchen und Gegenbesuchen verlebt und mit dem Grauen des 3ten Tages unter Versicherung des Wiedersehens bei der Heimkehr die Weiterfahrt begonnen.

1784–1818

Anonym

Die Residenzstadt Kirchberg liegt in einer der fruchtbarsten und angenehmsten Gegenden auf einer reitzenden Anhöhe an der Jaxt. Der ausgezeichnet gute Geschmack des Fürsten hat den Ort, das Schloß und die Angränzungen seit seiner Regierung um vieles verschönert. Das Schloß liegt an der Spitze eines Berges. Man hat von da eine herrliche Aussicht in das Jaxtthal von zweyerley Seiten. Es ist ausser seiner natürlich guten Lage und vortrefflichen Bauart, nicht äusserst kostbar, aber geschmackvoll eingerichtet. In den Zimmern befindet sich ein Schatz von herrlichen Gemälden, Kunst- und Naturalienstücken, und unter andern in einem Gewölbe die von dem verstorbenen Hofrath Hanselmann auf eine mühsame Art im Hohenlohischen aufgesuchten römischen Alterthümer.

Ganz neuerlich hat der Fürst an der östlichen Seite des Schlosses und Bergs nahe an einem tiefen Abgrund eine steinerne Brücke erbauen lassen, um von dieser Seite auch in Nothfällen für sich und die übrigen Einwohner der Stadt, welche bis dahin nur ein Thor hatte, und auch nach ihrer Lage nicht mehr haben konnte, weil auf 3 Seiten dieser Berg unzugänglich ist, eine neue Ausfahrt gegen die nordöstliche sehr schmale Aussenseite zu eröffnen. Diese Brücke ist ein wahres Kunststück, und der Gedanke zu ihrer Entstehung eben so vortrefflich, als wohlwollend.

Der in der Vorstadt befindliche herrschaftliche Garten ist gut unterhalten. Zunächst an der mittägigen Seite dieser Residenz befindet sich ein kleines im Umfang ungefähr eine Stunde betragendes zirkelförmiges Thal, welches mit kleinen Anhöhen theils von Äckern, theils von Waldung, theils von einem Berge, worauf das Creilsheimische Schloß Hornberg liegt, eingefaßt ist. In der Mitte dieses eingeschlossenen Thals nahe dem Jaxtflusse erhebt sich ein hoher mit Bäumen, Gemüßgärten und Buschwerk bewachsener von der Natur und wahrscheinlich von dem veränderten Laufe des Flusses zubereiteter runder Hügel so romantisch als möglich, und weit ansehnlicher, als der

37

auf dem schönen Busche bey Aschaffenburg. Seit einigen Jahren hat der Fürst auf desselben Verschönerung vieles verwendet. Die neu hergestellte Auffahrt von einer Viertelstund ist mit einer Allee von verschiedenen Holzarten versehen, zwischen welchen und den Steinmassen allerhand Sommerblumen hervorlächeln. Die Oberfläche ist gleichfalls mit in- und ausländischen Holzarten besetzt, vermischt mit hübschen Blumenbeeten, Erdbeer- und andern wohlriechenden Stauden.

In der Mitte erhebet eine alte Linde ihr ehrwürdiges Haupt, deren Stamm mit rohen Steinen bis an die Aeste umlegt und mit Erde ausgefüllt ist; auf welches Amphitheater eine ungekünstelte Treppe führt; zwischen den Steinwänden wachsen allerhand Blumengattungen heraus.

So wie aber hier das Auge, der Geschmack und Geruch sich vergnügen kann; so ist auch für andere Nothwendigkeiten ganz unerwartet gesorgt.

An der Mittagsseite dieses Hügels war sonst ein Steinbruch. Hier wird man nun von einer der schönsten Einsiedeleyen überrascht. Das Dach ist mit Stroh und die Aussenwände mit eichener Rinde bedeckt. Der darin befindliche niedliche Saal und die Aussicht aus demselben übertrifft alle Erwartung. Der Cronleuchter darin, von dem Hofschloßer in Kirchberg verfertiget, macht seinem Meister Ehre; und in den Spiegeln des Saals drückt sich die herrliche Gegend doppelt schön ab. Der Zugang zu dieser Einsiedeley ist auf beyden Seiten romantisch. Auf der einen kommt man durch einen schmalen um den Berg sich zwischen Gebüsch krümmenden Fußsteig, auf der andern, durch ein dem Anschein nach eingefallenes altes steinernes Thor, ohne vorher von dieser angenehmen Überraschung etwas zu bemerken.

Die Aussicht in das Thal, und gerade gegen über auf das herrschaftliche Schloß, der Gesang der Vögel und das Schlagen der Wachteln, welche in kleinen Bauern unter dem Gebüsch verborgen sind, machen diesen Hügel beynahe eben so reitzend, als den, welchen Hallo bewohnte.

Ausserdem hat Kirchberg geschickte Färber, Tuchmacher, Weißgerber und andere Handwerksleute, welche ausserhalb der Stadt und an dem Thal wohnen, und guten Handel mit ihren Producten betreiben. Die hier durchgehende Post- und Landstraße gibt dem Ort mehr Leben. Der Weinbau ist aber in der dortigen Gegend von keiner Bedeutung.

1786

Anonym

Von Schillingsfürst aus, welches größtentheils erst in neuern Zeiten nach und nach ist angelegt worden, war mein Weg gerade nach Kirchberg, einer zweiten hohenlohischen Residenz, gerichtet.

Hier verdient dieß gewiß vor allem eine rühmliche Bemerkung, daß Kirchberg eines der ersten Häuser im Reich war, welches die Wege seines Landes chaussirte. Diese kleine Stadt liegt wieder auf einem reizenden Berge und in der fruchtbarsten und angenehmsten Gegend in Hohenlohe. Der Gesichtspunct ist zwar eingeschränkt, und erstreckt sich, da wo er am weitesten ist, ohngefähr nur auf eine Stunde, aber die Aussicht ist überaus reich, und die Gegend, wegen der untermischten kleinen Thäler, sehr mannichfaltig und unterhaltend. Nichts gehört zur Verschönerung einer Landschaft, das man hier nicht finden sollte.

Um Kirchberg herum sind die Weinberge, man kann also annehmen, daß hier das Weinland eigentlich aufhöre. Da der Wein in hiesiger Gegend sehr trinkbar seyn soll, und auch oft, um gleiche Preise, mit dem Kocherwein verkauft wird, so ist zu bedauern, daß noch so viele Hügel um diese Gegend öde liegen, und daß sich überhaupt die Polizey, der Vervollkommnung des Weinbaues, nicht besser annimmt. Auch hier ist die Gegend durchaus ein gesegnetes Fruchtland, auf welchem fast alle Arten von Früchten gedeihen, so wie beim ersten Blick unendlich mehr Industrie, Betriebsamkeit und Wohlstand, als im Schillingsfürstischen, sichtbar ist.

Beim ersten Eintritt in diese Residenz möchte man fast schließen, daß hier ein besonderer Baugeist existire, der sich hauptsächlich auf Rechnung des Fürsten schreiben mag; wenigstens viele Verschönerungen des Orts, als massive Brücken, ein neues Thor, und einige ansehnliche Häuser, haben ihr Daseyn dem Fürsten zu danken. Das Schloß, welches zwar unregelmäßig ist, und aus einem alten und neuen besteht, ist das größte und schönste in ganz Hohenlohe. Seine breiten und lichtvollen Treppen und Gallerien hat es vor sehr vielen Schlössern

Deutschlands voraus. Pracht vermißt man zwar; aber dagegen findet man durchaus Ordnung und eine schöne, gemächliche, hinreichende Einrichtung und Ausmeublirung. Der Kunstliebhaber kann sich übrigens in ganz Hohenlohe nicht so viele Nahrung, als hier, versprechen.

Das Schloß besitzt, außer einem eigenen Malereykabinet, worinnen sich einige vortrefliche Originale befinden, nicht nur einen durch alle Zimmer vertheilten, großen Vorrath von Gemählden, sondern auch, eine zwar nicht zahlreiche, aber wohleingerichtete Bibliothek und ein sehr sehenswürdiges Kunst- und Naturalienkabinet, worinnen sich besonders eine schöne Sammlung von Muscheln, viele künstliche Uhren, Pretiosa, vortrefliche Arbeiten in Elfenbein, und ein Hut auszeichnen, den der unsterbliche Gustav Adolph bey Lützen auf hatte, und hernach, um nicht erkannt zu werden, einem Grafen von Hohenlohe, aufsezte. Der sel. Hofrath Hanselmann wollte dies Kabinet nach seinen bekannten weitläufigen antiquarischen Kenntnissen, vollständig beschreiben, allein der Tod raffte ihn, noch vor vollendeter Arbeit, hinweg.

Der jetzige Fürst, Christian Friedrich Karl, ist einer der liebenswürdigsten Herren, und einer der besten und gewissenhaftesten Regenten. Ist man bey ihm, so glaubt man bey einem Freunde zu seyn, mit dem man sich traulich unterhalten kann. Nicht nur in seinem ganzen Schlosse, sondern auch in der ganzen Gegend seiner Residenz, findet man tausend Beweise seines geprüften Geschmacks. Er ist übrigens ein sehr fleißiger Leser, und hat eine niedliche Handbibliothek; die stillen Musen, die Künste und überhaupt alle gemeinnützigen Unternehmungen finden bey ihm die großmüthigste Unterstützung, Achtung und Schirm.

In Rücksicht der Fremden kann man beynahe annehmen, daß dieses Haus die Honneurs von Hohenlohe macht.

Noch findet man im Schlosse eine ausgesuchte Sammlung englischer bunter Kupferstiche, worunter sich die sämmtlichen nach Angelica Kaufmann befinden. Warlich, eine wahre Augenweide und Belehrung für das Schöne! – Sie sind durch drey Zimmer vertheilt. Ihr Besitzer ist der domicellirende jüngste

Bruder des Fürsten, der sehr viel Geschmack für die Kunst hat, und ein vortreflicher Carricaturzeichner ist. Auch die Sammlung römischer Alterthümer, wovon ich schon vorhin sprach, ist hier in einem besondern Kabinette aufgestellt.

Kirchberg selbst erhält durch die, von Nürnberg nach Heilbronn, hier durchgehende Landstraße, und theils durch den, bis nach Paris sich ausbreitenden Ochsenhandel, und dann, durch seine Färbereyen und Lohgerbereyen Umlauf und Betriebsamkeit. Da die Viehzucht auch in dem hiesigen Landes Antheil vortreflich ist, und der Boden alle Arten der Früchte, oft bis zum Ueberfluß giebt; so mußte ich mich allerdings über eine gewisse Theurung wundern, da ich mich in meinem Gasthofe nach dem Preis verschiedener Victualien erkundigte. Mir wurde versichert, es wäre zu viel baares Geld im Lande; der Landmann wäre zu wohlhabend, und schriebe daher dem Städter gewissermassen Gesetze vor! Was ihm nicht übertheuer bezahlt würde, suchte er selbst zu consumiren, und dieß wäre immer mit eine Quelle der Theurung.

Ausserdem hat Kirchberg geschickte Färber, Tuchmacher und andere Handwerksleute, welche außerhalb der Stadt an dem Thal wohnen, und guten Handel mit ihren Producten treiben. Die hier durchgehende Post- und Landstraße giebt auch dem Ort mehr Leben.

Ich verließ diesen angenehmen Ort nach einem zweitägigen Aufenthalt.

1790

Anton Friedrich Büsching (1724-1793)

Das Amt Kirchberg hat

1. Kirchberg, eine kleine Stadt an der Jagst, mit einem schönen Residenzschloß, das an der Spitze eines Berges lieget, in einer der fruchtbarsten u. angenehmsten Gegenden. Sie hat sonst nur 1 Thor gehabt und haben können, nachdem aber 1785 an der östlichen Seite des Schlosses und Berges, nahe an einem tiefen Abgrunde, eine steinerne Brücke erbauet worden, so ist im Nothfall einer neuen Ausfahrt gegen die nordöstliche eine sehr schmale Außenseite eröffnet. Diese Brücke ist ein Kunststück. In der Stadt sind gute Tuchweber, Färber, Weisgärber und andere Handwerker. Sie litte 1758 beträchtlichen Brandschaden.

2. Lendsiedel, ein ansehnlicher Ort, der ehedessen unterschiedliche Besitzer gehabt hat, nun aber ganz hohenlohisch ist. Zu der hiesigen Pfarre gehöret das Filial Beimbach.

3. Ruppertshofen, ein Pfarrdorf.

4. Gaggstatt, ein Pfarrdorf mit dem Filialdorf Mistlau, woselbst ein Benedictiner-Nonnenkloster gewesen ist.

1790

Johann Caspar Bundschuh (1753-1814)

Kirchberg, Residenz und Stadt im Fürstenthume Hohenlohe-Neuenstein von 256 Haushaltungen, die ungefähr 1260 Seelen ausmachen. Daß sein Entstehen, nämlich das Entstehen der Burg, von dem ehemaligen alten Geschlechte gleichen Nahmens beginne, ist ganz wahrscheinlich; Im Jahr 1373 aber ertheilte Kaiser Karl IV dem Grafen Kraft von Hohenlohe das Privilegium, Kirchberg zu einer Stadt mit Mauern, Graben und Thürmen zu machen, einen Wochenmarkt darinn zu halten und in derselben Gebiß, Stock und Galgen aufzurichten.

Die fernern Schicksale dieser Stadt und eigenen Landes gehören zur Hohenlohischen Staatskunde, die uns vom Hofrath und Archivar Herwig zu Schillingsfürst versprochen ist. Nur ist hier zu bemerken, daß Kirchberg vormals blos eine Kapelle hatte, welche Graf Kraft zu Hohenlohe im Jahre 1377 von Raban von Kirchberg um 80 Pfund Heller erkaufte und zur Mutterkirche Lendsiedel gehörte, daß erst im Jahre 1545 ein Gottesacker angerichtet, die alte Stadtkirche von Graf Friedrich Eberhard im Jahre 1730 erbaut wurde. Geistliche sind hier ein Hofprediger und Kaplan, welcher letztere zugleich die lateinische Schule, die immer in gutem Stande war, zu versehen hat. Die Landeskollegien bestehen aus der Regierung, Hofkammer und dem Justizamte. Nahrung und Gewerbstand, Kunst und Industriefleiß waren jederzeit und sind noch hier in bester Aufnahme. Zu den mehrern sich würklich auszeichnenden Künstlern und Professionisten gehören ein geschickter Uhrmacher und eine Gerberey von hellfarbigem Leder. Fabriken und Manufakturen anzulegen, wurde bisher noch nicht für nützlich gehalten. Die Einwohner besitzen aber auch Feldbau und haben gute Vieh- und Obstzucht. Die dasige kaiserliche Reichspost macht der Stadt und dem Lande Leben, Bequemlichkeit und Gewinn. Binnen 9 Jahren sind 48 Personen mehr gebohren, als gestorben. Die alte Veste Sulz, die im sogenannten Bauernkriege zu Grunde gieng, stund da, wo jetzt Hornberg liegt, das dem Freyherrn von Crailsheim zugehört.

Lehnsiedel, Lendsiedel, Pfarrdorf, das durch den Landesvergleich von 21. Juli 1797 von Ansbach an das Haus Hohenlohe-Neuenstein gekommen ist, von 81 Haushaltungen, worunter 4 Rothenburgisch und 1 Komburgisch, 3 Gastwirthe, 3 Bierschenken, 1 Bierbrauerey, 3 Branttweinbrennereyen, 5 Bäcker, 2 Huf- und Waffenschmidte sind. In den älteren Zeiten waren nebst andern Familien die von Velberg und nach deren Absterben ihre Erben daran betheilt. Im Jahre 1231 hatte Markgraf Hermann von Baden den Kirchensatz, den er wahrscheinlich durch die Grafen von Eberstein erhielt; er schenkte denselben in eben dem Jahre dem Stifte Backnang an der Murr, von welchem Stifte derselbe an die von Velberg und Absperg, sonach von diesem im Jahre 1526 zum Theil und endlich im Jahre 1615 vollends an Hohenlohe kam. Die dasige große Kirche wurde 1515 von Gotfried und Ehrenfried von Velberg aus lauter Quadersteinen erbaut, 1582 und 1673 erneuert.

Es sind daselbst 2 Gottesäcker, der eine an der Kirche und der andere ausserhalb dem Orte. Die ehemalige zur Pfarrey gehörige Kaplaney Beimbach ist jetzt an Preussen verwechselt. Von dem beträchtlichen Almosen oder der Heiligenpflege werden die Schulmeister und Kirchner zum Theil besoldet, den armen Kindern Schulgeld und Schulbücher bezahlt, der Orgelbau erhalten und jährlich noch 43 fl. unter die Hausarmen in der Pfarrey ausgetheilt. Im Jahre 1782 wurden hier die sogenannten öffentlichen Kirchenbußen, 1786 die Quartalsbußtage und 1796 die Privatbeichte abgeschafft. Der durch den Kleebau sich immer mehr verbessernde Nahrungsstand ist vortreflich, so wie durch die 1787 vorgenommene Theilung der Gemeindegüter das Aufkommen der Unbegüterten merklich zunimmt. Die Lage des Orts ist durch die sehr schönen Dammwege (Chausseen), auch darinn besonders glücklich, daß hier der Blitz noch nie zündete, noch der Hagel die Saaten zerschlug. In einem Zeitraume von 9 Jahren hat sich die Volkszahl um 14 vermehrt.

Lobenhausen, an der Jagst, Filialkirchdorf, enthält mit Ausschluß eines fremdherrischen Unterthanen 26 Haushaltungen, gehörte in ältern Zeiten einem eigenen Geschlecht gleiches

Nahmens, das Vasall von Hohenlohe war und nach dessen Erlöschung der Ort an Hohenlohe kam.

Im Jahre 1316 vermachte dasselbe Graf Gottfried von Hohenlohe seinem Bruder Konrad. Im Jahre 1339 wurde Graf Kraft von Hohenlohe von dem Abt Kuno zu Ellwangen damit belehnt, im Jahre 1386 Graf Ulrich von Hohenlohe damit betheilt, Im Jahre 1399 aber von Landgraf Johann von Leuchtenberg an die Burggrafen Johann und Friedrich zu Nürnberg nebst Creilsheim und andern Orten verkauft.

Gegenwärtig ist der ganze Ort wieder von Preussen an Hohenlohe-Kirchberg verwechselt worden. Der Nahrungsstand ist sehr guter Feldbau und Viehzucht, pfarrt nach Trinsbach.

Mistlau, Filialkirchdorf von Gaggstadt im Amte Hohenlohe-Kirchberg von 9 Haushaltungen, wo alle 14 Tage gepredigt wird. Es war ehemals ein Frauenkloster, Benediktinerordens, daselbst, von welchem J.F. Lubert, ehemaliger Pfarrer zu Trinsbach, in seiner Chronik von Kirchberg meldet, daß es im Jahre 1282 von Elisabeth, einer Gräfin von Lobenhausen und Gemahlin des Grafen Gottfried von Hohenlohe, sey gestiftet worden. Es müssen aber die Einkünfte nicht hinreichend gewesen seyn, indem dieselben bereits 1413 zum Theil und 1473 vollends eingezogen und dem Stifte Komburg zugewandt worden sind. Gute Nahrungsquellen sind gegenwärtig Feldbau und Viehzucht.

1801

August Ludwig von Schlözer (1735-1809)

Göttingen, 18. Jul. 1802

Hochwürdigster Herr,
Hochzuverehrender Hr. Hofprediger,

Es tat mir so wohl, recht herzlich wohl, von einem allernächsten Landsmanne ein so liebes Schreiben zu erhalten, wie das von Ewr. Hochwürden vom 1. Jun. (Eingelaufen den 10. Jun.) an mich war. Empfangen Sie meinen aufrichtigen Dank dafür.

Jetzt da Ewr. Hochwürden die Güte gehabt, mir den längst gewünscheten Aufschluß über die Kirchberger Bibliothek zu geben, und mir zu versichern, daß solche als Landesbibliothek, verschieden von der Handbibliothek jedes zeitig regierenden Landesherrn, ein stehendes und keiner Zersplitterung unterworfenes Gemeingut sei; jetzt lege ich in Ewr. Hochwürden Hände meine schriftliche Versicherung nieder, daß ich nächstens anfangen werde, einen alten Vorsatz auszuführen, und »diese Bibliothek zur allgemeinen Niederlage aller meiner Druckschriften ohne Ausnahme (so viel ich von den älteren noch auftreiben kann) in gebundenen Exemplaren, zu machen und die Bücher in Kästen, wenigstens franco Nürnberg zu liefern.«

Da hier garkeine Rede von der Würde oder dem Unwert der niedergelegten Bücher sein kann, sondern bloß davon, daß es eine complete Sammlung aller Schriften eines Autors, der **Landsmann** ist, sein soll, so wird doch wohl kein Verdacht von Eitelkeit eintreten können? Zugleich gebe ich heute meiner Schwester ordre, eine noch in ihrem Verwahr seiende, von meinem Vater mit Anmerkungen beschriebene **Weimarsche Bibel**, gelegentlich nach Kirchberg zu schicken und in Ihrer Bibliothek niederzulegen.

Und könnt ich über lang oder kurz einen Catalog Ihrer jetzt vorhandenen Bücher inspicieren, so würde ich vielleicht auch mit andern Büchern – nicht scientischen, sondern die für die Lectüre aller Menschen sind, z. Ex. teuren Reisebeschreibungen

– wärs auch erst nach meinem Tode (ich bin 68 Jahre) dienen. Noch einen Auftrag erlauben Sie mir, aber fürs erste sub rosa. Als ich 1751 auf die Universität nach Wittenberg zog, erhielt ich aus dem Heiligen (oder der Kirchenkasse, ich weiß den Namen nicht mehr) zu Kirchberg oder zu Lendsiedel, oder zu Gaggstatt, vielleicht aus allen dreien zugleich, ein Geschenk. Sind die Rechnungen bei den Kirchen noch vorhanden? und könnte ich actenmäßig Extracte daraus, mich betreffend, erhalten? Ewr. Hochehrwürden merken wohl schon, daß ich gerne Capital mit 50 jährigem Interesse wiedererstatten möchte, so könnte man künftig wieder einem Hilfsbedürftigen, wie ich damals war, zu Hilfe kommen! Ich erbitte mir Ihre fernere Landsmännische Gewogenheit und verharre mit vollkommener Hochachtung.

Ewr. Hochwürden
gehorsamster Diener
A. L. Schlözer

Göttingen, 2. Febr. 1805

Durchlauchtigster Reichsfürst,
gnädigster Fürst, und mir angeborener Landesherr,

Der Pfarrerssohn von Gaggstatt, August Ludwig Schlözer, gibt sich die Ehre, Ewr. Hochf. Durchlaucht als Ritter des kaiserl. russischen Wladimir Ordens und noch außerdem als Mitglied des russischen Erbadels, folglich als von Schlözer, in Untertänigkeit aufzuwarten und sich höchstdero fernerer Gnade, als solcher, aufs neue zu empfehlen. Mit respecteuser Rührung überdenke ich, wie mir im Jahre 1761 durch Herrn Hofrat Ulmer eine gnädige Vocation nach Kirchberg als Hof-Diaconus zugekommen, – wie der hochselige Fürst im Jahre 1765 sich freute, daß sein Landeskind Professor bei der Academie in Petersburg geworden, und mich deshalb, während meines Daseins in Kirchberg, mit Gnaden überschüttete – wie Ewr. Durchlaucht anno 1769

49

sich bemühten mich in vaterländische Dienste zu bringen. Alles dies berechtigt mich zu glauben, daß Sie es nicht für Eitelkeit ansehen werden, wenn Ihnen Ihr ehemaliges Landeskind ehrfurchtsvoll referiert, wie er zu seiner Auszeichnung – doch wohl das erste Beispiel von **der** Art für einen Hohenloher! – so ganz (unschuldig möcht ich sagen -) gekommen sei.

K. V.

Wenn man hinter Dörmenz die Anhöhe hinauf gehet, so erscheinet hinter uns, die schönste Landschaft, welche vielleicht je der zauberische Pinsel eines Köningks dargestellt hat. Fast bey jedem Schritt in die Höhe gewinnt auch unser Auge einen neuen Raum in der Ferne: und wie viel reizendes hat nicht jeder für unsere Phantasie! Nie ist dieses Gemählde lebhafter, als zur Zeit der Erndte. Zunächst unter uns, hinter dem Dörfgen, der schöne Vordergrund von abwechselnden Fruchtfeldern der manchfaltigsten Farben, neben angenehmen Wiesenteichen; hie und da mit grünen Hecken und schattigten Obstbäumen besetzt. Die breite Landstraße läuft unter meinen Füßen hinweg, um dieß alles zu durchschneiden; verschwindet bald nach einer angenehmen Krümmung in einem Wiesenteich, geht bald dort zwischen hohen Fruchtwänden hervor, erhebt sich hier noch ein flaches Stück Land mit ihren schattichten Bäumen, und verliert sich in der Ferne.

Alle diese so manchartige Ruhepunkte unsers Auges sind im Vordergrunde fast von beyden Seiten von angenehmen Wäldgen eingeschlossen, gleichsam um den Blick auf die Schönheit des blauen Hintergrundes zu fesseln, in dem er sich mit Wohlgefallen verlieret. Und dieß ganze Gemählde wird, so weit das Auge die Gegenstände deutlich darstellen kann, von vielfältigen schönen Gruppierungen von lebendigen und leblosen Dingen belebt. Dort auf dem goldenen Aehrenfeld die weisarmigten Schnitter mit ihren fern blinkenden Werkzeugen neben hoch aufgethürmten Fruchtwägen: ein schönes Bild der Geschäftigkeit und der Fülle, mit der des Schicksals Hand die Gegend segnet. Dort am grünen Saume jenes Lustwäldgens beschatten die dichten Bäume eine andere Gruppe frölicher Arbeiter und Arbeiterinnen, die ihr einfaches Vesperbrod verzehren; ihr frohes Lachen schallet zu mir herüber, und stellet neben das Bild der Emsigkeit und des mühsamen Erwerbens, im heissen Stral der Sonne, das Bild des Frohsinns und der Heiterkeit. Wie gerne bleibt unser Blick auf diesen Gruppen gefesselt; wie gerne möchten wir über dem Anblicke dieser Gegend alles andere vergessen! Hier ist jetzt unsere Welt. Wir wissen und begehren nichts anderes mehr; wäre nicht selbst jener, in Staub gehüllte Reisewagen, der auf der Landstraße durch dieß alles dahin fähret, mir eine Erinnerung an noch so unzählig viele schöne Gegenden auf dieser Erde. Da wo diese Darstellungen, diese Bilder anfangen, dem Auge unkennbar zu seyn, und wo das Bild des Lebens, und des Würkens und Thätigseyns aufhöret, da fängt das Gebiet der Phantasie an. Gleich wie im Gemälde erscheinet tiefer im Hintergrunde, Lendsiedel, Kirchberg, Hornberg, Jagststatt. Hier ist die Grenzlinie der dem natürlichen Auge erreichbaren Dinge. Der blaue Duft der Ferne deckt Thäler, Berge, Wälder und Dörfer. Das Auge kann den Raum, welchen es nun umfasset, nur ahnden, denn sein Horizont liegt ihm in einer Gegend, die es nicht zu bestimmen waget. Welcher Spielraum für meine nun schon bewegte Phantasie! Sie bevölkert auch diese weiteste Ferne mit solchen Bildern der Thätigkeit, des Würkens, der Fülle, mit Menschen, ihren Wohnhäusern und ihren Anlagen. Welches große, viel umfassende, erhabene Bild stehet nun vor mir! Welchen erhabenen Schwung nimmt mein Geist! Wie wird er von einer großen Idee zu der andern geführet, wenn er sich alle die Menschen denket, die auf jener Fläche wohneten. Ihre Kraft, ihren Verstand, wie sie hier und dort im Lande diese schönen Felsenmassen aufthürmten, um wenn die Gewitter, Sturm und Graus über jene schöne Gegend senden, ruhig darin beysammen wohnen zu können: und wie gesellig sie diese Wohngebäude zusammen rückten! Denke ich mir nun noch ihre verschiedenen Wünsche, ihre verschiedenen Verbindungen, ihre Freuden; so vermag ich kaum meine Blicke von diesem schönen Raum auf Gottes Welt hinweg zu wenden, weil meine Phantasie immer neue Nahrung findet.

1803

Karl Julius Weber (1767-1832)

Malerisch ist die Gegend um Langenburg, auch an der Jagst, eine Residenz mit dem Landsitz Ludwigsruh, noch malerischer aber Kirchberg, gleichfalls Residenz, mit der gegenüberliegenden Burg Hornberg der Crailsheime. Der im hohen Alter gestorbene Fürst hatte viel Sinn für das Schöne, daher die Anlagen und Kunstsammlung. Er war ein Bruder des K. K. Feldzeugmeisters, der gar wohl, neben seinem Vetter, dem königl. preußischen General, eine Stelle verdiente im Pantheon der Deutschen. Das nahe Dorf Jagststadt ist die Wiege Schlözers.

1826

Beim erwähnten Bruder handelt es sich um Friedrich Wilhelm Prinz zu Hohenlohe-Kirchberg (1732-1796). Er war Reichsfeldzeugmeister und kommandierender General in Böhmen.

Beim Vetter handelt es sich um Friedrich Ludwig Fürst zu Hohenlohe-Öhringen-Ingelfingen (1746-1818). Er war Reichsgeneral der Kavallerie, Königlich Preußischer General der Infanterie und Gouverneur von Bayreuth und Breslau.

Ludwig Friedrich Ernst Bosch (1798-1867)

Kirchberg liegt auf einem platten, ungefähr 300 Fuß hohen Felsen, welcher sich von Süden gegen Norden in das Jaxtthal erstreckt und auf der West-, Nord- und Ostseite vom Jaxtfluß umbogen wird.

Auf drei Seiten vom Jaxtthal umgeben, hat es daher nur auf einer, nämlich der südlichen Seite ebene Fläche, und liegt wenn gleich auf einem Felsen, doch etwas niedriger als seine Umgebung. Nördlich wird die Stadt von dem schönen fürstlichen Schloß begränzt, das im Jahr 1591 auf den Grund der alten Veste erbaut im Laufe des achtzehnten Jahrhunderts aber zu verschiedenen Malen um vieles erweitert und verschönert wurde.

Die östliche Seite des Bergs, auf welchem die Stadt liegt, ist zu den schönsten und nützlichsten Gartenanlagen benützt, ebenso die südliche ebene Seite; die westliche und nördliche Bergseite bildet einen Lustwald, der aus allerlei Holzarten, Tannen, Fichten, Buchen, Eschen, Birken und andern besteht, und in welchem allerlei künstliche Anlagen angebracht sind.

Von den drei Thoren, die ehedem die Stadt hatte, ist jetzt nur noch eines da, welches den äußeren Theil der Stadt, die sogenannte untere und obere Vorstadt, von der inneren, ursprünglichen Stadt trennt. Diese ist noch auf zwei Seiten mit Mauer und Graben umgeben und hat zwei Thürme, welche auf der südwestlichen Seite der Stadt einander gerade gegenüber stehen. Der Eine davon, der Höhere, ist am Thor und wird in seinem obersten Theil von dem Thürmer bewohnt, der ander ist an die Kirche angebaut.

Die obere Vorstadt entlang liegt der schöne fürstliche Hofgarten mit seinen weitläufigen und herrlichen Anlagen, der sowohl den Bewohnern von Kirchberg als auswärtigen, die herein kommen, zum Besuch und Genuß offen steht. Dies und so manches anderes gibt dem Ort einen eigentümlichen Reiz, der noch durch den Theil der Stadt, der unten im Thale liegt, erhöht wird. Dieser Theil der Stadt liegt am östlichen und nördlichen Fuße des Berges und wird von der Jaxt durchschnitten, über die eine schöne erst im Jahre 1779 neuerbaute, mit fünf Bögen versehene steinerne Brücke führt, welche die getrennten Thalteile von Kirchberg miteinander verbindet.

Ist aber so der Ort Kirchberg an und für sich selbst schon vor vielen anderen ausgezeichnet und schön, so ist er es nicht weniger durch seine malerische Umgebung. Von der Sommerseite des Berges angesehen sind das Thal, die sich schlangenförmig durchbiegende Jaxt, die alte Sulz (Ruine von einer ehemaligen Ritterburg), der Ort Hornberg mit seinem alterthümlichen Schloße, der Sophienberg, der, wie von Menschenhänden zusammengetragen, zu den schönsten Anlagen benützt ist, die nur halb hervorstehende Ziegelhütte, der mit allerlei Holzarten bewachsene Hohe Altenberg, an dessen Fuße die Jaxt sich nach Kirchberg herumbiegt, die herrliche fruchtbare Au, das sind Puncte, die, nur eine Viertelstunde von Kirchberg entfernt und im Halbzirkel herumliegend, das Auge zu sehen nicht müde wird. Fast eben so schön und mannigfaltig ist die südliche und westliche Umgebung der Stadt.

Doch nicht nur mit Naturschönheiten ist Kirchberg und seine Umgebung von der Vorsehung gnädig bedacht, sondern auch mit allem, was zur Nahrung und Nothdurft des Lebens gehört, dem Schönen ist hier das Nützliche vermischt. In den höheren Partien ist üppiger Fruchtbau, und im Thal trefflicher Wiesenwuchs, wodurch den Bewohnern eine ergiebige Quelle der Nahrung und des Wohlstands geöffnet ist. Dabei ist die Gegend gesund und von Seuchen und ansteckenden Krankheiten nur höchst selten heimgesucht.

Die Bewohner des Orts sind im Ganzen genommen sehr verständige, auch sittlich und religiös gebildete Leute. Dazu mögen beitragen die guten Schulanstalten, die längst hier bestehen, der religiöse Sinn, mit welchem von langen Zeiten her das Fürstenhaus den Ortsbewohnern vorleuchtet, der Umgang mit Gebildeten, deren hier eine ziemliche Anzahl im kleinen Kreise vereinigt ist, endlich auch die reiche fürstliche Bibliothek, die den Bewohnern zur Benützung offen steht. Daß nichts desto weniger auch hier noch, wie allenthalben, Unkraut unter dem Waizen wächst, braucht nicht bemerkt zu werden. Den Nahrungsstand anbelangend, ist zu Ende des vorigen Paragraphen bemerkt worden, daß hier der Getreidebau und die Viehzucht mit Nutzen betrieben werde. Dasselbe gilt auch von andern hier üblichen Gewerben, besonders den Gerbereien und Färbereien, die sehr im Flor sind.

1831

Eduard Mörike (1804-1875)

Wir fuhren noch ein klein Stück über Roth hinaus, da Frank sich wegen angeworbner Passagiere zur Rückfahrt pressierte. In Kirchberg trockenen und leichten Fußes angelangt, entzückte uns führwahr die ungewöhnlich schöne Lage des Schlosses und der Stadt: wir standen eine Weile auf der Brücke, wo sich besonders auch der waldbewachsne Hügel mit dem versteckten Pavillon auf seinem Gipfel und unterhalb das Wasser mit seinem waagrecht geschichteten Felsgestade vortrefflich ausnimmt. Nicht minder stach mir Hornberg in die Augen. Zunächst nun wurde, eingedenk der treuen Weisung unserer Konstanze, bewußter Baumann aufgesucht, der freilich in Abwesenheit seines Knechts und der Zurüstung wegen erst gegen vier Uhr zur Abfahrt bereit war. Wir hatten ihn anfangs nach Landsiedel vors Haus des Herrn Hauptmanns bestellt und wollten bis dorthin noch gehen, allein wir fühlten uns, indem wir zur Stadt hinaufstiegen, alle drei einer augenblicklichen Stärkung bedürftig, lenkten deshalb zum Adler und bestellten Kaffee, welcher so lange auf sich warten ließ, daß schon deshalb die Absicht aufzugeben war. Auch fing es allgemach zu nibeln und zu regnen an, und kaum fand man noch Zeit, einige Schritte nach dem Schlosse und in die offene Kirche zu tun. Mir ist es, sagte Klärchen auf der Straße, an diesem fremden Orte in diesem Augenblicke ganz, als liefe ich im Traum. Ich hatte selbst ein ähnliches Gefühl und dachte: hier bist du im Bayerischen. Als es nachher so schnell am Kretschmerischen Landhause vorüberging, das allerdings sehr wohnlich und einladend unter seinen Bäumen aussah, empfanden wir doch einen kleinen Haken, der uns ungern losließ und welcher offenbar von einem Verwandtschaftsgefühl mit Konstanzen nicht sowohl von dem »lebhaften Geiste« ausging, für dessen Redseligkeit unsere Stimmung in der Tat nicht ganz geeignet war.

23.10.1844

Christian Ludwig Fromm (1797 - 1861)

Kirchberg an der Jagst, bestehend aus der Amtsstadt dieses Namens, dem einzelnen Wohnsitz Ziegelhütte und der besondern Wartung des abgegangenen Orts Hohaltenberg, mit 1351 evang. und 15 kathol. nach Groß-Allmerspann gepfarrten Einwohnern. Der Name soll sich von einer schon frühe hier, auf der Stelle, wo nun das Schloß steht, befindlich gewesenen Capelle herschreiben. Früher wurde er auch Kirperch geschrieben. Die Entfernung vom Oberamt ist in gerader Richtung 1 3/4 Stunden.

Die Markung ist von Südost nach Nordwest in bedeutenden Krümmungen von dem bis zu 200 Fuß tiefen Jagstthal durchschnitten, und überdieß durch mehrere in dieses ausmündende Klüfte das Gebirg zu beiden Seiten gespalten; daher gehört ein Theil der Fläche dem Thal, das Uebrige aber der Ebene an, die bis zu 350 Fuß höher als jenes gelegen ist. Eben diese Beschaffenheit aber, sowie der isolierte Gebirgstheil Sophienberg in der Mitte der Au, welche das Thal ostwärts von Kirchberg bildet, dann die 3 bis in das Thal hineinragenden Gebirgszungen, auf deren einer das alterthümliche Schloß Hornberg mit angebautem Dorf thront, die andere die Ruinen der abgegangenen Burg Sulz trägt und die dritte mit dem ansehnlichen Residenzschloß des Fürsten, mit Anlagen, Gärten und dem Städtchen selbst bedeckt ist, schaffen ein freundliches Bild, das durch die rasche Abwechslung zwischen Wald und Feld, Gärten und Wiesen belebt wird und die hiesige Gegend zu einer der lieblicheren des Landes und jedenfalls zur freundlichsten Partie des Oberamtsbezirks machen.

Die Hall-Rothenburger und die Mergentheim-Crailsheimer Staatsstraße, dann die auf sie hier ausmündenden Nachbarschaftsstraßen von Ilshofen, Lobenhausen, Langenburg und Gerabronn bilden hier einen dreifach geschürzten Knoten und bringen Leben in den Ort. Die schöne steinerne, in 5 Bogen über die Jagst gesprengte, erst 1799 erbaute Brücke ist ein Theil der Hall-Rothenburger Poststraße. Sie gehört dem Staat, von dem sie auch erhalten wird.

Außer der Jagst besitzt die Stadt einige Wildbäche, einen Fischweiher am Weg nach Eichenau und 3 kleine Wassersammlungen; übrigens ist der Ort nicht immer genügend und gut mit Brunnenwasser versehen, indem die Quellen der Röhrbrunnen beim Schneegang und bei jedem stärkeren Regen mit Tagwassern gemischt werden und in trockenen Sommern fast ganz versiegen.

Auf der Markung sind mehrere Muschelkalkbrüche und ein Keupersandsteinbruch. Von den verschiedenen Kulturarten gehören der Standesherrschaft 36 Morgen Gärten, Länder und Gebäudeareal, 7 7/8 Morgen Aecker und und Weinberge, 57 3/8 Morgen Wiesen und 133 2/8 Morgen Waldungen.

Das Städchen ist die Residenz des Fürsten zu Hohenlohe-Kirchberg und der Sitz des königlich fürstlichen Bezirksamts, der königlich fürstlichen Forstverwaltung und eines königlichen Postamts; von den standesherrlichen Verwaltungsstellen hat die fürstliche Dominial-Kanzlei, dermalen zugleich hohenlohesche Seniorrats- und LehensKanzlei, ein Rentamt und ein Revierförster hier den Sitz. Auch wohnt ein Arzt hier. Jeden Tag passirt ein Eilwagen von Ellwangen und Dinkelsbühl nach Wertheim und ein anderer in der entgegengesetzten Richtung hier durch. Mit Stuttgart steht der Ort mittelst des Nürnberg-Stuttgarter Wagens viermal wöchentlich in unmittelbarer Verbindung.

Kirchberg, von dem ungefähr zwei Drittel auf dem bemerkten Gebirgsvorsprung, das weitere Drittel aber im Thal zu beiden Seiten der Jagst liegen (wovon der rechtseitige Theil früher »Sulz« genannt wurde), hat nur ein einziges Thor und ist in dem letzteren Theil und in einigen Partien der Vorstadt weitläufig, sonst aber eng angelegt, meist aus zweistockigen Häusern bestehend, von denen einige von Stein, die meisten aber auf steinernen Sockeln oder Stöcken in hölzernem Fachwerk erbaut sind. Die Zahl derselben beträgt 185 Haupt- und 65 Neben-Gebäude, darunter an öffentlichen Gebäuden die schöne Kirche, das Schulhaus, das Amthaus und die Forstverwaltungs-Kanzlei und das Gefängniß. Merkwürdig ist bloß das Schloß. Das Aussehen des Orts ist sowohl auf der Höhe, die übrigens, wie der größte Theil der Markung, verglichen mit den Höhenzügen der

Umgebung, als Niederung erscheint, als im Thal, von außen und großentheils auch innen freundlich und sauber. Die fürstlichen Gartenanlagen, welche die beiden gegen das Thal abfallenden Seiten des Vorsprungs umziehen, der Hofgarten, die zahlreichen Baumgärten, eine südöstlich und südwestlich an die Vorstadt sich anschließende Linden- und Pappel-Allee, dann die englischen Anlagen, welche den Sophienberg, ein fürstliches Eigenthum, bedecken, dienen sehr zur Verschönerung der Umgebung. Vorteilhaft weicht die Fläche der Gemeinde in den tiefer gelegenen Theilen durch größere natürliche Fruchtbarkeit des Bodens und durch den nicht unerheblichen Obst- und Garten-Bau von den übrigen Gegenden des Oberamts ab; nachtheilige Abweichungen aber sind zwei auffallende Erscheinungen in Bezug auf den Gesundheitszustand, nämlich die große Zahl von Cretinen (dermalen über 40) und das Sterblichkeitsverhältniß. Außerdem ist die große Zahl Armer (es stehen 37 Personen im öffentlichen Almosen), welche ungeachtet günstiger Erwerbsverhältnisse sich hier finden, zu beklagen, und mögen überhaupt die Einwohner, welche entweder bloß vom täglichen Verdienst oder vom Almosen leben, die Hälfte ausmachen.

Von der Grundherrschaft werden Grund- und andere Gefälle im Betrag von ungefähr 670 fl. erhoben, auch ist außerdem, jedoch unbedeutend, noch das von crailsheimische Rentamt Hornberg gefällberechtigt. Von einigen Häusern und vielen Gütern wird Handlohn und Sterbfall entrichtet. Zur Ablösung kamen nach den Gesetzen von 1836 126 fl. steuerartige Gefälle und an Frohnen und Frohngeldern der Werth von 1034 fl. Der Zehnte gehört, mit Ausnahme einer Kleinzehentberechtigung der Pfarrei auf einem bestimmten Distrikt, der Standesherrschaft.

Die Gemeinde (ausnahmsweise sind hier keine Gemeinderechte) besitzt an Vermögen 279 Morgen 2 1/2 Viertel Grundeigenthum in Wiesen, Waldungen, Ländern und Weidplätzen und 1250 fl. Aktivausstände bei 3350 fl. Schulden. Die Communkostenumlage beträgt 1400 fl. Es sind eine lateinische Schule mit 1 Lehrer, eine deutsche Schule mit 2 Lehrern, eine Industrieschule, eine Kleinkinderbewahr- und Lehr-Anstalt und eine Turnanstalt vorhanden. Die Industrieschule verdankt ihr Dasein und ihren sehr gedeihlichen Fortgang der Wittwe des Fürsten Georg Ludwig, **Adele**, und die Kleinkinder-Anstalt neben reichlichen Spenden des regierenden Fürsten, seiner Gemahlin der Fürstin **Marie**, die diese Anstalt mit seltenem Eifer pflegt. Erwähnung verdient die Mineralien- und Vögelsammlung, die Sammlung von mancherlei interessanten Kunstgegenständen und Alterthümern, die Gewehrsammlung und die Sammlung römischer im Hohenlohe'schen gefundener Alterthümer (der Ausgrabungen Hanselmanns in Oehringen), so wie die, zur öffentlichen Benützung eingeräumte Bibliothek, welche sich sämmtlich im fürstlichen Schlosse finden. Für die Schulanstalten wird bei der hiesigen Stadtalmosenpflege ein Vermögen von ungefähr 4200 fl. verwaltet, und die Industrieschule besitzt ein von der Fürstin **Adele**, dem letzt verstorbenen Fürsten und der Prinzessin **Ferdinande** gestiftetes Vermögen von mehr als 800 fl.

Der Begräbnißplatz liegt außerhalb des Orts. Er ist seit einigen Jahren mit Einführung des Reihenbegräbnisses in Quartiere abgesondert und für Kinder und Erwachsene abgetheilt, mit einer offenen Kapelle zur Haltung der Grabreden versehen und mittelst breiter Wege, die zu den Seiten durch Zierpflanzen begrenzt sind, in eine freundliche Form gebracht.

Die Stadt hat jährlich 4 Vieh- und Kram-Märkte und 1 Fohlenmarkt. Ihr Wappen besteht aus einem Kirchlein in alterthümlicher Form. Die Pfarrei umfaßt bloß den Ort Kirchberg und war auch nie von größerem Umfang. Sie besteht erst seit ungefähr 1577. Bis dahin war die St. Maria geweihte Kirche Tochterkirche von Lendsiedel, und der bei solcher als Caplan angestellte Geistliche dem Pfarrer von Lendsiedel, der überdieß die wichtigeren gottesdienstlichen Verrichtungen selbst hier besorgen mußte, unterworfen. Vor der Reformation war die Kirche dem Capitel Crailsheim, nachher aber der Superintendentur Langenburg, dann von 1650 bis 1810 der in ersterem Jahr in Kirchberg bestellten Superintendentur und endlich von 1810 bis 1829 dem Decanatamt Blaufelden unterworfen. Nun gehört sie zur Diöcese Langenburg. Die Pfründe für einen Caplan hat erst in der Mitte des 14. Jahrhunderts ein Fritz von Kirchberg gestiftet. Der Sage nach stand jedoch schon vor 800 Jahren auf dem Berge hinter dem Schloß eine Kirche oder Capelle. 1398 kam mit dem Amt Kirchberg auch die Caplaneibestellung an die drei Reichsstädte Hall, Dinkelsbühl und Rothenburg, von welchen 1540 die Bestandtheile der Pfründe eingezogen und eine feste Besoldung dafür verwilligt wurde. 1411 wurde erlaubt, an Festtagen feierlichen Gottesdienst auch in der hiesigen Capelle zu halten. 1459, als Adam von Kirchberg seine letzten Besitzungen hier vollends verkaufte, bedung er sich die Fortdauer des Kirchengebets für ihn und seine Voreltern. 1518 bewilligte Bischof Lorenz von Würzburg die Transferirung der Capelle, die sonach bis dahin hinter der Feste gestanden seyn mag.

Eine Schloßkirche soll übrigens zu Zeiten des Grafen Philipp Ernst von Langenburg, also zwischen 1610 und 1628, neu erbaut, und in die Stadtkirche 1545 eine Emporkirche, Predigtstuhl und Taufstein gemacht, auch diese Kirche reparirt worden seyn. 1562 kam mit Kirchberg auch die Kirche und der Kirchensatz wieder an Hohenlohe, von dem nun, weil die Mutterkirche theilweise einer andern Herrschaft angehörte, die hiesige Kirchstelle um 1577 in eine Pfarrei verwandelt und später, 1710, von der Herrschaft dem ersten Geistlichen noch ein zweiter als Helfer, »Caplan« genannt, beigeordnet wurde, der zugleich die Stelle eines lateinischen Lehrers zu versehen hatte, was noch der Fall ist.

Diese beiden Geistlichen und die Lehrer der deutschen Schule ernennt der Fürst, der auch die Baulast an Kirche, Pfarr- und Schul-Haus trägt. Die Kirche, wie sie jezt steht, ist 1730 und 1731 erbaut und am 12. December 1731 eingeweiht worden. Der Thurm, einer der früheren Befestigungsthürme der Stadt, ist jedoch seiner Spitze beraubt. Man sagt, daß nachdem im vorigen Jahrhundert kurz nacheinander zweimal der Blitz in ihn geschlagen, die Wiederaufbauung der Spitze unterlassen worden seye. Die Reformation trat hier, veranlaßt durch die damalige Herrschaft der genannten drei Reichsstädte, schon 1534, also früher als in den übrigen hohenloheschen Pfarreien, ein. Eine Kirchenstiftung oder Gotteshauspflege ist nicht vorhanden, dagegen eine unter dem Namen Stadt-Almosenpflege von fürstlicher Domanialkanzlei verwaltete Armen- und Schul-Stiftung mit einem Vermögen von 25,945 fl. nach dem Stand von 1842/1843.

Derjenige Theil von Kirchberg, welcher im Thal rechts der Jagst liegt, hieß ursprünglich Sulz, nach der auf dem Vorsprung gelegenen, jetzt abgegangenen Burg. Von der Zeit des Verkaufs dieses Dörfleins an mit Kirchberg an Hall, 1398, wo die Burg davon getrennt, Hohenlohe vorbehalten wurde, mag dieser Theil zu der Stadt gerechnet worden seyn und so seinen besondern Namen verloren haben. Im Jahr 1373 erhielt Kraft von Hohenlohe von Karl IV. die Erlaubniß, von seiner Burg Kirchberg, die Böhmen zu Lehen ging, eine Stadt zu erbauen und mit Pforten, Planken und Thüren zu versehen, auch einen Wochenmarkt zu halten und Stock und Galgen aufzurichten. Indeß erscheint bereits im Jahr 1365 Kirchberg urkundlich als neue Stadt. Zwar zeigt die Oberfläche keinerlei Spuren mehr von einer Burg, aber Grundstücke auf der Ostseite des Hügels gelegen, sind in einem alten Gültbuch »hinter der alten Burg« beschrieben; der Hügel selbst wurde bis gegen Ende des vorigen Jahrhunderts Niederaltenberg genannt. Daß Kirchberg gut befestigt war, zeigen noch jetzt die 40–50 Fuß hohe starken Mauern, die tiefen Gräben und Ueberreste von Vorwerken.

Ueber den Zeitpunkt des Uebergangs des Orts von den Herren von Kirchberg an die von Hohenlohe fehlt Ueberlieferung; eine Verpfändung desselben von Seite Krafts von Hohenlohe an Raban von Kirchberg im Jahr 1366 beweist indeß, daß die Besitzstandsveränderung wenigstens damals schon erfolgt war. Wie lange dieser Pfandbesitz gedauert habe, ist nicht bekannt, doch schon 1384 finden wir Verpfändung und dann 1398 Verkauf an die 3 Reichsstädte Hall, Dinkelsbühl und Rothenburg, von welchen der Ort erst 1562 wieder an Hohenlohe zurückkam. Die Städte ließen Stadt und Amt durch einen Obervogt und einen Untervogt verwalten und hielten hier eine kleine Besatzung, welche sie abwechselnd lieferten. Den 15. December 1547 blieb hier K. Karl V. auf seiner Reise von Rothenburg nach Hall in dem noch stehenden alten Posthaus über Nacht. 1566 erhielt die Stadt ein kaiserliches Privilegium zu Abhaltung von

drei Jahrmärkten. 1594 kamen von den vellbergischen Eigenthumserben die Gefällrechte von 2 gültbaren Gütern an Hans
Philipp von Crailsheim.

Was die früheren obrigkeitlichen Verhältnisse des Orts anbe-
langt, so waren die ökonomischen und die der niederen Polizei
angehörigen Angelegenheiten einem Burgermeister und Magi-
strat übertragen, während die Civiljustiz durch die Vögte, die
Criminal-Justiz aber durch das hiesige Centgericht, das aus den
Vorstehern sämmtlicher eingehörigen Orte gebildet war, admi-
nistrirt wurde; diese Einrichtung fand sowohl unter der Regierung der Städte als unter den Grafen von Hohenlohe statt. Als
zum Centbezirk gehörig sind beschrieben: Kirchberg, Gaggstatt,
Lenkerstetten, Weckelweiler, Eichenau, Diemboth, Lendsiedel,
Dörrmenz, Ruppertshofen, Herboldshausen, Groß- und Klein-
Allmerspann, Ober- und Unter-Schmerach, Buch und Triensbach, welche Orte alle, wie wir hienach bei Lobenhausen finden werden, auch zu der dortigen Cent angesprochen worden
waren. Diese Thatsache berechtigt uns zu der Annahme, daß
die Grafen von Lobenhausen und ihre Nachfolger bis zu dem
Zeitpunkt, als im Jahr 1373 dem Kraft von Hohenlohe der Blut-
bann für die hiesige Burg und Zubehörden verliehen worden,
hier die Landesherrschaft besessen, und daß die peinliche Ge-
richtsarbeit auf die bemerkten Nebenorte von Seite der Städte
und der Grafen von Hohenlohe nur nach und nach je mit Erwer-
bung der Grundherrschaft in solchen ausgedehnt worden seye;
eine Annahme, die sich auch durch vorliegende zahlreiche Verhandlungen über diesen Gegenstand zwischen Ansbach, als der
späteren Landesherrschaft von Lobenhausen, und Hohenlohe
bestätigt findet.

Der Ort war von 1806 bis 1810 der Krone Bayern unterworfen, zunächst unter dem hiesigen fürstlichen Justizamt, dann
aber unter den königlichen Behörden zu Gerabronn. Seit dem
Jahre 1810 gehört er zu dem württembergischen Oberamt Gerabronn. Von 1811 bis 1815 war ein königliches Unteramt und bis
1826 eine Amtsschreiberei hier.

Das Jahr 1562 brachte am Mittwoch nach Michaelis Kirchberg
mit den umliegenden Orten Lendsiedel, Eichenau, Diemboth,

Weckelweiler, Gaggstatt, Mistlau, Allmerspann, Dörrmenz, Herboldshausen, Niederwinden und Dünsbach mit aller hohen und niedern Obrigkeit wieder an Hohenlohe zurück. Graf Ludwig Casimir löste sie für 93,000 fl. ein, die Aemter Hohnhardt und Ilshofen blieben aber der Reichsstadt Hall.

Ehe wir aber auf die neuere Geschichte der Herrschaft Kirchberg übergehen, haben wir noch einige Zugehörungen, zunächst die Burg **Sulz**, zu betrachten. Von Gaggstatt her gegen Kirchberg ist die Hochebene durch eine tiefe Kluft gespalten, durch welche ein unbedeutender, doch nicht selten auch hoch angeschwollener und reißender Bach der Jagst zueilt. Da wo dieser Bach das Gebirg verläßt, trägt von den zwei Zungen, welche jene Kluft und das Jagstthal schufen, die linke östlich gelegene die Burg Hornberg, die rechts westlich gelegene die spärlichen Ueberbleibsel der Burg Sulz, die hier auf dem schönsten Punkt der belebten Landschaft stand und bis zu Ende des dreizehnten Jahrhunderts dem Rittergeschlecht aus dem Stamm der Familie von Nordenberg, das sich von dieser Burg schrieb, zur Wohnung diente, dann aber an Hohenlohe kam und von diesem später wieder andern Rittern und Vasallen zu Lehen gegeben wurde. Die Veste war auf der einzigen angreifbaren und einen schmalen Kamm bildenden Stelle durch doppelte Gräben geschützt.

Eberhard Geier war noch Miteigenthümer, als im Bauernkrieg Einwohner von Gaggstatt unter Zuthun von Kirchberger Einwohnern am Abend des dritten Mai 1525 die Burg niederbrannten. Seither liegt der Berg öde und verlassen und wird als Schafweide benutzt, nur auf dem Gipfel zeigt ein kleines Gewölbstück hinter dem innern tiefen Graben die frühere Lage des Grundbaues. Die Halden des Bergs sind jetzt mit etwa tausend Obstbäumen bedeckt, aus deren Mitte die am Regierungs-Jubiläumsfest 1841 an der Westseite auf einer kleinen Ebene gepflanzte Königseiche hervorragt, welche die künftigen Bewohner des Thals an die Regierung Königs Wilhelm erinnern wird.

Burg und abgegangener Ort Hohaltenberg an einer ins Jagstthal vorspringenden Stelle des hohen Bergrückens, welcher diese

Markung bildet, zeigt der felsige Grund einen Einschnitt rückwärts der Spitze, welcher als Burggraben gedient haben könnte; dort soll der Sage nach die Burg der Herren von Berg gestanden haben, eine Familie von welcher jetzt noch Glieder unter dem Bauernstand der hiesigen Gegend leben, aber auch schon vor 300 Jahren als Gewerbsleute vorkamen. Uebrigens sind weder sonstige Spuren, noch irgend schriftliche Nachrichten zur Bestätigung jener Vermuthung zu finden. Der Name Hohaltenberg beweist nichts, denn es kann auch der Name des abgegangenen Weilers dieser Markung den Namen gegeben haben. Daß aber hier vor Zeiten ein Ort mit Bauernhöfen stand, bezeugen die noch bestehenden, im Besitz von Einwohnern von Kirchberg und Lobenhausen befindlichen Gemeinderechte und ein Gemeindewald, den diese Gemeinderechtsbesitzer genießen. Als Platz, wo der Ort stand, ist der höchste Punkt an der Straße von Kirchberg nach Lobenhausen zu vermuthen, da dort bei Anlegung einer neuen Straße vor einigen Jahren Brandstellen und Ueberreste von verschiedenen Geräthen gefunden wurden. Eine neuerlich aufgefundene Urkunde, in welcher der Burgfriedensbezirk von Hornberg beschrieben ist, ergibt auch wirklich, daß an dieser Stelle, nämlich da, wo der Weg von Mistlau auf den zwischen Lobenhausen und Kirchberg einmündet, früher ein Ort »der Hof, der da heißet zu dem Berg« gestanden hat. Im Gültbuch von 1577 ist der Ort oder vielmehr die Markung Eberhardsberg benannt und bemerkt, dieselbe sey zur Zeit, als Kirchberg den oftgenannten Reichsstädten gehörte, von dem Kloster Anhausen zu diesem Amt erworben worden. Sie kam also 1562 mit Kirchberg zu Hohenlohe.

Nachdem nun 1562 Hohenlohe wieder in den Besitz der Herrschaft Kirchberg gekommen, waren in den meisten der zugehörigen Orte noch viele andere Herren berechtigt und begütert. Das Meiste besaßen die Herren von Vellberg, deren, theils zu ihrer Veste Vellberg, theils zur Veste Leofels (die sie von 1468 bis zum Aussterben der Familie besessen hatten) gehörigen Besitzungen, so weit sie hohenlohische Lehen waren, heim fielen, soweit sie dagegen Allodien waren, von den Eigenthumserben durch Hohenlohe erkauft wurden.

Die württembergischen Lehen endlich, das Schloß Leofels mit zugehörigen Gefällen in Leofels und die Zehnten zu Wekkelweiler und Lenkerstetten erhielt Hohenlohe durch Belehnung 1592. Außer diesen Erwerbungen kamen noch da und dort kleine Ankäufe und Tausche vor, woraus sich die Herrschaft oder das Amt Kirchberg gestalteten. Vor 1797 hatten dazu auch noch Antheile an den Orten Tiefenbach, Rüddern, Bölgenthal, Triensbach, Buch, Ober- und Nieder-Winden, Roth, Rückershagen u.s.w. gehört, sie sind aber in jenem Jahr gegen Werdeck mit Waldungen und Antheilen an Lobenhausen, Lendsiedel, Diemboth, Sandelsbronn, Seibotenberg und Lenkerstetten an Preußen vertauscht worden. Diese Herrschaft gehört daher nicht zu den ursprünglichen Besitzungen des Hauses Hohenlohe.

Was die Herren aus diesem Hause betrifft, denen sie unterworfen war, so wurde dieselbe 1562 durch den Grafen **Ludwig Casimir** von Hohenlohe, der die ganze neuensteinische Hälfte des Fürstenthums besaß, erworben. Auf ihn folgten im Besitz von Kirchberg 1568 seine Söhne **Albrecht**, gestorben 1575, **Friedrich**, gestorben 1590, und endlich **Wolfgang**, zu Weikersheim gestorben 1610. Von diesen hatte keiner hier residirt, nachdem aber 1591 das Schloß auf dem Grund der alten Veste erbaut worden war, nahm um jene Zeit die Wittwe des Grafen **Friedrich**, **Elisabethe** geborne Herzogin von Braunschweig, hier ihren Wohnsitz. **Philipp Ernst**, der Nachfolger Wolfgangs, besaß Kirchberg zu dem Stammstheil Langenburg. Seine Söhne **Joachim Albrecht** und **Heinrich Friedrich** regierten von 1628 bis 1671 den Nachlaß ihres Vaters gemeinschaftlich, von 1671 an aber gehörte Kirchberg dem ersteren und nach dessen 1675 erfolgten Tode dem Zweiten an. Ersterer hatte hier residirt. Nach dem 1690 erfolgten Tode des Heinrich Friedrich theilten seine 2 Söhne dessen Besitzungen, und fiel davon dem **Friedrich Eberhard**, geboren 1671, gestorben 1737, Kirchberg und dazu das Amt Döttingen zu, was zur Folge hatte, daß er seine Residenz hier nahm und daß, weil seither der Zweig fortdauert, Kirchberg von da an auch Hauptort und Residenz der Grafschaft Hohenlohe-Neuenstein-Kirchberg, welche im Jahr 1764 zum Fürstenthum erhoben wurde, ist. Auf Friedrich Eberhard kam dessen Sohn **Karl August**, geboren 1707, gestorben 1767, dann 1767 der Sohn **Christian Friedrich Karl** zur Regierung, welchem 1819 dessen Sohn **Georg Ludwig Moritz**, und endlich nach dessen im December 1836 erfolgten Tod dessen Vater Bruders Sohn, Fürst **Carl Friedrich Ludwig Heinrich**, geb. den 2. November 1780 nachfolgte.

Die Behörden, mittelst deren das Fürstenthum bis zur Mediatisirung regiert wurde, waren eine Regierung, zugleich evangelisches Consistorium, und eine Rentkammer, unter welchen noch ein Amt in Kirchberg und eines in Döttingen und von 1650 an eine Superintendentur in Kirchberg bestellt war. Beide Aemter des Fürstenthums waren dabei in einen sogenannten Contributionsverband vereinigt, mit denselben Einrichtungen, wie sie hienach bei Langenburg beschrieben sind. Zur Ortsobrigkeit waren überall bloß Schultheißen mit geringen Befugnissen bestellt. So ging das Amt Kirchberg im Jahr 1806 an Bayern und das Amt Döttingen an Württemberg, 1810 aber auch das Amt Kirchberg an Württemberg über.

Besondere Merkwürdigkeiten sind: eine Mineralquelle in den Sulzwiesen, so wie sie in schlechter Fassung zu Tage kommt, dem Geschmack und äußeren Erscheinungen nach von geringem Salz-, Schwefel- und Eisen-Gehalt, der Fuß des Sophienbergs und der Steinbruch am warmen Stein als Fundgruben vieler Versteinerungen, namentlich der Seelilie, und der zwar auf Lendsiedler Markung, doch nächst Kirchberg gelegene Sandbuck, ein mäßiger Hügel, als Fundort fossiler Knochen vorweltlicher Thiere.

Gaggstatt bestehend aus 1181 Einwohnern. Dieser Bezirk hat eine Länge von 3 Stunden und grenzt südlich und östlich an das Oberamt Crailsheim. In dieser weiten Ausdehnung wird er nördlich von dem Brettachfluß und südöstlich von dem Jagstfluß, von Straßen aber, von der Hall-Rothenburger Staatsstraße und den Vicinalstraßen zwischen Kirchberg und Crailsheim, Kirchberg und Gerabronn über Lenkerstetten, zwischen Gerabronn und Roth am See und zwischen Kirchberg und Langenburg berührt. An Gewässern findet sich sodann der Steinbach bei Gaggstatt, und ein Wildbach bei Heroldhausen, da im Uebrigen die zahlreichen Quellen sich in den Klüften des Muschelkalkgebirgs verlieren, das in dieser Gemeinde in vielen Brüchen gute Bau- und Straßen-Steine liefert. Auf einigen höheren Punkten kommen aber auch Keupersandstein, Letten und Lehm vor. In ersterem Gebirg finden sich zwischen Gaggstatt und Mistlau und bei Seibotenberg viele Erdfälle. Einzelne Theile der Fläche liegen bis über 1600 Fuß, andere nur 1200 über dem Meer.

Lenkerstetten und Werdeck gehören zur Pfarrei Beimbach, Hezelhof und Seibotenberg zur Pfarrei Michelbach an der Heide, Fuchshof zur Pfarrei Gerabronn, Weckelweiler zu der in Lendsiedel, Lobenhausen zur Pfarrei Triensbach, Oberamts Crailsheim, und bloß Gaggstatt und Mistlau zur Pfarrei Gaggstatt. In gleicher Weise, bestehen auch die Schuleintheilungen. Mit Ausnahme der Höfe Werdeck, Hezelhof und Fuchshof bestehen überall Gemeinderechte, die im Genuß des Gemeindevermögens sind. Die Gesammtgemeinde hat als solche kein Besitzthum und deckt deßhalb ihren Aufwand großtenteils mittelst Umlagen, die neben den nicht unbedeutenden Pfarreikosten 700 fl. betrugen.

In den Gebäuden zählt man 200 Haupt- und 160 Neben-Gebäude. Der größte Theil der Gebäude und Feldgüter ist mit Grundzinsen und mit Sterbfall und Handlöhnen, ersterer von 1 1/2 bis 15 %, letzterer von 5 bis 10 % belegt. Soweit diese Berechtigungen dem Staat zustehen, was jedoch nur bei einem geringen Theil der Fall ist, hat meist Ablösung stattgefunden. Die Grundzinse, welche im Gemeindebezirk erhoben werden, betragen jährlich 1310 fl. Frohnen und Frohngelder, sowie steuerartige Gefälle wurden im Betrag von 880 fl. 45 kr. abgelöst.

Gaggstatt, früher Haagstadt und Jackstatt, evang. Pfarrdorf mit 483 Einw. an der Hall-Rothenburger Staatsstraße, von Kirchberg 1/2, von Gerabronn 2 Stunden entfernt, in einer Niederung gelegen, aus welcher sich westlich eine tiefe Schlucht in das nahe Jagstthal zwischen dem in dieser Richtung ansteigenden Gebirg hinauszieht, die dem Gewässer der kleinen Bäche zum Abfluß dient, welche beim Schneegang und starken Regen nicht selten den Ort auf eine belästigende Weise überschwemmen. Derselbe ist weitläufig gebaut, freundlich und neuerlich reinlich. Von hier aus gehen Nachbarschaftswege nach Hornberg, Mistlau, Wallhausen, Niederwinden, Lenkerstetten und Wekkelweiler. Gefällberechtigt auf der Markung sind: der Staat, die Standesherrschaften Hohenlohe-Kirchberg und Hohenlohe-Bartenstein, und die Freiherrn von Seckendorf-Aberdar und von Crailsheim. Der Neubruch- und große Zehente steht der Standesherrschaft, der kleine Zehente in der Brach- und Haber-Flur der Pfarrei zu, welche auch Antheil am Repszehenten hat und den Blutzehenten genießt.

Die Kirche, 1479 Capelle zum heiligen Kreuz genannt, war bis zur Reformation Tochterkirche von Lendsiedel und wurde durch einen Caplan des dortigen Pfarrers versehen, mit der Reformation aber zur Pfarrkirche umgewandelt und mit Gaggstatt, Mistlau und Niederwinden zu einer eigenen Pfarrei vereinigt. Ueber der Kirchthür steht die Jahrszahl 1506 und soll in diesem Jahr auch das Gebäude erbaut worden seyn. Die Schulgemeinde umfaßt denselben Sprengel wie die Pfarrei. Den Pfarrer und Schullehrer ernennt die Standesherrschaft, welche auch die Baulast an Kirche, Pfarr- und Schul-Haus unter Leistung der erforderlichen Hand- und Fuhr-Frohnen von Seiten der Gemeinde trägt. Im Jahr 1544 fand sich der erste Pfarrer hier; es scheint daher, daß damals die Reformation bereits vollzogen war. Vor der Reformation gehörte die Kirche zum Capitel Crailsheim, nachher war die Pfarrei bis 1650 der Superintendentur Langenburg und von da an der zu Kirchberg unterworfen.

Kirchenvermögen ist keines mehr vorhanden, dagegen eine Armenstiftung (Almosenpflege) mit 860 fl. Vermögen.

In Gaggstatt hat der berühmte, am 9. Sept. 1809 als Professor in Göttingen verstorbene Publicist, Geschichtsschreiber und Sprachforscher August Friedrich Schlözer, Sohn des damaligen Pfarrers des Orts, den 5. Juli 1735 das Licht der Welt erblickt.

Der hohenlohe-kirchbergische Antheil am Ort hat mit dem Amt Kirchberg die gleichen politischen Schicksale gehabt.

Doch haben die Reichsstädte Hall, Rothenburg und Dinkelsbühl 1459 von Adam von Kirchberg weitere Güter in Gaggstatt
dazu erworben.

Im Jahr 1373 verkaufte Conrad von Kirchberg neben anderem auch einige Zehenten zu Gaggstatt an Kraft und Götz von
Hohenlohe. Die Grafen von Württemberg, seit 1333 im Besitz
der Veste Leofels und von 1392 an der Pfarrei Lendsiedel, tra-
ten 1408 beides mit allen Eingehörungen und darunter auch
den Zehenten zu Haagstatt an die Herren von Vellberg ab. Er
war Mannlehen der Propstei Ellwangen und fiel bei dem Tode
des Letzten von Vellberg 1592 derselben heim. Nach dem
comburger Lagerbuch von 1462 war auch Comburg schon damals hier begütert. Was dagegen die Herrn von Crailsheim besitzen, erwarben sie erst 1594 aus dem Nachlaß der Herrn von
Vellberg und das Rittergut Erkenbrechtshausen seinen Antheil
1614 aus demselben Nachlaß. Die Zehentrechte, welche von
Ellwangen und die Gefällrechte, die von dem Stift Comburg her
auf den Staat übergegangen sind, erkaufte Hohenlohe-Kirchberg im Jahr 1831 von demselben.

Im J. 1802 kamen die Unterthanen Comburgs an das württembergische Oberamt Vellberg; der Antheil der Freiherrn von
Seckendorf und Crailsheim aber war mit den Rittergütern
Hornberg und Erkenbrechtshausen schon 1796 der Landeshoheit von Preußen unterworfen worden. Im Jahr 1806 wurde
sodann der ganze Ort dem Königreich Bayern einverleibt und
blieb es bis 1810, wo er an Württemberg überging.

Hinsichtlich der früheren obrigkeitlichen Verhältnisse enthält eine ansbachische lobenhauser Centbeschreibung von
1732: »Die Gemeinsherrschaft sammt dem Hirtenstab gehört
zum Schloß Hornberg, die hochfraischlich hohe Obrigkeit
aber ist zertheilt, also daß die Kirche sammt den disseits wohnenden Unterthanen in die lobenhauser, die jenseits des Bachs
aber in die werdeckische Fraisch gehören, doch so, daß Brandenburg auf den hohenloheschen Gütern inner Etter und auf
der Gassen nichts suchen solle.« Dieß war jedoch von Hohenlohe nicht anerkannt, sondern wurde von demselben der Ort
ganz seinem Gerichtszwang unterworfen.

Lobenhausen, Weiler mit 160 evang. Einwohnern, am Fuße des lobenhauser Schloßbergs, eines isolirten Gebirgstheils nächst dem Jagstthal, doch auf der entgegengesetzten Seite von letzterem gelegen. Die Au und das sonstige Terrain, das hier in großer Abwechslung gruppirt ist, bildet mit dem an den Berg angebauten Ort, den Schloßruinen und der noch erhaltenen Burgcapelle eine der schönsten Partien des Oberamtsbezirks. Der weitläufig gebaute Ort ist von der Nachbarschaftsstraße von Kirchberg nach Crailsheim berührt. Etwa 10 Minuten entfernt von demselben liegt eine Mahl- und Schneid-Mühle an der Jagst. Von den Einwohnern sind zwei Drittel in dürftigen Umständen. Gefälle beziehen Hohenlohe-Kirchberg und das Rittergut Hengstfeld und die Kirchenpflege; der Zehente gehört ausschließlich Hohenlohe-Kirchberg zu. Die ehemalige Burgcapelle zu St. Johannes ist seit der Reformation Filialkirche von Triensbach. Ihre Pflege hat bloß noch einige (darunter von der 1474 von Wilhelm von Crailsheim gestifteten sogenannten Gotteskastenwiese) Lebensgefälle und 200 fl. verzinsliche Capitalien.

Der Pfarrer zu Triensbach hat hier alle 14 Tage zu predigen. Wer die Baulast an der Kirche habe, ist noch nicht erörtert; die bisher vorgekommenen Reparaturen bezahlte die Heiligenpflege.

Bis 1715 gehörte der ganze Schloßberg mit einem großen Bauernhof der Herrschaft; damals aber wurde er, doch ohne die Capelle und den innern Schloßhof, an Privaten verkauft.

Den 11. Oktober 1556 wurde fast ganz Lobenhausen, mit Ausnahme des Schlosses, durch eine Feuersbrunst verzehrt, und 1645 Schloß und Weiler von den Franzosen und Schweden ausgeplündert, vielleicht auch zugleich das Schloß zerstört, denn schon im vorigen Jahrhundert fanden sich nur noch einige unbedeutende Gebäude im Hofraum, die 1755 ebenfalls an Privaten verkauft wurden. 1634 nach der Schlacht bei Nördlingen brachten die Kriegsvölker auch hieher die Pest. Vom Schloß sind jetzt, außer der Capelle, nur noch die Ringmauern vorhanden.

Das Schloß Lobenhausen bildete mit den Orten Lobenhausen, Triensbach, Rüddern, den drei Lobenhauser-Caplaneigütern, Tiefenbach, Niederwinden, Bölgenthal, Heinzenmühle, Roth am See, Mistlau, Geismühle, Onolzheim, Hinterhagen,

Haagenhard, Mulach, Eberhardsberg, Antheil an Asbach, Gauchshausen, Serrheim, Wiedenberg, dann dem Schloßgut zu Lobenhausen, Fischwassern in Lobenhausen und Mistlau, den Waldungen Hochholz und Reußenberg, dem großen und kleinen Zehenten zu Lobenhausen und dem kleinen Zehenten zu Triensbach, eine eigene Herrschaft, welche die hohe und niedere Obrigkeit über Lobenhausen, Erkenbrechtshausen, Weilershof, Triensbach, Rüddern, theilweise Herboldshausen, Lendsiedel, Dörrmenz, Ruppertshofen, Klein-Allmerspann, Buch, Heinkenbusch, Saurach, Mistlau, Hornberg, Gaggstatt links des Bachs, Niederwinden, Oberwinden, Roth am See und Seemühle ausübte. Bald, nachdem zu dem Schloß Kirchberg eine Stadt erbaut und zu solcher die peinliche Gerichtsbarkeit von Kaiser verliehen worden war, dehnten übrigens die Inhaber der dortigen neuen Herrschaft ihren Gerichtszwang über die meisten der gedachten Orte oder wenigstens über ihre Unterthanen in solchen aus, und wurde deßhalb unter ansbachischer Regierung der so verringerte Centbezirk dem Fraischbezirk von Crailsheim untergeordnet.

Die Herren von Lobenhausen treten im Jahr 1078 in die Geschichte ein. Ums Jahr 1280 erlosch das Geschlecht. Bereits im Jahr 1298 ist die Stammburg in den Händen des Hauses Hohenlohe: die Art, wie dieses dazu gelangt, ist nicht näher bekannt.

Im Jahr 1300 überließ Kraft von Hohenlohe das seiner Herrschaft Lobenhausen zu Lehen gehende Vogteirecht auf zwei Höfen zu Thüngenthal dem Kloster Comburg als Eigenthum. 1300 kam es käuflich an die Burggrafen von Nürnberg. Bis 1588 verwalteten die Besitzung besondere Amtleute; in diesem Jahr wurde sie aber dem Oberamt Crailsheim einverleibt, und hatten von nun an nur noch ein Kastner und ein Wildmeister hier ihren Sitz. Im Jahr 1797 aber trat Ansbach die ganze Herrschaft Lobenhausen an Hohenlohe-Kirchberg ab und sie theilte von da an die Geschichte des Amtes Kirchberg.

Mistlau, Weiler mit 104 evang. Einwohnern, liegt im Jagstthal rechts des Flusses, 1/2 Stunde südlich von Gaggstatt. Der Ort ist weitläufig gebaut und besteht aus meist zweistockigen ansehnlichen Gebäuden. Das Thal ist hier um 3–400´ tiefer als die Höhen, zwischen welchen es durchzieht und auf denen der größere Theil der Markung liegt, was den Feldbau sehr erschwert. Gefällberechtigt sind Hohenlohe-Kirchberg, das Rentamt Erkenbrechtshausen und an der Stelle des Ritterstifts Comburg der Staat. Der Neubruch- und große Zehente gehörte Hohenlohe-Kirchberg, der kleine Zehente dem Pfarrer in Gaggstatt. In der, erst 1791 von der Standesherrschaft erbauten Kirche, welche bis zur Reformation zur Pfarrei Lendsiedel und mit solcher und dem Zehenten zum Schloß Leofels gehörte, wird alle 14 Tage gepredigt und hat der Pfarrer von Gaggstatt alle Casualien zu verrichten. Der Begräbnißplatz des Orts bildet der um dieselbe gelegene geräumige Kirchhof.

Die Baulast an der Kirche hat Hohenlohe-Kirchberg. Ein Kirchenärar ist nicht vorhanden, aber eine Almosen- oder Armen-Pflege, die an Vermögen 725 fl. verzinsliche Capitalien besitzt.

Auch ein Benediktiner-Nonnenkloster war früher hier, 1282 von einer Gräfin Elisabeth von Lobenhausen, die an einen Grafen Gottfried von Hohenlohe vermählt gewesen seyn soll, gestiftet. Dasselbe wurde 1479 mit bischöflicher Erlaubniß von Seite des Abts zu Comburg, dem das Visitationsrecht zugestanden, aufgehoben und sein Vermögen zu diesem Stift eingezogen. Theils die Baufälligkeit der Klostergebäude, theils unzüchtiges Leben der Nonnen hatten die Veranlassung dazu gegeben.

Mistlau erscheint als Mistelouwa, schon am Schlusse des 11ten Jahrhunderts unter den Orten, in welchen Kloster Comburg bewidmet wurde. Vor den neuesten Staatsveränderungen hatte hier Hohenlohe-Kirchberg 9, das Ritterstift Comburg 9 und das Rittergut Erkenbrechtshausen 1 Unterthanen. Kirchberg besaß die Gemeindeherrschaft, die vogteiliche Obrigkeit: je die Lehensherrschaft und die hochfraischliche Obrigkeit im Ort: Kirchberg, außerhalb Etters aber Ansbach, zum Amt Lobenhausen. Was Preußen zustand, wurde 1797 an Hohenlohe abgetreten; der comburgische Antheil aber gieng 1802 an Württemberg über. Von 1806 bis 1810 war der ganze Ort bayrisch, seit 1810 ist er württembergisch.

Das nun erkenbrechtshausensche Gefällgut wurde 1595 durch den damaligen Besitzer dieses Ritterguts, Hans Philipp von Crailsheim, zu demselben gebracht.

Der Name eines Ackers »**im Burgstall**« auf dem Gebirgsvorsprung Kappelberg, deutet an, daß dort früher eine Burg stand und behauene Steine, die dort an den Bergwänden sich noch finden, dienen zur Bestätigung jener Anzeige. Sonstige Nachrichten fehlen jedoch.

Weckelweiler, mit 60 evang. Einwohnern, 1/2 Stunde nördlich von Gaggstatt gelegen, ein weitläufig gebauter, auf der Ebene in einer unbedeutenden Vertiefung gelegener Weiler, vor Zeiten »Völklinsweiler« genannt. Grundherren sind die Standesherrschaften Hohenlohe-Kirchberg und Hohenlohe-Bartenstein; der Zehente aber steht wegen Leofels allein Hohenlohe-Kirchberg zu. Ueber die 10 kirchbergischen und 1 bartensteinischen Grundholden besaßen jene Herrschaften die vogteiliche Obrigkeit, im Uebrigen hatte Kirchberg die Gemeindeherrschaft und die hochfraischliche Obrigkeit, die übrigens auch zum Amt Werdeck angesprochen war. Was die Herren von Kirchberg früher hier besessen hatten, wurde von Adam von Kirchberg 1459 an die Reichsstädte Hall, Rothenburg und Dünkelsbühl verkauft. Ein Gefällgut derer v. Vellberg kam 1594 an Hans Philipp von Crailsheim und von solchem 1605 an Hohenlohe-Kirchberg.

Hornberg, aus dem Schloß und Dorf Hornberg bestehend, mit 424 Einw., worunter 7 Katholiken, von Gerabronn 2 Stunden entfernt, liegt auf der Gebirgszunge, welche mit dem zur Seite hinziehenden Jagstthal die bei Gaggstadt beginnende und nächst dem Schloß endende Kluft, die Steinbachsklinge, geformt hat. Einige Häuser liegen im Thal und in gedachter Klinge. In letzterer liegt auch eine, zum Ort gehörige, übrigens nicht stark betriebene **Hammerschmiede**.

Der Ort liegt 1350 württemb. Fuß über dem Meer und 170 Fuß über dem Jagstfluß, hat eine Filialkirche von Gröningen, Oberamts Crailsheim (die Katholiken pfarren nach Groß-Allmerspann). Unter den Einwohnern sind mehr als 20 Cretinen.

Die Markung wird von dem Jagstfluß und dem Steinbach, welcher am Fuß des Schloßbergs in jene mündet, berührt. Brunnen sind zwar genügend vorhanden; in trocknen Sommern versiegen sie aber. Die Verbindung mit der Nachbarschaft ist durch eine Vicinalstraße nach Gaggstadt und eine nach Wallhausen hergestellt. Bis 1588 bestand bloß das Schloß, zu dem die kleine nur 614 2/8 Morgen zählende Markung ganz als Domäne gehörte, und erst von da an erfolgte, begünstigt von dem Gutsherrn, die Ansiedlung der, für diese geringe Fläche, von der überdies nur 268 Morgen im Besitz von Einwohnern sind, viel zu großen Bevölkerung, deren Armuth die Errichtung einer Industrieschule und vielfache sonstige Unterstützung aus Staats- und Corporations-Mitteln forderte und noch lange nöthig machen wird, da nicht bloß viele ältere Einwohner ihre gewohnte müßige Lebensweise, Betteln in der Umgegend, fortsetzen, sondern auch ihre Kinder dazu erziehen. Die Markung besteht aus keiner zusammenhängenden Fläche. Nur die Hälfte umgibt das Schloß und Dorf, die andere Hälfte ist 1/2 Stunde davon entfernt, an die wallhauser Markung angrenzend.

Das Schloß, auf die äußerste Spitze des bemerkten Vorsprungs 180 Fuß über der Jagst, erbaut und auf der Gebirgsseite vom übrigen Terrain durch einen tiefen Graben geschützt, besteht aus einem hohen Thurm mit 12 Fuß starkem Quadergemäuer und aus 3 mit diesem Thurm verbundenen Flügeln, die durch eine dachbedeckte starke und mit den Gebäuden gleichhohe Mauer ein längliches Viereck einnehmen. Zwischen dem Schloß und der hölzernen Brücke steht ein kleines Jägerhaus und hinter dem Schloß sind die Oekonomiegebäude. Zur Zeit ist das Schloß von dem von crailsheimischen Rentbeamten für das Rittergut Hornberg und Morstein bewohnt. Das Alter der Gebäude ist nicht bekannt, indem sich die über Thürstürzen befindlichen Jahreszahlen 1584 und 1599 wahrscheinlich bloß auf Reparaturen beziehen.

Die Lage des Orts ist bei der Manichfaltigkeit der freundlichen Bilder, welche die Umgebung gewährt, sehr anziehend; der Ort selbst aber, meist aus ärmlichen Hütten bestehend, die in 2 Reihen längs einer breiten unebenen Straße in genügender

Entfernung von einander erbaut sind, verräth schon außen die Armuth, die auf Vielen hier lastet. Man zählt 48 Haupt- und 21 Neben-Gebäude, darunter die Schule und 1 Armenhaus. Die Kirche ist kein besonderes Gebäude, sondern bloß ein, im Schloß schon seit vielen Jahren, dazu eingerichteter Saal. Die Baulast zum Schulhaus ist von Seiten der Grundherrschaft und der Gemeinde bestritten. Die Häuser und Feldgüter, letztere meist erst durch den Schloßgutsverkauf im Jahr 1784 in bürgerliche Hände gekommen, sind mit Handlohn, Sterbfall und Grundzinsen belegt, die durchaus der hiesigen Gutsherrschaft zustehen. Die ständigen Abgaben betragen zur Zeit jährlich noch 299 fl. Zehenten reicht dagegen nur 1/3 der Markung und zwar zum hohenlohenschen Rentamt Kirchberg. Am kleinen Zehenten ist der Pfarrer in Gaggstadt betheiligt. Hohenlohe erwarb seinen Antheil 1610 von den vellbergischen Erben. Gemeinderechte sind hier nicht vorhanden, auch fehlt Gemeindevermögen, einige Morgen Grundeigenthum und wenige Aktivausstände abgerechnet, ganz. Die Communkostensumlage belief sich übrigens von 18 12/48 auf nur 256 fl. Die Stiftungspflege ist auch nicht vermöglich.

Das **Rittergut Hornberg** ist theilweise Kronlehen und im Besitze der Freiherrn von **Crailsheim-Rügland**, und besteht aus: Berechtigung zum Genutz der in der staatsrechtlichen Deklaration vom 8. December 1821 bemerkten Surrogate für die aufgegebene Justiz- und Polizei-Gewalt; in dem Dorf Hornberg und in dem hornbergischen Antheil an Gaggstadt, Gröningen, Triftshausen, Bronnholzheim und Hengstfeld, wovon die drei letztern Orte im Oberamt Crailsheim liegen. Ferner aus Gefällrechten in diesen Orten und in Bölgenthal, Kirchheim, Lenckerstetten, Oberwinden, Asbach, Scheinbach und Schleehardshof. Von den meisten (früher erblehenbaren) Gütern wird neben den Gütern 10 % Handlohn und 10 % Sterbfall, auch zu letzterem noch der Werth des besten Stücks Vieh, bei Hauslehen bloß des besten Kleidungsstücks, erhoben. Einige Güter in Gaggstadt und in Gröningen geben nur 6 2/3 % Handlohn, und ebensoviel Sterbfall. Neben diesen Abgaben bestehen Amtsgebühren in durch das Herkommen bestimmten Beträgen. Zu Hornberg und von 12 Grundholden in Gröningen werden Beisaßengelder und Frohngelder erhoben und in Hornberg blieben Boten- und Bauhandlanger-Dienste unabgelöst. Ablösung von Handlohn und Sterbfall oder Grundzinsen ist noch nicht erfolgt. Für das entzogene Umgeld reicht die Staatskasse 34 fl. 37 kr. An Eigenthum besitzt die Grundherrschaft außer den Schloßgebäuden 9 4/8 Morgen Gärten und Länder, 34 7/8 Mrg. Aecker, Wiesen und Hutweiden, wovon die letzteren durch den thätigen Rentbeamten Wolff in nützliche Baumpflanzungen umgewandet worden, und 214 4/8 Morgen Waldungen, alles auf hornberger Markung.

Sodann die Fischerei in der Jagst bei Hornberg, vom Steeg bis zum Mühlwöhr; das Schafweidrecht auf hornberger Markung; die Jagd auf den Markungen Hornberg und Niederwinden ganz, auf denen von Kirchberg, Weckelweiler, Lenkerstetten, Oberwinden, Wallhausen, Bölgenthal und Mistlau zum Theil. Ferner das Ernennungsrecht zur Schulstelle in Hornberg und zur Pfarrei Gröningen; erworben schon 1354 durch Hanna Heinz von Crailsheim und von der Besitzung Erkenbrechtshausen hieher gekommen. Das abwechselnd mit der Krone auszuübende Recht der Besetzung der Pfarr- und Schul-Stelle in Hengstfeld wurde 1591 von Ernst von Crailsheim zu Sommersdorf erworben. Die Verwaltung geschieht durch das Rentamt Hornberg.

Ueber das Alter der Burg werden wir hienach Auskunft finden, in Betreff des Orts aber hat ein früherer Gutsherr folgendes aufgezeichnet: »1588 hab ich Hans Philipp von Crailsheim angefangen den Flecken vor dem Schloß zu bauen, und erstlich das Pfarrhaus auf meine Kosten gebaut und einen eignen Pfarrherrn anher verordnet. Folgendes Jahr hab ich das Wirtshaus erbaut und so von Jahr zu Jahr den Unterthanen neue Häusser ufrichten lassen.« Dieß ist die ganze, zwar kurze, aber lehrreiche Geschichte der Entstehung dieser Bettlerkolonie: zuerst eine Obrigkeit ohne Unterthanen, Kirche und Pfarrer ohne Gemeinde, ein Wirthaus ohne Volk. Dann dieses aus heimatlosen Leuten ohne Eigenthum, ohne Arbeit, ohne Gewerbe, geschaffen und hinsichtlich seines Fortkommens somit von Anfang an auf die Mittel der Nachbarschaft verwiesen.

In kirchlicher Hinsicht gehörte der Ort bis 1588, soweit er damals schon bestand, zur Pfarrei Lendsiedel; im Jahr 1588 stiftete sodann, wie bereits erwähnt, Hans Philipp von Crailsheim eine eigene Pfarrei, welche theils durch die Pfarrer zu Gaggstadt oder Gröningen, theils durch eigene Pfarrer versehen wurde; seit 1750 ist Hornberg ein Filial von Gröningen. Der dortige Pfarrer hat fünfmal hier zu predigen und das Nachtmahl zu halten, und seit ein Begräbnißplatz östlich vom Ort, jedoch ohne feste Einfriedigung, eingerichtet ist, alle Casualien zu versehen. Früher besuchten die Hornberger bei der Entlegenheit der gröninger Kirche die zu Kirchberg. Der Schullehrer hat die Verpflichtung, an den Sonntagnachmittagen eine Predigt in der Kirche zu lesen.

1511 fiel Hornberg an die Crailsheim-Morstein und auf Steigerwald, wurde aber durch einen Vertrag von 1514 von Letzerem den Ersteren überlassen. Im Jahr 1521 kam hinsichtlich der morsteinischen Besitzungen eine Theilung vor, in welcher Hornberg auf Wilhelm von Crailsheim, Amtmann in Werdeck, überging.

Ueber die Eingehörungen des Ritterguts, das der Reichsritterschaft in Franken und zum Canton Odenwald incorporirt war, und dorthin für jedes Steuersimplum (der Ort Hornberg war steuerfrei) 39 fl. 17 kr. bezahlte, hatten die Inhaber nur die niedere, Ansbach zu seinem Amt Lobenhausen aber, die hohe Obrigkeit. Das Gut bestand, was die Territorialherrschaft betrifft, bloß aus dem Ort Hornberg und aus einzelnen Unterthanen zu Gaggstadt, Gröningen, Triftshausen, Bronnholzheim und Hengstfeld, die Obrigkeit wurde durch einen Beamten in Hornberg verwaltet. Dies verhielt sich so, bis im Jahr 1796 hier wie in Amlishagen Preußen den Verband mit der Reichsritterschaft aufhob und die einzelnen Theile des Guts seiner Oberherrschaft vollständig unterwarf. So waren diese dann bis 1806 preußisch, von 1806 bis 1810 bayerisch, im letzten Jahr aber kamen sie an Württemberg und wurden dem Oberamt Blaufelden zugetheilt.

Lendsiedel bestehend aus 6 Parcellen mit 972 Einwohnern. Der Bezirk ist von Osten nach Westen von der Jagst durchflossen, welcher der Heppach über die Markung Lendsiedel und Eichenau und der Scherrbach über die Markungen Dörrmenz und Diemboth die sich hier sammelnden Gewässer zuführen. Mit Brunnen sind alle Ortschaften genügend versehen, auch ist für Wassersammlungen zum Gebrauch in Feuersgefahr gesorgt. Ein großer Theil der Fläche liegt nicht viel höher als das Jagstthal, da hier links der Jagst gegen das Oberamt Hall das Muschelkalkgebirge um mehrere Hundert Fuß weniger erhoben ist, als auf- und abwärts dieser Flußseite, während die rechte Flußseite mit den sonstigen Erhebungsverhältnissen der Gegend übereinstimmt. Uebrigens verschwinden bei Eichenau die Thalwandungen links des Flusses ganz, und steigt von dort aus der Boden gegen Süden in geringer Neigung an. Hier finden sich theils links, theils rechts der Jagst mehrere salz- und eisen-haltige Quellen. Eine davon ist als Gemeindebrunnen in Eichenau für Trinkwasser benutzt. Von den Markungen Dörrmenz und Lendsiedel kommt eine bedeutende Fläche auf die hiedurch entstandene Niederung, die übrigens westlich von Lendsiedel nicht nur gegen Süden, sondern auch gegen das Jagstthal ansteigt, so daß da, wo der Scherrbach dem Jagstthal sich nähert, das Terrain zu beiden Seiten der tiefen Kluft, welche ihm zum Rinnsaal dient, weit höher ist als das, aus welchem dieses kleine Gewässer herkommt.

An Straßen berühren den Gemeindebezirk die Hall-Rothenburger und die Kirchberg-Crailsheimer Staatsstraße, die Kirchberg-Ilshofer Poststraße und an den Nachbarschaftsstraßen die von Kirchberg nach Künzelsau und nach Langenburg angelegten Wege. Im Bezirke finden sich viele Brüche von vorzüglichen Straßen- und Bau-Steinen, namentlich auch von tauglichem Keupersandstein; auch fehlt es nicht an Ziegel- und Töpfer-Thon. Der größte Theil des Grund und Bodens ist mit Gülten, Handlohn und Sterbfall belastet; die steuerartigen Gefälle, Frohngelder und Naturalfrohnen aber sind im Betrag von 1323 fl. 54 kr. in Folge der Oktobergesetze von 1836 abgelöst worden. Der Jahresbetrag der Gülten ist 792 fl. 36 kr. Jede Parcelle hat von früher her ein besonderes, in der Nutzung der Gemeinderechtsbesitzer stehendes Vermögen, die Gesammtgemeinde

besitzt aber so wenig, daß die Communkostensumlage sich auf 800 fl. beläuft. Unter den 164 Haupt- und 161 Neben-Gebäuden des Bezirks sind manche sehr ansehnliche Bauernhäuser, im Erdgeschoß meist von Stein erbaut und großtentheils zweistockig.

Lendsiedel, evangelisches Pfarrdorf mit 443 Einwohnern, darunter 7 Katholiken, von Kirchberg 3/8 St., von Gerabronn 1 St. entfernt, eben und frei an der Hall-Rothenburger Staatsstraße gelegen. Dieses in den meisten Theilen weitläufig gebaute Pfarrdorf gehört zu den freundlichsten Orten des Oberamts und ist, seit der Etterzustand durch durchgreifende Correctionen verbessert ist nun auch reinlich. Von den Gebäuden sind zu erwähnen: die Kirche zum h. Stephan, laut ihrer Inschrift im J. 1515 von Gottfried und Ehrenfried von Vellberg erbaut, auf dem befestigten Kirchhof stehend; das schöne erst 1840 erbaute Pfarrhaus und der Pisebau des verstorbenen Hauptmanns v. Kretschmer. Der Kopf des etwa 80 Fuß hohen Kirchthurms ist 1434/5 württ. oder 1265 pariser Fuß über dem Meer.

Gefällrechte hat u. A. der Fürst zu Hohenlohe-Kirchberg. Den Neubruch- und großen Zehenten, dann den kleinen Zehenten im Brachfeld und in der Haberflur von den ehemaligen Caplaneizehentfeldern bezieht die fürstliche Standesherrschaft, den kleinen Zehenten in den sonstigen Theilen der Haberflur aber die Ortspfarrei. Kirchenstiftungsvermögen ist nicht vorhanden, wohl aber eine Almosenpflege der Pfarrgemeinde mit 592 fl. Vermögen.

Die Pfarr- und Schul-Gemeinde erstreckt sich über den ganzen Gemeindebezirk und begreift außerdem noch die Orte Weckelweiler in der Gemeinde Gaggstatt und Buch in der Gemeinde Triensbach, Oberamts Crailsheim. Eingetheilt ist, übrigens erst seit 1813, der zuvor zur Pfarrei Michelbach an der Heide gehörig gewesene Ort Diemboth. Dagegen waren bis um die Zeit der Reformation zu der hiesigen sehr alten Kirche noch die Filialkirchen zu Kirchberg, Triensbach, Mistlau, Gaggstatt und Beimbach, dann Oberwinden in der Pfarrei Roth und bis 1834 auch Ober-Schmerach und noch im vorigen Jahrhundert Groß-Allmerspann, beide Oberamts Hall, zur hiesigen Kirche gehörig. Die Kirche war zuerst zum Capitel Crailsheim, nachher bis 1650 zur Superintendentur Langenburg, von da bis 1810 zu der zu Kirchberg und von 1810 bis 1829 zur Diöcese Blaufelden eingetheilt. Seither gehört sie zum Dekanat Langenburg. Zur Versehung der verschiedenen Kirchen hatte in älteren Zeiten ein jeweiliger Pfarrherr mehrere theils hier, theils an den betreffenden Kirchen wohnhafte Caplane. Nun ist nur noch ein Geistlicher hier und an der Schule 1 Lehrer und 1 Lehrgehülfe. Ersteren ernennt der Fürst zu Hohenlohe-Kirchberg, dem auch die Baulast an Kirche, Pfarr- und Schul-Gebäuden mit Beihülfe der Gemeinde mittelst Fuhr- und Hand-Frohnen obliegt. Die Katholiken hier und in den übrigen Parcellen sind nach Groß-Allmerspann eingepfarrt. Der Begräbnißplatz ist zur Zeit noch im Ort.

Lendsiedel kommt erstmals 1231 als Lantsideln vor, als von Markgraf Hermann von Baden zur Ausgleichung von manchen Beschädigungen, die das Stift Backnang in seinen Fehden erlitten hatte, diesem Stift die Kirche in Lendsiedel mit allen Rechten an Zehenten, Aeckern, Wiesen, fließenden Gewässern, Feldern und Wäldern überlassen wurde. Wie die von den sonstigen Besitzungen des Markgrafen weit entfernte Kirche an ihn gekommen war, ist nicht bekannt. Das Stift Backnang, welchem Papst Innocenz IV. am 11. April 1245 diese St. Pankratiuskirche bestätigte, trat während der Regierung Graf Eberhards II. von Württemberg (1344-1392) diesem Grafen die Kirche von Lendsiedel für die dem Kloster besser gelegene Kirche in Neckarweihingen ab, von Württemberg kam sie mit ihren Eingehörungen zugleich mit Leofels an die Herren von Vellberg, 1409 in widerruflichem, 1468 in unwiderruflichem Kauf, von diesen aber an Hohenlohe, und zwar 1563 die Hälfte, 1615 ein Viertel und 1616 das letzte Viertel. Die Reformation wurde 1534 eingeführt.

Im J. 1459 verkaufte Adam von Kirchberg den 3 Städten Hall, Rothenburg und Dinkelsbühl Güter, Gülten etc. in Lendsiedel. Wegen der weiteren politischen Schicksale des Ortes ist Kirchberg und Leofels zu vergleichen. Im J. 1732 waren 5 rothenburgische, 66 hohenlohe-kirchberg- und 2 Kastenamt-werdeckische

Unterthanen hier; Kirchberg stand die Gemeindeherrschaft, der Kirchweihschutz, die Vogtei und hochfraischliche hohe Obrigkeit inner Etters zu, ausgenommen hievon waren nur die werdeckschen Unterthanen, welche mit der vogteilichen und hohen Obrigkeit und der Wirth, welcher mit dem Umgeld nach Werdeck gehörten. Die hochfraischlich hohe Obrigkeit außer Dorf-Etters aber war (von Hohenlohe nicht anerkannt) zum Amt Lobenhausen gehörig. Außerdem hatte Brandenburg hier eine Zollstätte, bis es 1771 dieselbe mit den Zollgefällen an Hohenlohe-Kirchberg abtrat. Die bemerkten 3 Unterthanen und sonstigen Rechte überließ die genannte Herrschaft 1797 und die rothenburgischen Unterthanen die bayrische Regierung 1803 an Kirchberg, so daß bei dem Uebergang Lendsiedels an Bayern im Jahr 1806 der ganze Ort mit Ausnahme eines einzigen vormals comburgischen, von 1802 an württembergischen, Unterthanen hohenlohesch war. An Württemberg kam der Ort und die ganze Gemeinde 1810. 1563 brannten 47 Gebäude nieder. Zur Markung gehört nun auch die früher besondere Markung des Teppershofs, der gegen Klein-Allmerspann gelegen war. Wann dieser abgegangen, ist nicht bekannt.

Diemboth, Weiler mit **Sommerhof** mit 92 Einwohnern im Jagstthal, nordwestlich von Kirchberg, von Lendsiedel 1/2 Std. gelegen wurde früher Dienbunt und Dienbewnt geschrieben. Ueber die Jagst führt hier eine hölzerne Brücke. Gefällberechtigt sind der Staat und Hohenlohe-Kirchberg, und vom Zehenten bezieht letzteres den Neubruch- und großen Zehenten und 2/3 am kleinen, während das weitere 1/3 dem Staat, früher der Pfarrei Michelbach, zugehört. Nächst dem Sommerhof, früher »Simonshof«, muß ein Schloß gestanden seyn, da im Lagerbuch ein dortiger Acker »ober dem Schloß« beschrieben ist.

Vor 1797 hatten hier das ansbachische Amt Werdeck 6 und Hohenlohe-Kirchberg 8 Unterthanen, und stand Werdeck, wie ansbachischer Seite behauptet wurde, die Gemeindeherrschaft und hochfraischliche Obrigkeit zu; doch war solches von Hohenlohe nicht anerkannt. In Folge Vertrags von 1797 trat Hohenlohe in die sämmtlichen ansbachischen Rechte ein.

Dörrmenz, früher Dörrmitz, Dürrnitz, Weiler mit **Fallhaus**, Klein-Dörrmenz genannt, mit 235 evang. Einwohnern, in der bei Ruppertshofen beschriebenen Niederung, von Lendsiedel 1/2 St. entfernt an den Straßen von Kirchberg nach Hall und nach Künzelsau und Langenburg gelegen. Durch den weitläufig gebauten und reinlichen Ort fließt der von Ruppertshofen herkommende und bei Diemboth in die Jagst fließende Scherrbach, über dem im Ort eine steinerne Brücke erbaut ist. Hier beziehen die Freiherren von Seckendorf-Aberdar, das k. Cameralamt Roth am See und Hohenlohe-Kirchberg Gefälle, der Zehente aber gehört allein Kirchberg, außer daß den kleinen Zehenten in der Haberflur, mit Ausnahme von 2 Bauerngütern, die Pfarrei Lendsiedel bezieht und auch mit den bemerkten Ausnahmen den Blutzehenten erhebt.

Früher waren hier 4 v. seckendorfische, 1 comburgischer und 21 hohenlohesche Unterthanen; die Gemeindeherrschaft gehörte Kirchberg und die Vogtei jeder Herrschaft, die hohe Obrigkeit aber wurde von Kirchberg ausgeübt, obgleich von Ansbach zu seinem Amt Lobenhausen angesprochen. Im Jahre 1344 verkaufte hier Küchenmeister Walther von Bielrieth Güter an Württemberg zur Veste Leofels. Diese Güter und 2/3 des Zehenten kamen an Hohenlohe-Kirchberg, das weitere 1/3 aber, früher zu Vellberg gehörig, erkaufte 1636 Hohenlohe von der Stadt Hall. Von 1802 bis 1806 war der vormals comburgische Unterthan württembergisch, von 1806 bis 1810 aber der ganze Ort bayrisch.

Eichenau, Weiler mit 122 evang. Einwohnern im Jagstthal, 1/4 St. von Lendsiedel an der Vicinalstraße von Kirchberg nach Langenburg gelegen, ein weitläufig gebauter, freundlicher und reinlich gehaltener Ort mit 3 Mahl- und 2 Schneide-Mühlen. Gefälle bezieht Hohenlohe-Kirchberg ect. Der Neubruchzehente und der große und kleine Zehente von der Mehrzahl der Grundstükke gehört Hohenlohe-Kirchberg, letztere früher der Caplanei Lendsiedel, von gewissen Bauernhöfen dagegen steht er den Freiherren von Stetten, früher dem Ritterstift Comburg zu. Im Jahr 1377 verkaufte Conrad von Kirchberg an Kraft und Götz

von Hohenlohe das Heckbachgut in Eichenau. Auch veräußerte Friedrich von Crailsheim 1387 Güter an Raban von Kirchberg und 1410 Elisabethe Streckfuß an Weihbrecht von Crailsheim, genannt Geymann, in Erkenbrechtshausen 1 Gut dahier. Ferner kaufte Hans Philipp von Crailsheim von seinen Vettern Julius und Wolf von Crailsheim 3 Güter, und 1605 erwarb Philipp von Hohenlohe von Hans Philipp von Crailsheim 4 Güter, weitere zwei Güter aber kamen 1616 von dem v. vellbergischen Nachlaß an Hohenlohe. Von nun an theilte der Ort mit Kirchberg alle Schicksale.

Klein-Allmerspann, Weiler mit 50 Einwohnern, worunter 1 Katholik, hoch, eben und frei, an der Poststraße von Kirchberg nach Ilshofen 3/4 St. von Lendsiedel gelegen.

Almaresbiunt, welches aber vielleicht eher Groß-Allmerspann im Oberamt Hall ist, wird am Schluß des 11. Jahrhunderts unter den Widemsgütern des Klosters Comburg aufgeführt. Klein-Allmerspann findet sich bei den Gütern beschrieben, welche 1409 Württemberg mit der Veste Leofels an die Herren von Vellberg überließ; 5 Unterthanen gehörten übrigens schon 1590 zum Rittergut Erkenbrechtshausen. Hohenlohe-Kirchberg hatte hier bis 1806 2 und das Rittergut Erkenbrechtshausen 6 Unterthanen, die 1797 an Preußen unterworfen waren; weitere 2 Einwohner aber hatten bis 1802 zum Ritterstift Comburg gehört und waren mit diesem in jenem Jahr an Württemberg gekommen. Von 1806 bis 1810 war der ganze Ort bayrisch. Bis zu diesen Veränderungen wurde die hohe Obrigkeit zum Amt Lobenhausen angesprochen, obwohl jede Herrschaft alle Obrigkeit ausübte. Der Zehente, bis 1616 zu den v. vellbergischen Gütern gehörig, ist seither im Besitz von Hohenlohe-Kirchberg; doch genießt der Pfarrer in Lendsiedel den kleinen Zehenten in der Haberflur und den Blutzehenten.

1847

Leopold Hofheimer (1810-1865)

Die Herbsttage vom 21. Oktober bis 5. November also 16. Tage waren für mich große Freudentage, die mir viel Vergnügen und manche Belehrung boten; indem ich dieselben zu einer Reise nach Hohenlohe Kirchberg an der Jagst benutzte, wohin ich schon vor etwa 4 Jahren und am 14. Oktober dieses Jahres wiederholt besonders freundlich von Ihrer Durchlaucht, der edlen Fürstin Marie von Hohenlohe-Kirchberg eingeladen wurde. Meine Reise wurde größtentheils von sehr gutem Wetter begünstigt und bot mir an und für sich schon viel Merkwürdiges dar; indem ich noch nie weiter, als Heilbronn kam; ich hatte nun Gelegenheit, nicht nur die zum Teil sehr schönen Städte Weinsberg mit der Weibertreu, Neuenstein, Öhrungen, Künzelsau mit ihren freundlichen Umgebungen zu besichtigen, wovon mir u.a. namentlich das Kocherthal bei Künzelsau und Dillingen sehr wohl gefiel; sondern mein Aufenthalt in dem freundlich, theilweise auf einer Anhöhe und theilweise im Thale an der Jagst, gelegenen Kirchberg war besonders von großem Interesse für mich. Ich mußte im Schlosse und zwar gerade in dem freundlichst gelegenen Theil desselben, vis à vis dem Sophienberge gegen die Morgenseite hin gelegen, wohnen und die edle Fürstin, deren Umgang allein schon sehr erhebend, unterhaltend und belehrend für mich war, ließ es mir an nichts gebrechen, was meinen Aufenthalt angenehm und nützlich machen konnte. Sie zeigte mir nicht nur Hochselbst viel Schönes im Schlosse dem Schloßgarten und der Anlage, so wie besonders auch in ihrem schönen Kindergarten, der Kleinkinderschule, die sie im Jahre 1842 selbst errichtete und seither unterhält; sondern sie ließ mir durch die betreffenden Verwalter im Schlosse selbst und der Umgegend das Merkwürdigste zeigen; so besah ich das schöne gemeinschaftliche Kunstkabinet der sämmtlichen Hohenlohischen Häuser, worin ich viele Gegenstände gewahrte die mir noch nie vor das Gesicht kamen; ich sah u.a. einen Gutwagen mit sechs Pferden gespannt, worauf 1. Reiter saß aus Elfenbein gearbeitet und so fein geschnitzt, daß es in einen

Federkiel hineingeht, so wie überhaupt viele interessante Figuren von Elfenbein dort zu sehen sind; man zeigte mir ferner einen kunstreich gearbeiteten Pokal von Silber und vergoldet 2 Pfund schwer; ferner den Stuhl auf welchem vor etwa 600 Jahren ein deutscher Kaiser saß, dessen Namen mir entfiel, deßgleichen den Hut, welchen Gustav Adolph von Schweden trug; mehrere Exemplare Ammonshörner, Kokosnüsse, Straußeneier etc. Im Naturalienkabinet sah ich den Sägefisch ausgestopft, mehrere größere Landthiere u.a. einen Wolf, der in dortiger Gegend erlegt wurde, Vögel aller Art und bedeutende Versteinerungen, so namentlich eine versteinerte Perücke. Die Bibliothek umfaßt 4 volle Zimmer, wobei sich Werke der verschiedenen Fachwissenschaften von den ältesten auf die neuesten Zeiten befinden. Deßgleichen besitzt der Fürst selbst eine bedeutende Handbibliothek, welche sich in seinem Arbeitszimmer befindet und die namentlich die prachtvollsten militärischen, geschichtlichen und belletristischen Werke in sich fasset. In dessen Empfangszimmer, welches besonders prachtvoll eingerichtet ist, fiel mir namentlich ein runder Divan, der durch Rädchen in Bewegung gesetzt werden kann, auf, welchen er im vorigen Jahre von der edlen Fürstin zum Geburtstag geschenkt erhielt; es ziehen sich hier 3 Sophakissen über einander in die Runde; oben spitzt es sich zu und bildet einen Glasbehälter, worin die schönsten, geschliffenen Gläser und andere schöne Sachen zu sehen sind. Ferner befindet sich in diesem Zimmer ein kleines viereckiges Tischchen mit einer Arachitplatte, die 600 fl. gekostet und der Fürst im vorigen Jahre von seinem Bruder, dem Prinzen Heinrich in Petersburg zum Geschenk erhalten haben soll. In seinem Schlafzimmer ist das Pfeifenbrett merkwürdig, welches eine ganze Wand einnimmt und Pfeifen der verschiedensten Gattungen enthält, wie ich deren noch nie sah. – Auch dessen Gewehrsammlung ist sehr merkwürdig, wo sich Waffengattungen von den frühesten Zeiten, der verschiedensten Art bis auf den heutigen Tag vorfinden, von der Zeit an, wo man noch mit Pfeilenbogen schoß bis zur gegenwärtigen Vervollkommnung der Schießgewehre. Einige hievon, deren Schafte mit Kunstwerke der frühern und neuern Zeiten aus Silber,

Platina und Elfenbein versehen sind, sollen großen Werth besitzen; deßgleichen sollen die zum Theil Originalgemälde der größten früher lebenden Künstler im großen Speisesaale und den Staatszimmern von hohem Werth seyn.

Ein anderer Reichthum ist in der Silber-Kammer, hinter 3 verschlossenen Thüren aufbewahrt, wo sich ganze Servise von Gold und Silber an Schüsseln, Platten, Tellern, Löffeln, Kredenztellern etc. befinden im Werthe von etwa 30,000 fl. Deßgleichen ist in dieser Kammer in einem besondern Kasten der Ordensmantel der Hohenloher aufbewahrt von gelber Farbe mit rothem Kragen, dick mit Gold gestickt nebst Hut und Ehrensäbel dazu. Sehenswerth sind auch die sehr hohen und geräumigen Keller angefüllt mit mächtigen Fässern, die besten Weine der frühern und spätern guten Jahrgänge enthaltend.

Merkwürdig sind auch die Geschirrkammer, voll der schönsten Pferdgeschirre, zum Theil mit Perlmutter verziert. Der Marstall mit 12 schönen Pferden von dunkler Farbe und 1 Schimmel, als Reitpferd. Die Hofkonditorei mit ihren Einrichtungen, die Speisekammer voll der verschiedensten Viktualien, die Hofküche mit ihren schönen Kunstheerden und Backöfen. Die Chaiseremise mit etwa 12 schönen Wägen, der Schloßgarten mit seinem geräumigen Treibhause voll der edelsten Blumen und Gewächse, als Citronen – Pommeranzen – Knallbäume (?) etc. In diesem Garten sah ich auch zum ersten Male die eßbare Artischocke, aus der man mir ein Gemüse bereitete; so wie ich in der herrlichen Anlage, die einen großen Theil des Schlosses umgibt und mit der Chatarinenruhe geziert ist, zum ersten Male den Bimbernußstrauch gewahrte, von dessen Früchte, die man in der Apotheke gebrauche, ich einige mit nach Hause nahm. Sehenswerth sind auch die Terassen hinter dem Schlosse, wohin ich die Aussicht von meinem Zimmer hatte, mit ihren überwachsenen Bögen von Weinstöcken, ihrem Blumenflor, Springbrunnen etc. so wie der zum Schloß gehörige Sophienberg mit seinen herrlichen Anlagen und Spatziergängen, so wie verschiedenen Gewächsen, um zur Sommerszeit dort den Tee trinken und verschiedene Speisen genießen zu können. Doch das Herrlichste, was im Schlosse Kirchberg und der Umgegend gesehen werden kann, ist nach der eigenen Aussage des Fürsten Karl selbst, die Fürstin Marie, welche auch die Perle Hohenlohes genannt wird; denn sie lebt nur zur Veredlung und Beglükkung anderer; so gründete sie im Jahre 1842 zur Verewigung des Namens ihrer Frau Schwägerin, die in Petersburg starb, die Chatarinenpflege; eine Kleinkinderschule- und Beschäftigungsanstalt für etwa 50 Schüler beiderlei Geschlechts, in welcher diese von der Fürstin selbst, einer Kinderlehrerin, welche die Fürstin hiezu befähigen ließ, von dem Stadtpfarrer und dem ersten Lehrer Kirchbergs unentgeldlichen Unterricht erhalten; indem die Fürstin die Anstalt selbst, so wie die Besoldungen der Lehrer größtentheils aus ihren Mitteln bestreitet, so wie sie den Lehrapparat und sämmtliche Lehrmittel selbst anschafft; überdieß die Kinder kleidet und zuweilen Brod und Obst an sie vertheilt. Sie ist fürs Erziehungsgeschäft derart eingenommen, daß man in ihrer Handbibliothek die verschiedensten ältern und neuern pädagogischen Schriften treffen kann; ich selbst hatte von derselben deren 30 zur Einsicht, von denen ich mehrere schon in Kirchberg las; 15 aber mit nach Kappel nahm. Ebenso beschäftigt sie sich mit den Lektüren, die das Religions- und Armengebiet angehen; sie gab mir einige sehr schöne Predigten zum Lesen, so wie die wahre Religiosität von einer Gärtnerstochter, deren mit dem 1. Preis gekrönte Schrift die Perle der Tage etc., so wie die Armennoth von Jeremias Gotthelf, Berlin 1851, Verlag von Julius Springer, die ich mit großem Interesse las. Diese ihre Gesinnung gibt sich aber nicht nur durch ihre Bibliothek; sondern durch ihr Wirken und ihre Werke zu erkennen. In der Ruhe ihres Schlafgemachs befindet sich die sogenannte Gatroppe, über deren Ausstattung ich staunen musste; in dem sich darin schon die fertige Kleidungsstücke für beinahe alle ihre Schüler vorfinden. Hier steht auch eine große Commode, voll gefüllt mit Kinderzeug, immer Paar und Paar geordnet, das für arme Wöchnerinnen bestimmt ist; deßgleichen gibt sie einer solchen auf 6 Wochen ein vollständiges Bett, das durch die Hebamme abgeholt wird; auch sind in eben dieser Gatroppe mehrere Dutzend neue Winterstrümpfe zusammengebunden, von der edlen Fürstin selbst gestrickt und auf den Winter für arme Leute bestimmt.

In der Nähe dieser Gatroppe befindet sich ihre Hausapotheke zum Gebrauch für Dienstboten und arme Leute.

In einem ihrer anstoßenden Zimmer befinden sich auch mehrere prachtvolle Gemälde, die ihre eigne Hand gepinselt, weil sie hiezu besonderes Geschick hat, namentlich ist die verwittwete Fürstin, deren Portrait ihr Arbeitszimmer ziert von ihrer Hand gemalt sehr gut getroffen. Noch hörte ich von ihr rühmen, daß ihr kein Weg zu weit und keine Stube zu niedrig sey, um Arme, Kranke und Leidende aufzusuchen; sie beschäftige ständig 4 arme Weber, 4 Schneider und 4 Schuhmacher des Städtchens für arme Kinder; auch habe ein Metzger den Auftrag: je an einem Sonn- oder Festtag einen andern Armen mit Fleisch auf das Fest zu versehen. Kurz ich könnte noch lange nicht fertig werden, wollte ich dieses edle Gemälde vollständig zeichnen und will daher lieber einen andern sprechen lassen, der im vorigen Jahr ihre Anstalt besuchte und sie im Crailsheimer Wochenblatt also besingt.

Kirchberg, Mai 1850.

Auf kahler Höhe war ich müd gegangen
Die einsam klagend nur der Wind durchzieht;
Da öffnet sich vor mir mit holdem Prangen
Ein Thalgrund der im reichsten Lenze blüht.
Natur und Kunst und zarter Sinn umschlagen
Sich hier, in schwesterlichem Bund, bemüht
Kirchberg durch jeder Lieblichkeit Entfalten
Zur Perle Hohenlohes zu gestalten.

Ich sah die Stadt im Sonnenglanze stehen:
Sie thront, den Fuß geschmückt vom Silberband
Der Jagst, auf steilen, üppig grünen Höhen,
Im gelben, weithin schimmernden Gewand,
So stattlich und doch freundlich anzusehen:
Verschmolzen scheint der Reiz von Stadt und Land
Und rings um blühn'de Gärten, reiche Auen,
Ja, wie ein Garten ist dieß Thal zu schauen.

Doch wo der schönste Garten ist zu finden
Im schönen Kirchberg, nein, ihr rathets nicht!
Laßt Berg und Flur, laßt Kunst und Pracht dahinten;
Folgt mir zu einem Häuschen klein und schlicht.
Nun tretet ein und laßt das Staunen schwinden:
Wie, oder gab ich euch nicht recht Bericht?
Steh'n hier nicht edle Blumen dicht gereihet,
Und Blumen, dran sich Aug' und Herz erfreuet?

»Der Kinder ist das Himmelreich.« Hier sehen
Wir zarte Himmelspflanzen, eine Kinderschaar,
Im zarten Morgenschmelz der Unschuld stehen,
Wie glänzen ihre Augen hell und klar,
Gleich Blumen aus des Himmels lichten Höhen –
Und liebeshell ist jedes Augenpaar
Zur hohen Gärtnerin empor gerichtet,
Die unter diesen Kleinen wirkt und schlichtet.

Die Fürstin ist's, die hier im engen Raume
Den Kindergarten selbst mit Liebe pflegt
Die aus der Kindheit Paradiesestraume
Auf Mutterarmen sie ins Leben trägt.
Sie pflanzt den stillen Keim zu manchem Baume
Der einst sich rauschend in der Luft bewegt,
Und durch den Schatten, den er rings verbreitet,
Die Segensthat der Edeln weiter leitet.

Da geht sie durch die Reih'n und zeiget ihnen
In Bildern, wie sie Kinderaug erfreu'n
Die Sonne, die in Christo uns erschienen
Dran solche Himmelsblumen froh gedeih'n.
Und wie die Pflanzen, die hienieden grünen
Den Morgenthau, so saugen noch so klein
Die Kinder aus dem Vorbild in der Mitte,
Noch unbewußt die edle, zarte Sitte.

Wer unter Euch, so sprach der Herr der Ehren,
Der größte seyn will, sey dem Kleinsten gleich!
Ja klein seyn und den Kleinen angehören,
Der einz'ge Adel ist in Christi Reich.
Du neigst dein Ohr zu seines Heiles Lehren
Und schlägst – denn Fürstenglanz ist dir zu bleich –
Den Schurz des Dienstes um die edlen Glieder
Und steigest zu den Ärmsten, Kleinsten nieder.

Für wahr, es ist ein fürstliches Beginnen
Dem du dein Leben, deine Kraft geweiht
Das höchste Vorrecht auf der Menschheit Zinnen
Ist steigen können in die Niedrigkeit.
Und wers gewinnen will, der kanns gewinnen
Dem raubt's kein Staatenumsturz, keine Zeit
Der Rohe selbst der sinnlos Wilde beuget
Sich da, wo solche Majestät sich zeiget.

Der Abend sinkt. Es mahnt mich mein Begleiter
Der stille Mond. Nun Kirchberg gute Nacht!
Den Wanderstab setz ich vergnüglich weiter.
Fürwahr, wo solche Maienblühte lacht,
Da wird es in der Seele frühlingsheiter,
Da ist die Wandrung nicht umsonst gemacht,
Drum blühe, lieber Kindergarten, blühe,
Und Segen kröne deine Gärtners Mühe.

Noch habe ich zu bemerken, daß auch hier, das Beispiel mächtig nachzieht. Denn schon hat sich dort ein Frauenverein gebildet, der durch wöchentliche Opfer die Kosten der Kindbettwärterinnen für arme Frauen bestreitet. Ein Mädchenverein Kirchbergs hat es sich zur Aufgabe gemacht durch seine ersammelten Beiträge, die von einer Kassierin verwaltet werden, den armen Leuten für die strengere Jahreszeit – den Winter – Schuhe und Stiefel zu verschaffen.

In Döttingen, Oberamt Künzelsau, wo sich auch ein fürstlich Kirchbergisches Schloß befindet, so wie in Burleswagen, Oberamt Krailsheim haben sich Kleinkinderschulen nach dem Muster Kirchbergs gebildet, deren Lehrerinnen in der Kinderschule zu Kirchberg ausgebildet wurden, erstere besuchte ich unter Begleitung des fürstlichen Kabinetssekretärs Wüst. Auch besuchte ich die Schule und Armenbeschäftigungsanstalt unter Begleitung des fürstlichen Bedienten Vollmond im benachbarten Hornberg u.a. mehr.

1851

Theodor Griesinger (1809 - 1884)

Kirchberg, dessen wenige (kaum elfhundert) Bewohner sich meist – einige Kleingewerbe und Mahlmühlen abgerechnet – mit Ackerbau, Viehzucht und Obstkultur beschäftigen, liegt an der Jagst am Abhang eines Hügels, auf dessen höchstem Rande das imposante, die ganze Gegend beherrschende fürstliche Schloß steht, und kommt schon in Urkunden vom 13. Jahrhundert als Besitzthum der Grafen von Hohenlohe vor. Anfangs hatten diese ihre eigenen Vasallen hier, die sich Herren von Kirchberg schrieben; allein als dieselben anno 1460 ausstarben, nahmen die Hohenlohe die Herrschaft selbst in Betrieb, und zwar fiel sie zwei Jahrhunderte hindurch stets denen zu, welche Langenburg in Besitz hatten. Endlich übrigens theilte sich die Linie Langenburg nach dem anno 1703 erfolgten Tode des Grafen Heinrich Friedrich von Hohenlohe-Langenburg in drei Zweige: Hohenlohe-Langenburg-Langenburg, Hohenlohe-Langenburg-Ingelfingen, Hohenlohe-Langenburg-Kirchberg, und letzterer, mit dem Grafen Friedrich Eberhard beginnend, schlug sofort in Kirchberg seine Residenz auf. Um aber dies mit Anstand thun zu können, ward an der Stelle der alten baufälligen Burg das jetzige herrliche Schloß, welches seine Besitzer zugleich durch Anlegung einer Bibliothek, sowie durch eine sehr sehenswerte Kunst- und Alterthümersammlung auszeichneten, erbaut und überdem alles gethan – ich erinnere nur an die englischen Anlagen auf dem nahen Sophienberge –, um dem alten Städtchen Kirchberg ein residenzliches Ansehen zu geben. Deß freuten sich natürlich die Kirchberger sehr, allein in neuester Zeit ist ihnen ein böser Strich durch die Rechnung gemacht worden, denn vor einigen Jahren starb die Linie Hohenlohe-Kirchberg aus und von den zwei Erben: Hohenlohe-Langenburg und Hohenlohe-Oehringen (früher Ingelfingen), welche die Herrschaft jetzt gemeinschaftlich besitzen, zog keiner nach Kirchberg.

1866

Marie Kurz

(1826-1911)

Liebste Marie!

Edgar richtet die dringende Bitte an Dich ihm schleunigst eine Frage zu beantworten, wenn Du imstande bist dies zu thun. Könnte ihn ein Arzt als Spezialist (Frauenarzt in Lindau) oder einer andern Bodenseestadt fortbringen? Es ist natürlich bloßer Zufall, wenn Du dies beantworten kannst. Du kannst Dich aber vielleicht erkundigen und solltest Du die Frage bejahen können, so bitte ich Dich dies telegraphisch zu thun. Die geringste Aussicht in Lindau, Friedrichshafen oder Rorschach würde Edgar vor dem gräulichen Schicksal erlösen, sich in den nächsten Tagen um eine Stelle im Hohenlohischen in Kirchberg an der Jagst bewerben zu müssen, denn seine Zeit ist hier um.

Verzeih, mein armes Herz, daß ich Dich mit dieser Bitte plage, aber Edgar geht so arg ungern in diese Wildniß, wo aller Verkehr mit gebildeten Menschen aufhört, daß er sich an ein Strohhälmchen klammert. Wenn also irgend eine Hoffnung da ist so telegraphiere mirs umgehend, und lege die Kosten einstweilen für mich aus.

Es grüßt Dich
Deine arme gequälte Marie

Februar 1876

Karl Schmidt-Buhl (1855-1936)

Von Osten her ritten zwei Ritter der festen Burg Hornberg zu. Nur wenige Schritte zu rechter Seite öffnete sich ein enges, wildes Waldtal, durch das ein kleines Bächlein in regellosem Bette rasch der nahen Jagst zueilte. Jäh steigt auch der rechte Abfall aus dem oft nur wenige Schritte breiten Tale empor, das tief und wild zur Seite der Reiter gähnt. Schon sahen sie zwei Schlösser vor sich stehen, die hüben und drüben gleich mächtigen Schutzwehren das wilde, wertlose Tälchen, durch das nur ein verworrener Wildpfad lief, zu beschützen schienen. Oder glichen sie eher zwei feindlichen Brüdern, die nur durch den unüberbrückbaren Abgrund voneinander getrennt waren? Von der auf dem linkseitigen Abhang liegenden Burg Hornberg, deren kleine, unregelmäßige Fenster an dem hohen, schmucklosen Hauptbau gegen das wilde Tälchen des Esbachs schauten, konnte man jede Bewegung der Bewohner der nach der Luftlinie nicht mehr als hundert Schritte entfernten Sulz beobachten. Es war, als müßten die Burgen so enge zusammen gehören, daß sie sich zu Schutz und Trutz näher und näher aneinander drängten; oder aber: konnte Ruhe und Friede überm Tal nur werden mit dem gänzlichen Untergang der einen Burg? Heute aber war Friede, und freundlich glänzten die Fenster der Sulz, die gegen Süden und Westen lagen, herüber zur Nachbarfeste Hornberg und den beiden Reitern entgegen. Lustig blies der Wächter aus dem plumpen viereckigen Turme, der auf der Südseite der Burg Hornberg lag, seinen Willkommensgruß, als er die beiden Reiter auf die Burg zutraben sah.

1884

Kirchberg 1917   G. Schönleber

Karl Schnizer (1855-1944)

Schillerfeier im Rittersaal

Am Festtage selbst füllte sich Nachmittags 3 Uhr der schöne Saal schnell. Der Eingangstür gegenüber war ein Podium aufgerichtet, mit Grün verkleidet. In der Marmornische im Hintergrund des Podiums stand, von Grün umgeben, eine Nachbildung der Dannecker'schen Schillerbüste, oben an der Brüstung der einst für die Musik bestimmten Gallerie hieng das Schillerbild eines schwäbischen Landsmanns Karl Bauer. Sonst hatte der Saal keinen besonderen Schmuck. Er ist durch seine Raumverhältnisse, durch die zarten Farben des Barockstils, durch die Familienbilder aus dem Hause Hohenlohe-Kirchberg, welche die Wände bedecken und die Szenen aus dem Leben der Vergangenheit, die an der kassettierten Decke abgebildet sind, so schön, daß er keiner Verzierung bedarf. Beifällig schaute die alte Fürstin Adele aus ihrem Rahmen auf die Versammlung, und auch der Prinz Friedrich Eberhard in seinem blausamtenen Staatskleid schien sein Wohlgefallen zu haben an dem, was hier vor sich gieng. Er hat Schiller nicht mehr erlebt, aber sein Vorläufer Schubart war ihm vom Hohenasperg her wohl bekannt, und der Mann, der das »Beherrscher aller Welten« gedichtet hat, hätte sicherlich ein Verständniss gehabt für eine weihevolle Hochfeier des Geistes, wie sie sich jetzt in diesem Saale abspielte.

1905

Agnes Günther (1863-1911)

Im Kirchberger Pfarrgarten

Solls wirklich zum letztenmal sein? Das Städtlein mit den fallen-
den Blättern und dem Purpurteppich der roten Reben vor seinen
Mauern ist so altvertraut u. weiß nichts vom Anderswerden.
Wie viel unvergeßlich schöne Stunden haben wir da in der
»schönsten Laube der Christenheit« zugebracht, welch gemüt-
liche Kaffeestündchen, bis der Leonhard unten mit der Peitsche
knallte und die unermüdliche Awa auch noch einen Gartengruß
oder sonstige Schnabelweide zum Heimbringen mit herunter-
brachte! Das kann nicht vorüber und vorbei sein! Es muß ein-
gebrannt sein in die Scheiben, im Garten der Erinnerung, für immer – Der Garten hat lange Arkaden, von außen neigen sich die
Buchenbäume, breite mütterliche Buchen, innen an den Arkaden sind die Scheiben mit bunten Bildern die leben u. sich bewegen, ausgefüllt. Wie die mütterliche Güte der Awa leuchtet,
wenn sie auf dem letzten Bilde der Reise noch, aus der stolzen
Haustüre tritt u. das Päcklein in den Wagen reicht, wie die hol-
de schöne Hausfrau den Kindern die Hand reicht, wie der
Hausherr in stillem Behagen in seinem Stuhl sitzt u. dem Quak
den Rücken massiert. - All die Bilder sind in bunten brennenden
Farben eingelassen in den Bogen des stillen Ganges im Garten
der Erinnerung. Und die Seele wandelt leise noch einmal hindurch, fühlt noch einmal den warmen Hauch der Liebe, der aus
den Bildern strömt, ehe sie hinauswandert in den grauen Nebel
der Zukunft.

Agnes

8.10.1907

Gerhard Günther (1889-1976)

Es war in Kirchberg, daß mir ein liebliches Erlebnis zuteil wurde. Meine Mutter hatte sich mit unseren Gastfreunden Schnizer nach dem Mittagessen zurückgezogen, und ich selbst war in den Garten geschickt worden, von dem aus ich in die Stille des sommerlichen Mittags hinaussah. Da, als ein leises Lüftchen sich erhob, erklang plötzlich neben mir, doch ungreifbar im Raum, ein Ton, keinem andern vergleichbar, am ehesten dem einer Saite, die von göttlicher Hand berührt wird, und wie das Windchen sich kräftiger rührte, ergänzten sich die Töne zu einem süßen, doch schmerzlich erfüllten Akkord, der gleichwohl etwas Unleibliches, fast Geisterhaftes hatte. Schließlich entdeckte ich auf der Suche nach dem Ursprung dieser Töne einige lange, nicht allzu straff gespannten Saiten, die vom Dache eines Sommerhäuschens aus talwärts zu einem Baume führten. Es war eine Äolsharfe, die mir auch dem Namen nach unbekannt war und deren vollendete Beschreibung ich später in dem Gedicht Mörikes über das » geheimnisvolle Saitenspiel einer luftgeborenen Muse« las.

1972

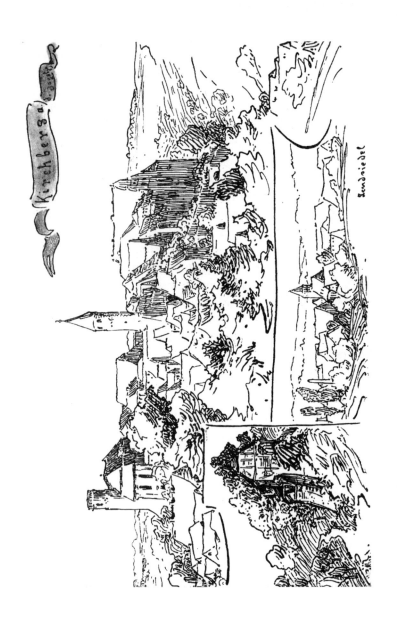

Kirchberg a.

Sendereidel

Heinrich Layh   (1856-1937)

Das Jagsttal ist die schönste Gegend unseres Oberamts. Davon
können wir uns bei einer Wanderung überzeugen, die wir in **Lobenhausen** beginnen, weil dort der Fluß in unsern Bezirk eintritt. Die Jagst hat dort einen weiten Talkessel herausgespült, aus
dem der Schloßberg mit dem sich ihm anschmiegenden Weiler
inselartig aufragt, eine der schönsten Partien des Jagsttals. Das
Kirchlein und einige Mauern auf dem Schloßberg sind die Ueberreste einer Burg, welche die Franzosen 1645 ausplünderten
und wahrscheinlich auch zerstörten. Am nördlichen Fuß dieser
Berginsel liegt die **Lobenhäuser Mühle**.

Wir bleiben im Jagsttal und wandern dem von hohen Tal-
wänden eingeschlossenen alten **Mistlau** zu. Auch hier wieder
eine Mühle wie fast in jedem Orte des Tals. Ein Bergkegel oberhalb der Mühle birgt schöne Versteinerungen, die seltenen Seelilien. Das alte Kirchlein hat im Chor sehenswerte Wandmalereien, dagegen ist das ehemalige Nonnenklösterlein längst verschwunden. Unterhalb des Erholungsheims Elim ist die Jagst oft
so seicht, daß sie leicht überschritten werden kann. Nach starken Regenfällen aber oder bei Hochwasser wälzen sich gewaltige Wassermassen talabwärts, die angrenzenden Felder über-
schwemmend und mit Geröll bedeckend.

Durch Wald und Wiesen führt uns der Weg zu einer bedeckten Holzbrücke, dem Oggenauer Steg, bei dem die Jagst ziemlich tief ist. In dem kalten, klaren Wasser tummeln sich Weißfi-
sche, Rotaugen, Nasen, Barben, Karpfen, Hechte und Aale.
Auch die hufeisenförmigen Bögen des Flußlaufs, welche sich
bis Langenburg häufig wiederholen, fallen uns auf. Sie schaffen
im Verein mit den grünenden Wiesen des Talgrunds, den bewal-
deten oder auch angebauten Talhängen, welche manchmal mit
Ortschaften, Schlössern oder Ruinen gekrönt sind, überaus reiz-
volle Landschaftsbilder.

Wir überschreiten den obengenannten Steg, lassen den »**warmen Rain**«, eine Fundstätte von Versteinerungen, rechts und
haben nach wenigen Schritten einen ähnlichen Talkessel vor

uns wie in Lobenhausen. Daraus erhebt sich der parkartig angelegte Sophienberg. Die westliche Wand des weiten Talgrunds ist
eine Bergzunge, auf der sich Stadt und Schloß **Kirchberg a. d.
Jagst** sehr hübsch hinzieht. Durch die Vorstadt, an die sich eine
prächtige Lindenallee anschließt, kommen wir auf den Marktplatz. Nach einem Blick in den Hofgarten besichtigen wir die
alte Stadt selbst. Der hohe Torturm, die sich ihm anschließende
Ringmauer und der Turm an der Stadtkirche sind Reste ihrer früheren Befestigung. Das Tor, die Stadtkirche und manches andere Gebäude, vor allem aber das große Schloß erinnern daran,
daß Kirchberg einst fürstliche Residenz gewesen. Viele dieser
Bauten sind im Zopfstil (Baustil am Anfang des 18. Jahrhunderts) ausgeführt. Dadurch erhält das Städtchen ein eigenartiges
Gepräge. Das Stadtbad, elektrische Beleuchtung und Kraftwa-
gen für Post- und Personenbeförderung sind Errungenschaften
der Neuzeit. Alle in Landstädtchen sich findenden Gewerbe
sind vertreten, Arzt, Apotheke und eine Lateinschule sind vorhanden. Ein Teil der Stadt liegt an der Jagst. Oberhalb der schönen Brücke staut ein mächtiges Wehr den Fluß für mehrere Gerbereien, die Stadtmühle und eine Färberei.

Im reizenden Esbachtälchen haben die **Ziegelhütte, Hornberg im Tal** und die **Hammerschmiede** Platz gefunden, an der
Jagst die **Hornberger Mühle**. Ueber diesen thront auf steiler,
schmaler Bergzunge Schloß und Dorf **Hornberg**. In ersterem
hat Freiherr von Crailsheim-Rügland seinen Sitz.

Von Hornberg aus besuchen wir das nahe **Gaggstatt**, zu dem
auch **Villa Schöneck** auf dem Kappelberg gehört. Es liegt in einem Höhental, zu beiden Seiten des Esbachs. Die 1904/05 erbaute Kirche macht mit ihren zwei Türmen und einer Linde neben dem Eingang einen eigenartigen, schönen Eindruck. Auch
das Innere ist sehenswert. Gingen wir an dem Bach, der bei der
großen Spiritusbrennerei den Ort berührt, aufwärts, so kämen
wir nach Niederwinden. Wählen wir als Rückweg nach Kirchberg die alte Straße, so sehen wir in einiger Entfernung auf der
Hochebene rechts **Weckelweiler**, früher Völklinsweiler genannt. Ehe unsere Straße zum Tale sich hinabsenkt, gehen wir
links zur **alten Sulz**, einer Bergzunge mit einem der schönsten

Aussichtspunkte der abwechslungsreichen Landschaft. Wenige Mauerreste zeigen noch die Stelle, wo einst die **Burg Sulz** sich erhob, bis sie im Bauernkrieg 1525 von Gaggstatter und Kirchberger Einwohnern zerstört wurde.

Wir verlassen das malerische Städtchen und wandern dem nahen **Eichenau** mit seinen 3 Mühlen und einer fürstlichen Domäne zu . Die große Jagstbrücke überschreitend, sind wir in kurzer Zeit in **Diembot**. Die Mühle dort und der **Sommerhof** sind große Pachtgüter.

1909

h. Lotter-Reichenau.

Arnim Knab (1881-1951)

Dann kam Kirchberg: von dieser Seite aus ein mittelalterliches Bild. Burgartig, steil, ausgebreitet, grau und verwittert. Düstere Wolken standen darüber. Im Städtchen fiel gleich bedeutendere Architektur auf. Langenburg war nur ein Landörtchen, eine bescheidene Einleitung zur Dominante des Schlosses. Kirchberg verrät selbständiges Leben aus allen Bauzeiten. Der bleibende Eindruck ist aber doch vielleicht der einzige, alte Turm, der von der Befestigung übrig geblieben ist. Er sieht nicht wie gebaut aus, sondern wie gemalt. Schulz könnte ihn in einem Märchenbild haben. Der graue Verputz ist teilweise losgerissen. Seine Form weicht vielfach vom Runden ab, das steile Dach hat manche Ausbauten. Neben dem Turm führt ein schönes Barocktor in die obere Stadt. Architektonisch bedeutende Häuser, eine Barockkirche, freigebige Breite der Strassen und Plätze, Gartenkünste im alten Stil erwecken einen reichen Eindruck, ein Empirebrunnen weist darauf hin, daß das bauliche Leben des Städtchens nie ganz still stand. Das Schloß, Barockbau mit warmgelbem Anstrich, wirkt hier nur als Steigerung, nicht als Gegensatz wie in Langenburg. Der Schloßhof ist nicht eben bedeutend. Das Innere hätte mehr interessiert, schon um der Ausblicke willen. Auch wäre unter den zahlreichen Gemälden vielleicht manches interessante Stück zu entdecken gewesen. Aber der unerträglich schroffe Kommandoton unserer Führerin trieb uns bald wieder fort. Vor der Türe stehen zwei Reisigbesen, woran sich die Besucher die Schuhe zu reinigen haben. Eine treffende Symbolik!

Wir stiegen ins Jagsttal hinab. Das Flüßchen kommt einen Waldhügel entlang auf Kirchberg zu. Der Blick von der Brücke vereinigt alles, was der Deutsche als romantische Landschaft von altersher liebt und was von Dürer und Cranach bis Richter und Schwind deutsche Maler zur Gestaltung zeigten. Von einem waldigen Hügel blickt Schloß Hornberg herab, in seiner geschlossenen Wucht vielmehr eine Burg zu nennen. Wir beschlossen, sie zu stürmen. Steil gings hinan; aber herrliche Aussicht auf Kirchberg lohnte. Da liegt das Städtchen mit seinen hellen Häusern, die sich wie neugierige Kinder an den Bergrand drängen; das Schloß folgt ohne Übergang, ein vielfältig zusammengesetztes Gebäu, wohl im Bedürfnis der Zeiten mannigfach erweitert. Im Mondschein muß das alles wundervoll aussehen.

Im Schloß Hornberg erfreut ein gemütlicher Schloßhof. Ein freundliches Mädchen zeigte uns ein paar Zimmer, die eine herrliche Aussicht boten. Ein altväterisches Jagdzimmer war besonders anheimelnd. Das Schloß mit seinen hohen Mauern, den ganz hoch liegenden Fenstern, dem breiten Turm und schweren Dachwerk wirkt wie ein lebendes Stück Mittelalter. Leider thront auf einem gegenüber liegenden Waldberge eine backsteinerne Sommervilla, die recht unangenehm an die Zeiten deutscher »Vergangenheit« erinnert, denen man sich im Jagsttal entronnen glaubt.

Von Kirchberg gings mit dem Postauto nach Roth a. See und nach Rothenburg zurück.

1914

Christian Dietrich (1844-1919)

Da wurde im Jahr 1850 ein junger gläubiger Lehrer als Schulamtsverweser ins ärmste Dorf des Frankenlands geschickt, nämlich nach Hornberg bei Kirchberg an der Jagst, und von diesem verachteten Nazareth aus sollte eine Bewegung durchs ganze Frankenland gehen. Das war zwar nicht die Absicht der Behörde, auch nicht die Absicht des jungen, erst 27jährigen Lehrers Christian Dietrich, aber die Absicht Gottes.

1903

Gotthold Schmid

Nach Württemberg zurückgekehrt, erstand er die vorgeschriebene zweite staatliche Prüfung und wurde dann nach kurzem Gehilfendienst 1850 in Hornberg a. d. Jagst, einem Dorf des württembergischen Unterlandes, des sogenannten Hohenloher Landes, angestellt, zunächst als Amtsverweser, 1852 aber als ständiger Lehrer – als »Schulmeister«, wie man damals sagte. Er war anfangs unverheiratet und nahm deswegen seine Schwester als Haushälterin zu sich; ebenso seinen alten, an den Augen leidenden Vater, dem er für den Rest seiner Tage ein Heim bieten wollte, und schließlich, im August 1852 auch noch seinen 8jährigen Neffen, eben unsern kleinen Christian Dietrich, der nun hier in eine Umgebung trat, welche die günstigsten Voraussetzungen für seine künftige Entwicklung in sich schloß.

Sehen wir uns nun ein wenig um in dem neuen Lebenskreis! Von äußerem Wohlstand und äußeren günstigen Verhältnissen ist hier zwar nichts zu sehen. Hornberg war damals eines der verachtetsten, heruntergekommensten Dörfer des ganzen Württemberger Unterlandes, weshalb es auch unter Staatsaufsicht gestellt wurde. Alt und jung im Dorf ging auf den Bettel. Es ging weithin die Rede: »Z'Hornberg bettelt alles, nur der Schulz und der Amtmann nit – die häwe ka Säckle.« Das Schulhaus war so ärmlich und baufällig, daß bei Regenwetter das Wasser von der Decke tropfte und daß der Lehrer seinen Kleiderschrank auf den Boden legen mußte, weil das Zimmer so niedrig war, daß man ihn nicht aufstellen konnte. Die Tische und Bänke im Schulzimmer waren von der primitivsten Art. Da sollte nun der junge, energische Lehrer Wandel schaffen, und er tat es, und brachte es, ein zweiter Oberlin, in einer 10jährigen Tätigkeit zustand, daß ein ganz anderer Geist in das Dorf einzog und damit auch der Armut gewehrt wurde. Er verschaffte den Ortsbewohnern und Kindern Arbeit und leitete sie zur Arbeit auf jede Weise an. Auch sonst diente er der Gemeinde; mehrere Jahre z.B. war er Ortsrechner.

Besonders aber suchte er die Lebenskräfte des Evangeliums in die Herzen zu senken und dadurch von innen heraus und von Grund auf zu helfen. Weil kein Pfarrer im Ort war – Hornberg war Filial des 1 1/2 Stunden entfernten Gröningen, und der Pfarrer von dort hatte nur an fünf Sonntagen in Hornberg zu predigen - mußte der Lehrer jeden 2. Sonntagvormittag eine Predigt vorlesen und an den dazwischen liegenden Sonntagen eine Kinderlehre (Christenlehre) halten. Dietrich übernahm nicht nur das gerne, sondern erbot sich, die Predigt jeden Sonntag vorzulesen und an einem Sonntag Christenlehre, am andern eine Bibelstunde zu halten, was ihm auch gestattet wurde. Außerdem hielt er zusammen mit seinem alten Vater christliche Privatversammlungen, die » Stunde«, wie man in Württemberg sagt, das alles aber in einer solch anziehenden, tiefgehenden Weise, daß schließlich die Leute aus der ganzen Umgegend 4–6 Stunden weit herkamen. Während er vormittags durch die Vorschrift ans Predigtbuch gebunden war, hatte er nachmittags in den freiwilligen Gottesdiensten, die er hielt, das Wort frei. Und da konnte er sich dann erst recht entfalten. Um eine Predigt vorlesen zu hören, dazu wären die Leute nicht so weit hergekommen; aber um einen lebendigen Zeugen Jesu Christi zu hören, das zog sie an. Es entstand im ganzen Hohenloher Land, das Dr. Barth vorher » der Heiden Galiläa« genannt hatte, eine Erweckungsbewegung von Schwäbisch Hall bis Rotenburg ob Tauber, und das verachtete Hornberg wurde zur »Stadt auf dem Berge«. Die Staatsaufsicht wurde auch aufgehoben. Das Schulhaus aber war der geistige Mittelpunkt.

Brüder und Schwestern aus dem ganzen Land gingen da aus und ein. Die weitgehendste Gastfreundschaft wurde hier geübt, trotzdem Dietrich kein Vermögen besaß, auch der Gehalt klein war (250 Gulden); Hornberg war eine der allergeringsten Schulstellen im Lande. Wenn man da noch etwas übrig haben wollte für andere – und man hatte in diesem Hause viel für andere übrig - dann mußten die persönlichen Bedürfnisse aufs äußerste eingeschränkt werden. Aber man lebte nach dem Wort: Geben ist seliger denn Nehmen. – Man sieht hier, was ein Mann vermag, wenn er sich einsetzt, und daß zuletzt doch nicht die Verhältnisse den Menschen machen, sondern umgekehrt: der Mensch macht die Verhältnisse. Bis heute sind im Hohenloher Land die Segensspuren geblieben. Manche Leute meinten freilich, wenn erst der pietistische Schulmeister aus der Gegend weggezogen sei, höre das Stundenwesen auf. Das war aber nicht der Fall. Heute zählen wir viele Hunderte von Gemeinschaftsleuten im württembergischen Franken, und große Gemeinschaftskonferenzen finden alljährlich in Crailsheim, Schrozberg und Rotenburg statt. Es hat sich aus Dietrichs Wirksamkeit ein eigener Hohenloher Gemeinschaftskreis herausgebildet, dem eine ganze Reihe von Orten angeschlossen sind. Dieser Kreis hat seinen Einfluß später bis nach Bayern hinein ausgedehnt und auch dort der Gemeinschaftssache Bahn gebrochen. Als Dietrich nach 10 Jahren von Hornberg wegzog, setzte er an fünf Orten »Monatsstunden« (monatliche Bezirkskonferenzen) fest. Die Pflege des ganzen Gemeinschaftsgebiets übertrug er einem in Hornberg wohnenden Bruder Limbach, der – einst Maurer und Musikant – sich bekehrt hatte und nun Missionsarbeiter der Evangelischen Gesellschaft geworden war. Er hat in großem Segen gewirkt, was dem Verfasser von solchen bezeugt worden ist, die dereinst von dem treuen Manne in der Sonntagsschule und in der Gemeinschaft Eindrücke fürs Leben bekommen haben, sodaß sie noch heute seiner dankbar gedenken.

Noch ist anzuführen, daß sich Dietrich während der Hornberger Zeit als 30jähriger im Jahr 1853 auch verheiratet hat mit Berta Duisberg, der Pflegetochter eines fürstlichen Kammerdieners in Kirchberg a. d. Jagst. Diese »Tante Berta« war dann also von da an während des größten Teils der Hornberger Zeit die Pflegemutter des kleinen Christian Dietrich.

1919

Rudolf Besser (1887 - ?)

Die Reformschule Schloß Kirchberg

Den eigentlichen Kern Kirchbergs, den historischen Brenn-
punkt, bildet die obere Stadt mit dem alten Stadtbrunnen in der
Mitte. Von ihm aus öffnet sich in Hufeisenform der vorderste
Schloßhof mit seinen drei Flügeln. Anstoßend an die beiden
Seitenflügel, den Rücken den jäh ins Tal abfallenden Berghän-
gen und der Stadtmauer zugekehrt schließt eine ununterbroche-
ne Reihe von Gebäuden in weitem Bogen den steinernen Ring.
Es seien nur hier genannt die Kirche, die Schule, das Rathaus
und ihm gegenüber der zum Schloß gehörige sogenannte » Lange Bau«. Zwischen die beiden schiebt sich hoch und stattlich
der ebenfalls zum Schloß gehörige » Eberhardsbau«. In ihm war
bis Ostern 1919 die höhere Reformschule mit Internat untergebracht.

Hervorgegangen aus der ehemaligen staatlichen Lateinschule, bildete sie vom 1. Mai 1914 bis zum 1. Mai 1917 einen Ab-
leger der Reformschule Blaubeuren unter der Leitung des Direktors Stracke, der als Gründer der Anstalt anzusprechen ist. Als es
sich dann darum handelte, die Schule von Blaubeuren loszulö-
sen, ging sie am 1. Mai 1917 in den persönlichen Besitz ihres
jetzigen Leiters, des Direktor Besser, über. Von da an entwickelte sich die Anstalt in einem Maße, daß der » Eberhardsbau«
räumlich nicht mehr genügte und eine Erweiterung dringend
nötig erschien. Zu diesem Zwecke wurden Verhandlungen mit
der Verwaltung des fürstlichen Schlosses angeknüpft. Sie führten zu dem Ergebnis, das im Interesse der Anstalt, vor allem aber
ihrer Zöglinge, nicht freudig genug begrüßt werden konnte. Am
1. April 1919 ging der rechte Seitenflügel, der bestausgebaute
und bis zuletzt von der nunmehr erloschenen fürstlichen Familie bewohnte Teil des Schlosses, an die Reformschule über. Damit war eine durchaus feste, gesunde Grundlage für die unge-
störte Weiterentwicklung der Anstalt geschaffen. Seit Ostern
1919 beherbergt der genannte Schloßflügel das gesamte Internat. Der » Eberhardsbau« dient lediglich als Schulhaus und birgt

den ganzen Unterrichtsapparat. Seit dieser Zeit trägt die Anstalt auch den Namen **Reformschule Schloß Kirchberg**.

Sowohl das Internats- als auch das Schulgebäude genügen – das dürfen wir ruhig behaupten – in allem, was dem körperlichen und seelischen Wohlsein der Jugend förderlich ist, auch den höchsten Ansprüchen. Licht, Luft und Sonne, Bewegungsfreiheit, ländliche Ruhe und Behaglichkeit, freier Himmel und schöne Landschaft – an all dem dürfen wir uns täglich und stündlich freuen. Sämtliche Räume des Schlosses blicken aus mächtigen Fenstern nach Südosten, der strahlendsten Sonne entgegen. Entzückt schwelgt das Auge in der herrlichen Aussicht. Hoch von der Höhe schweift es hinweg über den weiten, baumreichen Steilhang, hinunter ins Tal mit seinen anmutig verstreuten Giebelhäusern, die wie niedliche Spielwaren aus dem Grünen lugen, hinüber zu den waldigen Uferhöhen, der sanftgeschwungenen Linie der Charlottenhöhe, dem einsam ragenden Sophienberg, den jäh vorstoßenden Hügelkuppen mit dem Hornberger Schloß und der Ruine Sulz. Dazwischen eilt schäumend und rädertreibend, überspannt von der steinernen Bogenbrücke, in blitzender Windung der Fluß seinen abenteuerlichen Weg. Das Herz geht einem auf vor all der lieblichen Pracht. Gerade das jugendliche Gemüt, das bekanntlich am tiefsten und nachhaltigsten empfindet, schöpft daraus den reichsten Gewinn. Ströme von Reinheit, Kraft und Stetigkeit, Freude am Leben und seiner Schönheit und erhöhte Schaffenslust fließen ihm aus dem innigen Verkehr mit Gottes freier, starker Natur.

Hoch, geräumig und hell, gut eingerichtet sind die Zimmer der drei bewohnten Stockwerke. Kein einziges unbequemes und beengendes Mansardenzimmer, wie sie oft die besten Anstalten zu benützen genötigt sind, ist darunter. Das Erdgeschoß birgt in der Hauptsache die Wirtschafts-, Speise- und Arbeitsräume. Ein Teil des ersten Stocks enthält Wohnung, Empfangs- und Arbeitsräume des Direktors, alles übrige sowie der ganze zweite Stock sind lediglich für die Zöglinge. Der Platz ist so reichlich bemessen, daß die Betten in den einzelnen Schlafzimmern sparsam verteilt werden können. Überdies besitzen je 8–10 Schüler ein eigenes Wohnzimmer, eine Einrichtung, die sich nur ganz wenige Anstalten gestatten dürfen. So ist auch der leiseste Anschein des Kasernenmäßigen glücklich vermieden. Die einzelnen Gruppen sind nach Alter und kameradschaftlicher Neigung sorgfältig zusammengestellt, so daß jeder außer dem Umgang mit der Allgemeinheit auch für ihn passenden engeren Verkehr findet. Denn hier in seiner Wohnstube soll sich jeder wohl und ganz wie zu Hause fühlen. Hier verbringt er, wenn der Aufenthalt im Freien infolge des Wetters oder aus andern Gründen unmöglich ist, seine freie Zeit. Hier beschäftigt er sich ungestört und ganz nach seiner persönlichen Neigung mit Lektüre, Unterhaltungsspiel, Zeichnen oder Malen oder wozu er eben sonst Lust hat. Die Erfahrung lehrt, daß die Jugend gerade für diese Einrichtung besonders empfänglich und dankbar ist. Mit rührender Hingabe widmen sich die Buben, große und kleine, der Ausschmückung und Verschönerung ihrer »Bude«, die sie als ihr ureigenstes Bereich, als ihr Heim betrachten und lieben.

An der Nordwestseite des Gebäudes führen hohe, helle Gänge mit blitzenden Steinfliesen und breiten, bequemen Verbindungstreppen die Flucht der Zimmer entlang. Sie gewähren Aussicht auf den Schloßhof und das nur wenige Schritte entfernte Schulhaus, den »Eberhardsbau«. Auch dessen Räume genügen in allem den hohen Anforderungen, die unsere Zeit an Schulräume zu stellen pflegt. Der freie Platz vor dem Hause und der schattige Garten mit seinen Turngeräten bieten den Schülern in den Pausen reichliche Gelegenheit, sich nach Herzenslust herum zu tummeln. Der körperlichen Betätigung im besonderen dient die Turnhalle im linken Schloßflügel, wo der frühere große Marstall für diese Zwecke hergerichtet ist. Zu Turn- und Bewegungsspielen aller Art stehen uns weite, freigelegene Spielplätze vor dem Städtchen zur Verfügung.

1919

123

Oskar Knieser (1867 - 1936)

Kirchberg a. d. Jagst (384 m üb. d. M. gelegen) bis zum Jahre 1861 Residenz der Linie Hohenlohe-Kirchberg, wie ihre Schwesterstadt Langenburg auf einer Hügelzunge der Jagst reizvoll gelegen, bietet von verschiedenen Seiten in raschem Wechsel überaus schöne Ansichten. Was Wunder, daß die Herren von Kirchberg von 1237 an einen starken Sitz sich hier geschaffen haben, wie ihnen gegenüber auf zwei anderen Bergzungen die Herren von Sulz, deren Burg von den aufständischen Bauern 1525 in Asche gelegt, nicht mehr erstand und die Herren von Hornberg, die Freiherren von Crailsheim-Rügland, deren Schloß mit dem massigen Bergfried und der Schildmauer das Landschaftsbild so überraschend reich und ansehnlich gestaltet. Und wie treu hat das Schloß mit seinem Garten – dem Neuen Weg - das Städtlein auf der Höhe wie am Fluß durch sein hübsches, sauberes freundliches Aussehen und seine Gärten den Charakter einer ehemaligen gräflich-fürstlichen Residenz gewahrt samt seinen Bewohnern. Sind die Lusthäuslein auf dem Sophienberg auch leer und halb zerfallen, noch bietet er unter prächtigen alten Bäumen (Linden) Waldeinsamkeit und köstliche Ausblicke auf Städtlein und Schloß Hornberg, die alte Sulz und ins tief eingerissene Tal mit dem in Krümmungen unter der alten schönen Steinbrücke (erbaut 1778) dahineilenden rauschenden Fluß. Wahrzeichen der Stadt ist nächst dem 1591-94 erbauten und im 18. Jahrhundert umgebauten Schloß der 50 m hohe Wehrturm, der mit breitem, tiefem Graben, mit Zwinger und Ringmauer einst die innere Stadt wahrte, nun Uhr- und Glockenturm der Stadtkirche. Weit schaut man von seiner Höhe hinaus auf die prächtigen Laub- und Nadelwaldungen, die in nächster Nähe sich ausdehnen und auf wohlgepflegten Wegen leicht durchwandert werden können, mit Ruhebänken versehen sind und schöne Aussichtspunkte bieten. Wie köstlich ist nach der Rückkehr ein Bad im klaren Wasser der Jagst oder im Stadtbad! Welche Manigfaltigkeit der Wanderungen zur Anhauser Mauer, talaufwärts nach Mistlau mit seinem alten Kirchlein z. h. Nikolaus,

nach Lobenhausen, dem einstigen Sitz der Grafen v. L., und Burleswagen, flußabwärts gen Leofels, Morstein mit seinen Reihern und Langenburg. Und wen lockte nicht die uralte keltische Feste mit ihren Ringwällen und ihrer großartigen Fernsicht, der Burgberg, sowie der Streitwald und das Weilersholz mit ihren Hunnenhügeln? Noch sind die alten Poststraßen von stattlichen Bäumen gesäumt, besonders die gen Süden nach Crailsheim ziehende von stolzen Linden geziert. Doch – zwischen den grauen Stämmen rollt nicht mehr die gelbe Postkutsche mit dem heitere und ernste Weisen blasenden Schwager. Am Fuße des Burgbergerwaldes und gegen Osten hinter Schloß Hornberg und den schlanken Türmen der neuen Kirche von Gaggstatt rasseln und hasten Züge der Eisenbahn und von Osten und Süden her zieht fauchend – schon von weitem vernehmbar – das hohe, schwere Postauto nach dem gastlichen Städtlein.

vor 1923

Heinz Sausele (1862-1940)

Kirchberg a. d. Jagst
Das alte Schloß – Herbsttag

Ein Kranz von alten, stolzen Bäumen,
darüber hohe blaue Luft.
Ein Fürstenschloß mit stillen Räumen,
verblichnem Glanz, verwehtem Duft.
Wo einst bei Tanz, gezierten Reden
ein höfisch Wesen war zu schaun,
da weben Spinnen ihre Fäden
um Kavaliere, schöne Fraun.
Der Brunn im Hof nur murmelt leise
von der vergangnen Herrlichkeit,
und auf dem Dach von ihrer Reise
die Schwalben schwatzen, flugbereit.

Ein kühles Schauern in den Bäumen.
Und sonnenwärts entschwebt der Chor.
Das Schloß mit seinen stillen Räumen
ruht noch verlass'ner denn zuvor.

vor 1923

Gustav Ströhmfeld (1862-1940)

Nach dem Tode meines Großvaters siedelte die Großmutter, Maria Juliane Susanne geborene Keeser (Tochter des Kastenverwalters zu Künzelsau), aus Liebe zum Geburtsland nach Kirchberg an der Jagst über. Da der Großvater auf seiner ersten Stelle in Unterregenbach, wo die berühmte karolingische Krypta unterm Pfarrhause liegt, und auf späteren Pfarreien fürstlich Hohenlohescher Patronatspfarrer gewesen und auch seine Vorfahren als Beamte in Hoheloheschen Diensten gestanden (der Vater war Fürstl. Justiz-Sekretär zu Kirchberg gewesen), so hatte seine Witwe ein gewisses Anrecht, in einem der an das fürstliche Schloß anstoßenden, gegen das schöne Jagsttal hinabschauenden Gebäude ihren bescheidenen Witwensitz aufzuschlagen. Mit zärtlichem Verlangen wünschte sie das älteste Kind ihrer jüngsten Tochter Mina zu sehen und so wurde im Familienrat beschlossen, mich in Marsch zu setzen. Da in meinem Elternhaus eine Jungfrau aus Kirchberg, die brave Tochter einer Rotgerberfamilie, als Pfarrmagd diente, gab es keine geschicktere Geleitsperson des fünfjährigen Pfarrbuben aus dem Schurwald als diese treue Seele aus dem Frankenland. Von der Bahnstation Plüderhausen ging die Bahnfahrt über Aalen und Ellwangen nach Crailsheim. Unvergeßlich bleibt es mir, in welche Not die Begleiterin durch meine kindliche Spielerei mit der Fahrkarte, die sie unvorsichtig mir überlassen hatte, unterwegs geriet. Diese Karte entglitt meinen Fingern und rutschte in die Fensterspalte, ohne daß sie je wieder zu erlangen gewesen wäre. Nur der Schrecken ist mir in Erinnerung geblieben, nicht aber die Lösung dieses schwierigen Falles. Dieses war der erste Streich; doch – manch andere folgten gleich.

Bei der Wanderung auf allerlei Fußwegen von Crailsheim nach Kirchberg prägte sich mir eine Besonderheit der Hohenloheschen Landschaft unauslöschlich ins Gedächtnis; das sind in sanften Wiesenmulden die zahlreichen erlenumbuschten Bachläufe, die mir bei Wanderungen heute immer noch die gleiche Freude machen. Dieses Bild gehört zur Oberflächengestaltung der Fränkischen Platte.

In Kirchberg lebte damals noch die greise liebenswürdige und wohltätige Fürstin-Witwe Marie, die an bestimmten Tagen die Honoratiorenfrauen und – Töchter ihrer Residenz im Schloß um sich versammelte. Zum Hofstaat gehörte u. a. der alte Kastellan in seiner herkömmlichen feierlichen Uniform. Er liebte die Beschaulichkeit und im Torwarthaus ein Schläfchen, aus dem ihn weniger häufig Berufsgeschäfte, als Lausbuberei der bösen Jugend, die an die Scheiben seines Häuschens trommelte, aufscheuchten. Dann aber kam er hervor und erhob drohend den langen Meerrohrstock mit der farbigen Quaste und dem silbernen Knopf, das Zeichen seiner Herrscherwürde.

Die Erinnerung an die hochfürstliche Kirchbergische Armee von 12 Mann mit 2 Gefreiten, 2 Korporalen und 1 Lieutenant ward von einem Liebhaberkünstler festgehalten, der einen buntbemalten Soldaten, einen richtigen Gamaschenknopf in der Uniform des Siebenjährigen Krieges, auf einen Vorsprung über dem Stadttor aufgestellt hatte.

In dem Schloßgarten waren zwei mächtige steinerne Löwen aufgestellt, auf deren glatten Rücken die Buben heute wie damals die Hosen abrutschten. Dazu kommt noch, um die Zutaten des ehrwürdigen Versailler Gartenstils zu vollenden, eine künstliche Ruine aus Steinen der Burgruine Leofels.

Das Schloß selbst mit seinen vielerlei Sehenswürdigkeiten, worunter eine Naturaliensammlung mit ausgestopften Tieren aus nah und fern, der spitze Torturm an der Stadtmauer im Gegensatz zu dem stumpfen an der Stadtkirche (den der Blitz eingeäschert), der Mesner in der Kirche mit dem Klingelbeutel an langer Stange, die Burg Hornberg, die Ruine der Burg Sulz mit ihren geheimnisvollen Gewölben, die schöne alte steinerne Jagstbrücke, der Sophienberg mit seinen geschlungenen Wegen und ungewohnter Flora und noch manches andere Neuartige machten auf meine junge Seele tiefen Eindruck. Ich befand mich in einem Wunderland voll Seligkeiten.

1924

Josef Käß

Der Liederkranz zu Kirchberg, oder wie er sich damals nannte, der »Sängerbund Liederkranz«, wurde gegründet im Jahre 1822, nachdem schon früher hier ein Männerchor bestanden hatte. Hauptbegründer war Franz Christoph Leffer, der 1807 als Diener an den fürstlichen Hof kam und 1853 als Domänenrat hier starb. Das Kirchberg von damals, äußerlich kaum viel anders als heute, war ein ungleich lebhafterer Ort. Damals zogen die Postwagen nach allen Richtungen durchs Land, große Märkte zogen von weit her die Bevölkerung an, die fürstliche Hofhaltung bildete allein ein Städtchen für sich und vor allem herrschte hier regster Gewerbefleiß. All die heute ausgestorbenen Handwerker, wie Weber, Bortenwirker, Nagelschmiede u.s.w. waren mehrfach vertreten, daneben die heute noch vorhandenen in doppelter und dreifacher Anzahl. So war es möglich, daß der Verein bald 42 Mitglieder zählte und sich bereits im Jahre 1824 eine Fahne anschaffen konnte. Dieser Fahne mit dem Stadtwappen von Kirchberg, heute wohl etwas verblaßt, darum aber nicht minder hochgeehrt, gilt unser heutiges Fest. Sie hat gesehen, wie viele Mitglieder in Eifer gesungen haben und wie in andern Zeiten der Verein auf ein Quartett zusammengeschrumpft war, wie aber allezeit der Männerchor in Kirchberg eine gastliche Stätte gefunden hat. Dem Schwäbischen Sängerbund, der 1849 gegründet wurde, trat der Verein 1851 bei. Die Entlegenheit Kirchbergs verhinderte die Teilnahme an den jeweiligen Bundesfesten, so daß das Verhältnis kein sonderlich enges wurde und die Mitgliedschaft bereits 1864 erlosch. Infolgedessen trat 1884 im Verein der Wunsch auf, die Gründung eines Gausängerbundes anzuregen und die kleinen, gemütlichen Sängerfeste wieder aufzunehmen, wie sie schon in früheren Zeiten abgehalten worden waren. Der Vorschlag wurde überall mit Freuden begrüßt und am 31. August 1884 dahier im Vereinslokal zur Post durch Delegierte von 14 Vereinen der Hohenloher Gausängerbund gegründet.

1924

Gottlob Diez (1870-1940)

Ein böses Jahr

Ein Haus war unser eigen, ein Haus, so stattlich und hehr,
Stolz ragten Giebel und Zinnen, umkränzt von
trutziger Wehr;
Und drin ein flutend Leben, durchpulst vom Strom der Zeit.
Wir dachten: Das Haus muß dauern bis in die Ewigkeit.

Da kam ein Sturm gefahren, die Erde wankte im Grund.
Ein Feuermeer der Himmel, die Hölle öffnet den Schlund.
Wohl stand das Haus noch lange, umloht vom
Flammenschein
Und trotzte dem Verderben. Doch schließlich stürzt' es ein.

Das Haus, das Heldenväter in stolzer Kraft gebaut,
Das sie mit ernstem Mahnen der Enkel Hut vertraut;
Das Haus, in dem gesungen der Dichter Liedermund
Und ernste Denker sannen: Zerstört bis auf den Grund!

Wir stehen vor den Trümmern. Uns schauert's in den Tod.
Nie hat ein Jahr begonnen in solcher Pein und Not.
Doch sollen wir nun starren entsetzt, gelähmt darauf?
Nein – walt' es Gott in Gnaden – wir bauen's wieder auf!

1925

Anonym

Der Kirchenbrand in Kirchberg a. J.

Eine traurige Arbeit ist das Wegräumen der Schuttmassen, die inmitten der nackten Wände unserer zerstörten Kirche liegen und einen trostlosen Anblick bieten. Von der prächtigen Orgel ist nichts zu sehen als einige Drähte; die Pfeifen sind restlos geschmolzen. Uebrigens nichts als verkohlte Balken und Schutt. Ach, das Herz tut einem weh! – Wie schon früher erwähnt, war die Orgel, obwohl von einem Laien erdacht und erbaut, ein großartiges, wunderbar schönes Kunstwerk, wie es deren weit und breit nur ganz wen'ge gibt. Sie bestand aus drei Teilen: Hauptteil, Rückpositiv und Fachwerk, dazu drei Manuale; eine Kirchenorgel von einer Konstruktion, wie sie s. Zt. von Joh. Seb. Bach gern bevorzugt wurde. Ihr Wert war einfach unschätzbar. Herr Oberlehrer Schmidt, der als einer der Ersten an der Brandstelle war, – die Schule liegt ja dicht bei der Kirche, – eilte die Treppe hinauf, um seine Noten, ihm vom Dr. Walcker-Ludwigsburg zugeschickt, zu retten. Der Treppenaufgang links war noch rauchfrei; aber als er die Türe zum Orgelraum öffnete, schlug ihm solch ein gewaltiger Qualm entgegen, daß er unverrichteter Sache eiligst zurückweichen mußte. Auch wenn gleich zu Beginn genügende Wassermassen zur Verfügung gewesen wären, hätte es nichts genützt, denn der ganze Kirchenraum war bereits derart voller Rauch, daß kein Mensch sich dem Brandherd nähern konnte. Hat unsere Feuerwehr keine Rauchmasken? Leider nein. Merkwürdig ist, daß mehr. Einwohner, die nach 12 Uhr nachts heimwärts fuhren, nicht das Geringste von Brand oder Rauch merkten, obwohl ihre Wohnungen ganz nahe bei der Kirche liegen. Zwischen 1 und 2 Uhr schlugen schon die Flammen zum Kirchenfenster hinaus. – Ergreifend, schaurig, war der Anblick des brennenden Kirchturms, in welchem das Vaterunser-Glöckchen hing. Dieses war glühend rot geworden, eine Stichflamme leckte hoch zum Turm hinaus, und darüber schien am klaren Himmel ruhig und mild der volle Mond – da prasselte die Glocke krachend hernieder! Die Feuerwehren von allen Nachbargemeinden waren sämtlich zur Hilfe herbeigeeilt; ihnen sei auch an dieser Stelle Dank angebracht. Sie taten ihr Möglichstes und achteten nicht der eisigen Kälte. Viele freiwillige Helfer stellten sich dienstbereit zur Verfügung und arbeiteten eifrig mit. Gute Dienste leistete ebenfalls die Haller Motorspritze, die unter schwierigen Umständen reichlich Wasser aus der Jagst herbeischaffte. Den vereinten Bemühungen gelang es, größeres Unheil zu verhüten und die angrenzenden Gebäude zu schützen. Hin und her gehen die Gedanken, allerlei Kommentare werden zum Besten gegeben. In einem sind alle Bürger doch diesmal einig: Eine tiefe Wehmut erfüllt aller Herzen, eine furchtbare Katastrophe, die kaum auszudenken ist. Und dennoch: ein neues Gotteshaus wird erstehen; möge es uns allen Frieden bringen, Segen und innern Gewinn!

Der Kirchenbrand bewegt, und das ist begreiflich, andauernd die Gemüter; allerlei Meinungen, Urteile und kritische Bemerkungen schwirren umher, darunter auch lieblose und unchristliche. Angesichts eines solchen Unglücks sollte man doch etwas zurückhaltender u. nachdenklicher sein. Der Hauptgottesdienst wird vermutlich in der Turn- und Liederhalle stattfinden, der Nachmittagsgottesdienst im Gemeinschaftshaus, ebenso die wöchentliche Bibelstunde, die für viele zu einer unentbehrlichen geistigen Erquickung im Alltagsgetriebe geworden ist. Das Gemeinschaftshaus, welches zugleich der Familie des Vorgängers, Herrn Hildebrand, als Wohnung dient, ist, obwohl es direkt an die Kirche grenzt, beinahe unversehrt geblieben, daselbe kann vom Ortsmuseum gesagt werden, welches nur wenige Meter von der Kirche entfernt steht. Während des Brandes herrschte ziemlich Windstille, ein Glück bei allem Unglück, anders wäre die Katastrophe noch größer geworden. Uneingeschränktes Lob gebührt allen erschienenen Freiw. Feuerwehren, die trotz der großen Kälte treu ihre schwere Pflicht taten. Am Tage nach dem Brand, Donnerstag, war Viehmarkt, und im »Stern« eine Geflügel- und Taubenausstellung. Dieser Umstand, sowie der Brand zogen viele Besucher von auswärts herbei, auch von Gerabronn, sodaß in unserem Städtchen ein reger Verkehr herrschte. Der Herr Landrat erschien bereits während des Brandes an Ort und Stelle. – Herr Präzeptor Schäfer von hier gedachte in kurzem den Tag zu feiern, an dem er vor 50 Jahren dazu berufen war, zum ersten Male die Orgel in der nun zerstörten Kirche zu spielen. Eine lange Reihe von Jahren hindurch hat er mit voller Hingabe das Organistenamt bekleidet, die schöne Orgel war ihm lieb geworden. Wie schmerzlich der alte Herr getroffen ist, kann man ihm nachfühlen.

1929

H.S.

Die neue Kirchberger Kirche

Am 21. Februar 1929 ist die evangelische Stadtkirche von Kirchberg an der Jagst bis auf die Umfassungsmauern abgebrannt. Am Sonntag, also fast genau ein Jahr später, konnte sie neu aufgebaut und neu ausgebaut in einer schönen Feier ihrer Bestimmung wieder übergeben werden. Am äußeren Bild der 1731 gebauten Kirche hat sich nicht sehr viel verändert: der Turm, der stehen geblieben war, grüßt als der alte über die Bergstadt hin, ins Tal und zu den umgebenden Höhen. Die Barock-Architektur der Fassaden ist in ihrer Art wieder aufgebaut oder erneuert worden, das Steildach hat nur eine etwas niedere Form bekommen. Das eigentlich neue Leben, das aus den Ruinen blühte, äußert sich im Innern der Kirche. Hier hat der Architekt **Richard Weigle** (Stuttgart-Degerloch) mit den Malern und Plastikern, die zum gemeinsamen Werke halfen, einen neuen meisterlichen Beweis dafür gegeben, daß heutiges Kunstempfinden im Bezirk der kirchlichen Kunst Vollgültiges zu leisten vermag: wir brauchen uns damit nicht mehr schamhaft hinter den Kunstäußerungen der barocken, gotischen, romanischen Zeit verbergen, und können mit begründeter Befriedigung feststellen, daß vom Tiefstand der Vorkriegszeit mit ihrem hilflos epigonenhaften Tasten wieder ein sehr deutlicher Abstand erreicht, ein durch viel klareres Formgefühl bestimmter eigener Ausdruck gefunden wurde.

Der frühere barocke Hauptraum ist nun in einem einfachen und doch keineswegs nüchternen Stil geformt. Beherrschend ist das Weiß der Wände und der auf drei Seiten den Raum durchziehenden Empore, und das Grün und Grau der Bänke, das in den Malereien der Deckenbalken und Wände im Ton der Pfeiler wiederkehrt: das alles in geklärter Einzelform gestaltet, die die ruhige hübsche Gleichform des Gesamtraumes noch deutlicher empfinden läßt. Und dann die schönste, farbigste und feierlichste Seite, die des Altars, der Kanzel und der Orgelpfeifen: eine prachtvoll geschlossene Komposition der Formen und Farben.

Hinter dem mit Silberleuchtern geschmückten Altar hängt vor rotbrauner Terrakottawand ein aus dem gleichen Stoff geformter großer Gekreuzigter, unmittelbar über seinem Haupt erscheint, zwischen dem Silberglanz der links und rechts aufsteigenden Orgelpfeifen, der kleine Kanzelplatz, dahinter und darüber strahlt die Farbenpracht eines hohen Glasfensters festlich in den blaugewölbten Raum.

Das Bild des gekreuzigten Christus ist von dem Gmünder Bildhauer **Fehrle**: über die stilisierten und doch von innerem Leben gefüllten Formen des Körpers legt sich wuchtig und massig der Kopf des Gemarteten. Hier, und vor allem im traurigen Zug der großen, schweren Augenlider, ist die Ausdruckskraft des Bildwerks zusammengefaßt, das sich den früheren derartigen Schöpfungen dieses starken Könners würdig anreiht. (Sehr gut durchkomponiert, auch seine vorn am Altar angebrachten Tafeln mit den Zeichen der vier Evangelisten.) Der auferstandene Christus glänzt in siegreichem Licht, in der wundervoll strahlenden Buntheit des Glasfensters, das der Stuttgarter **H. W. Kohler** geschaffen hat: sehr schön, wie über den Farbvariationen der unten geformten Flächen und Figuren, über dem intensiven Blau des unteren Rocks, und der zusammenfassenden Schrägstreifen das ungemein starke Rot des Oberrocks aufleuchtet, überstrahlt von den grünlich gelben Tönen des Haupts und des darüber schwebenden Scheins; erstaunlich, mit welch ursprünglicher Sicherheit das Abwägen der Farbe und in der Bewältigung der vielseitigen kompositionellen Schwierigkeiten dieses junge Talent schon seine Aufgabe meistert. Die Wandmalereien stammen von dem Münchener **L. Gruber**: die Art von Primitivität, in der sich hier die Gestalten des Alten und Neuen Testaments – der verlorene Sohn und die Hochzeit von Kanaan, die Jünger Emmaus, die Seepredigt und der Ostermorgen – darstellen, mag vielleicht nicht jedermann zusagen, auch die Raumgestaltung mag nicht ganz gelöst sein, aber in ihren zurückhaltenden, sich auf gedämpftes Braun, Rot, Grün und auf Weiß beschränkenden Farben gehen sie mit den weißen Wänden und den sonstigen Farben des Raums ganz gut zusammen; auch die Bemalung der Deckenbalken mit biblischen Szenen hat viele ornamentale Reize. Ein Schmuck des Hauptraums sind auch die Pfeiler, denen von den Brüdern **Gißler** in Sonthofen in sehr gekonnter Relief-Technik eine formal sehr gute und inhaltsreiche Ornamentik der Oberfläche gegeben wurde, und nicht zuletzt das Nickelgeländer, das, in Buchstaben drei Seligpreisungen enthaltend, sich um die Empore zieht. Auch die sehr geschmackvolle Altardecke (nach einem Entwurf von **Heck** von der Frauenarbeitsschule des Ev. Volksbunds gearbeitet) und die schönen Naturtöne der Kupfertüren verdienen besonders bemerkt zu werden.

Und nicht zuletzt muß der kleine quadratische **Taufraum** im Erdgeschoß des Turms genannt werden. Hier ist durch die reine Architektur und Tönung des Steins, durch das massige Rund des mit großem, silberglänzendem Becken bedeckten Taufsteins und durch die vielfältig glänzende Schönheit des schmalen Glasfensters (wieder eine ausgezeichnete Leistung Kohlers) ein ungewöhnlich geschlossener, dichter und starker Raumeindruck, etwas Vorbildliches erreicht worden.

24.2.1930

Albert Borst (1892-1941)

Die Kirche ist ein Greuel. Die Wandmalereien, die Säulen und vollends der Christus von Fehrle passen in eine kunstgewerbliche Ausstellung, aber nicht in eine evang. Kirche. Prof. Fehrle hat hat kürzlich selbst gesagt, auf seinen Christus in Kirchberg sei er nicht stolz. Ganz unglücklich ist die Lage der Kanzel. Das ist keine Kanzel, sondern der Souffleurkasten eines modernen Theaters. Ist der Pfarrer groß, dann stösst er oben an. Ist er klein, dann sieht man ihn kaum. Auf jeden Fall muss sich der Pfarrer über die Brüstung hinauslehnen, wenn die Worte nicht vom Kasten verschluckt werden sollen. In der Kirche haben ein Techniker und ein moderner Kunstgewerbler im Geist der Nachkriegszeit miteinander gewetteifert, möglichst keinen ausgesprochenen evang. Kirchenbau zu schaffen. Die Taufkapelle ist als Einzelstück sehr hübsch und wirkungsvoll gestaltet. Aber, wir haben doch in einer evang. Kirche nicht eine von der Gemeinde abgetrennte Taufhandlung zu vollziehen! Ich habe keinen einzigen Kirchberger gefunden, der sich für die jetzige Gestalt der Kirche erwärmen könnte. Der Mesner sagt: »Allmählich gewöhnt man sich daran!«

1933

Anonym

Ein Besuch in Kirchberg a. d. Jagst

Wenn Kirchberg a. d. Jagst heute nicht mehr so unbekannt ist wie früher, so ist dies in besonderem Maße der aufklärenden und werbenden Arbeit aller daran beteiligten Kreise zu danken. Auch die in reichster Auswahl vorhandene Ansichtskarte leistet in dieser Hinsicht gute Dienste. Namentlich aber sind es die Touristen und Kurgäste selbst, welche die Schönheiten Kirchbergs in überzeugender Weise in Freundes- und Bekanntenkreise hinaustragen, weiter empfehlen und zum Besuche aufmuntern.

Wie bereits durch unsere Prospekte bekannt sein dürfte, ist Kirchberg von allen Seiten leicht zu erreichen. Es verkehren täglich 3 mal Postkraftwagen nach der Station Eckartshausen an der Bahnlinie: Heilbronn bzw. Stuttgart – Hall – Hessental – Crailsheim – Nürnberg und 2 mal nach Station Rot am See der Linie: Würzburg – Lauda – Bad Mergentheim – Crailsheim – Ulm. Der Eisenbahnknotenpunkt für sämtliche Schnellzüge ist Crailsheim; letzteres ist 12 km von Kirchberg entfernt und kann mit Mietauto bequem und rasch erreicht werden.

Begleiten wir nun einige Touristen auf ihrer Wanderung durch das mittlere Jagsttal. In Crailsheim steigen wir aus. Wir verschmähen Auto- und Bahnfahrt; denn wir wollen zu Fuß das Tal entlang nach Langenburg. Kirchberg, der einstigen Fürstenresidenz, soll ein ganzer Tag gewidmet werden; denn die »Perle des Jagsttals« verlangt gebieterisch einen längeren Aufenthalt. So wandern wir immer flußabwärts und kommen nach Neidenfels, wo von der Höhe das idyllisch gelegene Schlößchen Burleswagen herabgrüßt. Nach längerem Marsch sind wir in Mistlau, sehen dort die »Mühle im Tale«, die auf den alten Mauern eines Nonnenklosters erbaut sein soll und betreten dann inmitten des Ortes den Friedhof mit dem uralten Kirchlein. Der Chor der Kirche zeigt dem Beschauer alte Wandgemälde (Fresken), die vor etwa 35 Jahren unter dem Verputz entdeckt wurden. Nach kurzer Rast setzen wir den Marsch der Jagst entlang fort.

139

Kirchberg a. J. 9. 9. 27.

140

Rechts vor dem Dörflein steht das Kurhaus »Elim«, in dem alljährlich eine große Anzahl Kinder Erholung finden und mit aufopfernder Pflege betreut werden. Durch fruchtbare Wiesen und Felder kommen wir in das Wiesental »Okenau« und hier beginnen die Schönheiten der Landschaft sich zu vermehren. Vor uns taucht der Okenauer Steg in seinem grauen Holzwerk auf, der uns von einem zum andern Jagstufer bringen soll und im Hintergrund, welch lieblicher Abschluß! Das Schloß Hornberg und Villa Schöneck grüßen zu uns herab. Hier muß man stehen bleiben, um das Panorama, welches sich vor unserem Auge ausbreitet, voll und ganz in sich aufnehmen zu können. Langsam gehen wir weiter über den Okenauer Steg, den Fußpfad hinan. Mit einem Ruck bleiben wir oben stehen und sind stumm in der ersten Überraschung über den herrlichen Anblick, der sich uns hier darbietet, um in den freudigen Ausruf der Bewunderung auszubrechen: »Heil Kirchberg!« Zu jeder Tageszeit hat das vor uns liegende Bild seinen besonderen Reiz. Ob das Städtchen in früher Morgenstunde durch die Nebel sich entschleiert, ob es in strahlender Sonnenflut vor uns liegt oder ob es in abendlichem Rot erglüht, immer wird es ein Bild sein, das mit märchenhafter Zauberkraft uns fesselt und der Erinnerung erhalten bleibt.

Etwas weiter links, am »Galgenbergweg«, steht eine Ruhebank, die den Wanderer zu kurzer Rast einladet. Im Vordergrunde liegt die »Au«, deren mit Frucht bewachsene Fläche durch hereinragende Bäume belebt wird, rechts erhebt sich der bewaldete Sophienberg, das Bild von Kirchberg abschließend. Drehen wir uns noch weiter nach rechts, so erblicken wir wieder Hornberg mit Villa Schöneck. Das »Nur ein Viertelstündchen« ist vorüber und so wollen wir unseren Weg fortsetzen, um das Städtchen vollends zu erreichen. In kurzer Zeit sind wir am Marktplatz angelangt.

Den »Freien Platz«, wie derselbe allgemein genannt wird, umsäumen nur Geschäftshäuser. Wer Durst und Hunger spürt, kann diese schon hier stillen. Direkt am »Freien Platz« liegt der Württemberger Hof, das Café Baumann, das Gasthaus und Pension zum Stern, sowie der Gasthof und Bierbrauerei zum Adler. Gleich rechter Hand ist die Photohandlung von Friedrich Bauer, in der die Kamerabesitzer all ihre Wünsche befriedigen können. Auch können dort Ansichtskarten in größter Auswahl, Führer, Lesestoff u. a. m. erworben werden. Ehe wir den »Freien Platz« verlassen, bleiben wir stehen und betrachten ein Bild, das an das »Plönlein« in Rothenburg erinnert. Hier teilt sich die Straße in die »Obere« und »Untere Gasse«. Diese Partie ist ein ganz besonders lohnendes Objekt für die Kamera und kein Amateur wird hier weitergehen, bevor er nicht die beiden Türme im Hintergrund und zugleich den Vordergrund mit der Einmündung in die alte Steige auf seine Platte gebannt hat.

Wir gehen auf der »Oberen Gasse« weiter, werfen rechter Hand am Postamt unsere Ansichtskarten ein, erheben mittels Postkreditbrief neuen Geldvorrat und betrachten im Vorraum die Postreklame, von der uns heute die Empfehlungen der Kirchberger Geschäftsleute am meisten interessieren. Inzwischen sind wir vor dem kunstgeschmiedeten Hofgartentor angelangt, das sich etwas versteckt hinter einer Traueresche befindet. Wie ein Märchen erscheint uns die aus der Biedermaierzeit reinerhaltene Gartenanlage. Die wohlgepflegten Blumenbeete und Rasen stehen in schönster Blüte. Aus dem Hintergrunde, dem von dunklen Bäumen und Laub umsäumten kulissenartigen Tor müßte eine Dame in Krinoline hervortreten und das Märchenbild wäre vollendet.

Im Schatten dieser Bäume möchte man gerne lang verweilen, um all die Gestalten, die in früheren Zeiten diese Plätze belebten, im Geiste an sich vorüberziehen zu lassen, möchte mit ihnen auf Stunden zurückkehren in die »gute alte Zeit« mit den Eilwagen, die gewiß keine solche Eile hatten wie unsere Wanderer. Deshalb ist auch hier unseres Bleibens nicht lange; denn bis zur Mittagsstunde soll der Rundgang um die Stadt beendet sein, um den Nachmittag für die Besichtigung des inneren Städtchens zu verwenden.

Wenn wir uns beim Verlassen des Hofgartens nach links halten, so kommen wir in den sogenannten »Neuen Weg«, der ehemaligen fürstlichen Parkanlage. Eine Bekanntmachung der Domänenkanzlei sagt dem Besucher, daß er keine Sträucher abreißen, keine Bäume beschädigen oder sonstigen Mutwillen treiben darf. Das hölzerne Tor ist stets offen und kann deshalb der Eintritt jederzeit erfolgen. Nach Betreten der Anlagen werden unsere Blicke zuerst von der rechts oben stehenden Kirche, dem Schulhaus und der alten Stadtmauer angezogen. Im langsamen Weiterschreiten sehen wir Ruinen, zerfallen scheinende Torbogen und gotische Fensternischen. Eine Treppe führt uns hinauf zur »Katharinenruhe«, von der man eine schöne Aussicht auf das Jagsttal bis hinab nach Eichenau und Diembot hat; links sehen wir das Pfarrdorf Lendsiedel und dahinter liegend Dörrmenz und Ruppertshofen.

Im kühlen Schatten des grünen Laubdaches wandern wir weiter und sehen rechts oben den »Langen Bau«, der einstens den fürstlichen Beamten zur Wohnung diente und heute noch zum Schloß gehört. Rechter Hand geht ein steiler Burgweg hinauf zu diesem; die abschließende Türe ist jedoch für die Öffentlichkeit nicht benützbar. Deshalb setzen wir unseren Weg fort und sehen immer rechts neben uns das massige Schloß, links den steil abfallenden Schloßberg. Etwa in der Mitte des Parkes ist ein Rundell, von wo aus man einen hübschen Durchblick zum Brückenübergang im Schloßhof hat. Noch einige Schritte weiter und wir sind an der für Liebhaberphotographen und Kinder beliebtesten Stelle, an der Löwengruppe. Zwei mächtige, steinerne Löwen bewachen gewissermaßen den Aufgang zum Schloß. Doch können wir diesen ruhig betreten und uns an der panoramaartigen, wundervollen Aussicht ergötzen. Unser Blick schaut unwillkürlich hinab ins tiefe Tal mit der rauschenden Jagst; das glitzernde Wehr blendet förmlich die Augen, so daß dieselben wie unter einem Zwang das Grüne suchen und den »Sophienberg« treffen. Rechts von ihm sehen wir die Charlottenhöhe; lassen wir den Blick dann wieder nach links schweifen, so liegt vor uns auf der Höhe die einsame »Villa Schöneck« und das Schloß Hornberg; davor lagert der »Alte Sulz«, dessen Fuß von Häusern umsäumt ist.

Das »Tal« gehört zum schönsten Teil Kirchbergs und wir werden den Nachmittag noch benützen, auch von dort aus das Städtchen zu bewundern. Jetzt aber müssen wir uns beeilen, denn der Magen verlangt gebieterisch sein Recht. Wir machen

144

deshalb Kehrt, zweigen etwa dreißig Schritte nach der Löwengruppe rechts ab und gehen auf dem Stadtweg (Stadtmauer) zurück, wobei wir die alte Stadtbefestigung von dieser Seite kennen lernen.

Nach dem wohlverdienten Mittagsbrot setzen wir vom » Freien Platz« aus unsere Besichtigung fort. Wir wandern durch die » Untere Gasse«, in der sich auch einige Geschäftshäuser befinden und kommen vorbei am » Schwanen« und » Lamm«. Hier ist wiederum eine Stelle, die zum Verweilen auffordert; denn es lohnt sich, von hier aus den Aufgang zum Innern des Städtchens zu betrachten. Zwei gleichartige Geschäftshäuser flankieren denselben und sind der Brücke mit dem Stadtgraben vorgelagert. Denken wir uns diese steinerne Brücke hinweg und legen dafür eine hölzerne Zugbrücke über den Graben, so haben wir die reinste mittelalterliche Ritterburg vor uns. Im Weitergehen bleiben wir am Stadtturm einen Augenblick stehen, um dessen Schlankheit zu bewundern; auch lohnt es sich, einen Blick durch das eiserne Törchen zwischen den beiden Geschäftshäusern ins Tal hinunter zu werfen. Das Stadttor selbst ist ein historisch getreues Bild der Zopfzeit und wurde dieser Charakter durch Professor Paul Hey in den beiden Originalsteindrucken » Hochzeit im Städtchen« und » Mondnacht« vorzüglich wiedergegeben. Im Stadtturm befindet sich heute noch das Ortsgefängnis und die Wachstube, woran beim Eintreten ins Tor das vergitterte Fenster oben links erinnert. Rechts in der zugemauerten Türöffnung soll der Pranger gestanden sein. Leider sind die früher das Tor abschließenden Eichentüren vor vierzig Jahren der Zeit zum Opfer gefallen.

Da wir die neue Kirche zu besichtigen gedenken, so wollen wir gleich hier beim Mesner anläuten und um Führung bitten. Eine Glocke befindet sich außerhalb des Tores, evtl. kann man auch die Mesnerwohnung im Wehrgang selbst aufsuchen und den 50 m hohen Stadtturm besteigen, von wo aus man eine schöne Rundsicht genießt. Doch dies wollen wir uns auf ein andermal sparen und statten zunächst dem » Sandel'schen Ortsmuseum« einen Besuch ab. Auf dem Wege dorthin kommen wir an der alten Post vorbei. Es ist dies eines der stattlichsten und ältesten Gebäude. Hier übernachtete Kaiser Karl V. am 15. Dezember 1546, als er von Rothenburg über Kirchberg nach Hall zog.

Im Ortsmuseum macht uns der gegenüber wohnende Altmeister Friedrich Golletz den Führer. Wir sehen Porzellan, Bilder, Teppiche, Gemälde, Schränke, Wappen und sonstige Altertümer, teils Hohenloh'schen, teils andern Ursprungs. Ferner sind Raritäten zu finden, die der verstorbene Kriegsgerichtsrat Th. Sandel, der Stifter des Museums, von seinen Auslandsreisen mitbrachte. Nach Verlassen des Museums wartet schon der Mesner auf uns. Äußerlich betrachtet stellt die im Februar 1929 völlig ausgebrannte Kirche noch den gleichen Stil dar. Der Besucher von früher wird allerdings die schwereichenen, reichgeschnitzten Tore vermissen; aber auch die heutige Architektur hat es verstanden, Kirchenäußeres und Kirchentür in Einklang zu bringen. Das Innere der »Neuen Kirche« ist – modern – ganz der heutigen Zeit entsprechend ausgebaut. Suchend nach »Neuem« ist es den Architekten gelungen, den Innenausbau zur Zufriedenheit auszuführen. Sehenswert ist die Taufkapelle, die Sakristei mit dem Aquarell der »Alten Kirche« von Hermann Schäfer, der Altar mit dem überlebensgroßen in Terrakotta ausgeführten »Gekreuzigten« samt dem Orgelaufbau, sowie die bemalten Wände und Durchzüge, deren harmonische Farbenstimmung wohltuend aufs Auge wirkt.

Von der Kirche aus gehen wir dem »Langen Bau« entlang und biegen beim »Eberhardsbau«, dem Schulgebäude des Landerziehungsheims Schloß Kirchberg, nach rechts auf den Rathausplatz ab. Vor uns steht der Rathausbrunnen und das Rathaus. Nicht weit davon befinden sich die Pensionen Botsch und Gronbach. Wir gehen links weiter und kommen am Stadtpfarrhaus vorbei zum Schloßeingang. Direkt am Tor steht das umrankte Portierhaus, dessen Bewohner die Führung durch das Schloß übernehmen. Im rechten Flügel des Schlosses ist das Internat des Landerziehungsheims untergebracht, im linken Flügel befindet sich die fürstliche Revierverwaltung. Ganz reizend, und an die ehemalige fürstliche Armee erinnernd sind die beiden mit einem Phönix gekrönten Schilderhäuschen.

Angenehme Kühle erfrischt uns, wenn wir durch die geöffneten Schloßtüren eingelassen werden. Eine weiß gescheuerte Steintreppe führt uns empor zu den Fürstenräumen, zu den Staatszimmern mit ihrem früheren fürstlichen Luxus, zu Musik-, Wohn- und Schlafzimmern der verstorbenen Fürsten und Fürstinnen. Eine Fülle wundervoller Gemälde, ein Kronleuchter aus Porzellanblumen, handgemalte Möbel, von fürstlicher Frauenhand hergestellt und die wundervolle Innenarchitektur erfreuen unser Auge. Der Fremde ist hoch überrascht von dem Gesehenen und der Einheimische ist stolz darauf, daß ihm dieser Schatz im hiesigen Schloß erhalten blieb.

Im zweiten Stock befindet sich der große Festsaal, der mit seiner kasettierten Decke, den lebensgroßen Gemälden des Kirchberger Fürstengeschlechtes, den Emporen und Vorzimmern einen stattlichen Eindruck macht. Im nächsten Stock ist das Naturalienkabinett, das für Jedermann Interesse hat; befinden sich doch in demselben neben vielen Mineralien und Versteinerungen, Vögeln aller Art, vom Colibri bis zum Steinadler, auch einige Mißgeburten von Reh und Kalb und vieles andere mehr. Ganz besonders aber interessiert uns ein Mammutzahn, der vor Jahrzehnten im Sandbuck auf der Markung Lendsiedel ausgegraben wurde, sowie ein Wolf, der im Jahre 1830 bei Obersteinach erlegt wurde.

Wir verlassen nun das Schloß, um noch einen Spaziergang auf den nahen Sophienberg zu machen und schlendern, da wir genügend Zeit haben, durch das Städtchen, kommen wieder über den » Freien Platz « und gehen die » Neue Straße « entlang. Am » Rang «, wo die Straße um das frühere Stadtbad umbiegt, wollen wir uns ein wenig auf der Bank des Verschönerungsvereins niederlassen. Unterhalb des Gasthauses und der Pension zur Silberau, das ganz verführerisch am Wege liegt, zweigen wir rechts ab auf den Sophienberg. Derselbe ist fürstliches Eigentum, aber dem Fremdenverkehrs- und Verschönerungsverein in Obhut gegeben. Diesem ist es zu danken, daß der wunderschön bewaldete Bergkegel für den allgemeinen Verkehr in Stand gehalten wird und daher für Gäste ein beliebter Aufenthaltsort ist. Auf verschlungenen Pfaden oben angelangt, ruhen wir uns im

Aussichtspavillion aus und sind erstaunt über die Tausende von Namen, die sich hier verewigten und zu denen immer wieder neue kommen. Wir gehen dann am Teehaus vorbei, den »Schwarzen Weg« hinab. Beim Austritt aus dem Wald sehen wir wieder Kirchberg in breiter Front auf der Bergzunge liegen; geradeaus vor uns ist das Erholungsheim zur Rose, etwas weiter links das Kur- und Krankenhaus »Adelheidstift«, dessen Verwalter, Friedrich Häfner, unser bekannter Rutengänger, die neuerbohrte »Heilquelle« am Fuße des Sophienberges entdeckt hat. Hinter dem Kur- und Krankenhaus sieht man das neue »Heilbad«, das den Kranken Genesung bringen soll. Wir gehen am Erholungsheim zur Rose vorbei und sehen schon von weitem das unterhalb des Schlosses auf halbem Berge gelegene Conditorei-Café Weinmann, dessen Terrasse sehr einladend herabgrüßt. Überqueren wir nun die Jagstbrücke und wenden den Blick zurück, so zeigt sich uns das schönste Bild, das Kirchberg zu bieten vermag. Es ist daher nicht zu verwundern, daß große Künstler wie Professor Paul Hey dieses Bild auf ihrer Leinwand festhielten; heute sind es die Photographen, die nicht vorüber können, ohne hier eine Aufnahme zu machen. Sehr einladend wirkt eine Steinbank, die zum Verweilen und Plauschen auffordert. In früheren Zeiten waren hier die Färber und Gerber tätig, wovon heute noch einige Geschäfte zeugen. Außerdem befinden sich auf der rechten Seite der Stadt zwei Gasthäuser, vor uns der »Wilde Mann« und rechts oben am Fuße der »Alten Sulz« der »Ochsen«. Gehen wir jetzt gerade aus nach Norden, so kommen wir an der »Farb« vorbei (rechts davon liegt die Stadtmühle) und sind nach wenigen Minuten in den »Sulzwiesen«, in denen eine uralte Mineralquelle, der sogenannte »Sauerbrunnen«, ihr Wasser spendet.

Am Fuße der »Alten Sulz« liegen auch noch die Pension Kurr und Waldeck. Da der Name »Sulz« schon einigemal gefallen ist, so ist eine Erklärung über die Bedeutung angebracht. Die »Alte Sulz« ist die Bergzunge, die inmitten der Nachbarn, den Schlössern Hornberg und Kirchberg eine Ritterburg trug, welche durch die Gaggstatter Bauern unter Mithilfe der hiesigen im Bauernkrieg zerstört wurde. Nur spärliche Reste blieben von der Burg übrig. Unterirdische Gewölbe und Gänge, die Professor E. Gradmann in seinem Buche »Die Kunst- und Altertumsdenkmale Württembergs« nachweist und vom hiesigen Rutengänger, Herrn Häfner, mittels Metallrute ebenfalls festgestellt wurden, harren der Erschließung. Von dort oben hat man eine herrliche Aussicht auf das ganze Städtchen. Wer sich der kleinen Mühe der Besteigung unterzieht kann sich oben auf lauschiger Bank gemütlich niederlassen und wird reichlich belohnt durch den Blick auf das schöne Gesamtbild, das sich vor ihm ausbreitet.

Der Rundgang ist damit beendet. Auch der anspruchsvollste Besucher wird auf seine Rechnung gekommen sein und befriedigt zurückblicken. Es ist gewiß keine Überhebung wenn wir Kirchberger stolz sind auf unsere Heimat und Jedermann wird wohl gerne die Schönheiten derselben anerkennen, über die sich vor einigen Jahren ein berufener Mund äußerte:

»Die Perle des Jagsttales nennt man unser Kirchberg. Ob es die Perle ist, das will sagen, das Schönste und Beste was das Jagsttal dem Wanderer zu bieten hat, darüber wollen wir nicht streiten. Aber eine Perle ist es gewiß. Mancherlei sind seine Anziehungen und Reize: Die liebliche Landschaft, so reich an Abwechslung, malerische Gäßchen, lauschige Winkel, verträumte Parkanlagen, und über all dem der Schleier des Geheimnisvollen, die Patina einer Vergangenheit, die längst versunken, doch dem Gesamtbild ihren unvergänglichen Stempel aufgedrückt hat. Hier schaut aus Schloß und Mauer, Turm und Tor Vergangenheit mit Märchenaug hervor.«

1931

Karl Schnizer (1855-1944)

Die »Jägerschen« in Kirchberg a. J.

»Morgen kommen die Jäger'schen«, hieß es im Städtchen, und von Mund zu Mund ging die frohe Botschaft. Sie kamen von der Station Eckartshausen her mit dem Postwagen und mit den zwei Schimmeln des Postmeisters. Der Schwager blies vom Bock ein lustig Stück beim Einzug durch das Stadttor. Das Aufsehen lohnte sich. Die Eltern Jäger mit Kind und Kegel, Sack und Pack, Wolle und Weisheit, Hunden, Jagdzeug und Fahrrädern entstiegen der geräumigen Kutsche. Der alte Jäger in der hellbraunen Ritterhose, dem blauen, zweiseitig geschlossenen Jägerrock mit Schärpe und fliegendem Schlips und dem braunen Jägerhut mit aufgesetzter Feder, wie ihn eine bekannte Plastik darstellt, war es gewohnt, daß man sich nach ihm umsah. Als Erfinder des »Systems« beanspruchte er das für sich. Frau und Kinder waren selbstverständlich auch alle waschecht in der Wolle, aber für gewöhnlich in einfachem Kostüm.

In der Sandel'schen Apotheke, wo ein ganzes Stockwerk für die Familie bereitstand, wurde das gewohnte Quartier bezogen. Das Haus steht auf der Stadtmauer, und Jäger schätzte diese Lage besonders, weil sie den Blick auf Wolken, Luft und Winde freigibt, und da drunten alles zu sehen ist, was des Menschen Herz erfreut: Strom und Feld, Wald und Wiese, Berg und Tal, Burg und Brücke.

Es begann ein fröhliches Ferienleben, an welchem die verwandte Familie des ansässigen Stadtpfarrers und bald auch andere aus dem Stuttgarter Kreis Anteil nahmen. In meinem Besitz befindet sich eine Aufnahme aus dieser Zeit, auf welcher 19 direkte Glieder der Familie und 15 Mitläufer um das Ehepaar Jäger versammelt sind, das mit dem Wohlgefallen der Patriarchen den Vorsitz führt.

Der gewöhnliche Tageslauf war: Vormittags traf man sich drunten an der Jagst oberhalb des Eichenauer Mühlwehrs unter dem breitästigen Eichbaum. Ein entzückender Platz, den der Maler Kauzmann später im Bilde festgehalten hat. Jäger hat

damals den Anfang gemacht mit den heute allgemein gewordenen Luft- und Sonnenbädern. Am Abhang des »Gläserbergs«
ließ er einen näheren Zugang, einen auch später vielbenutzten
Treppenweg anlegen. Den zahlreichen Wasserpflanzen in der
Jagst schrieb er eine besonders kräftigende Wirkung zu. Seinem
Auge entging kein Lebewesen, weder die Libellen, die liebes-
trunken über das Wasser schwirren, noch die Niströhren des
Eisvogels in der Uferwand. Gegen lästige Bremsen erfand er eine eigenartige Abwehr durch Abschreckung.

Der Mittagstisch versammelte die engere Familie gegenüber
der Herberge im Gasthof zur Post. Der Zubereitung des Mahles
schenkte Jäger persönliche Aufmerksamkeit, nur ungebläuter
Zucker durfte zur Verwendung kommen, verpönt war die Ver-
packung gewisser Nahrungsmittel in Staniol. Der Nachmittag
fand die Familienmitglieder je nach Alter und Geschmack im
Hofgarten oder im Schloßpark, beim Fischen oder auf der
Schießbahn. Beliebt waren Ausflüge nach Langenburg, auf den
Burgberg, den »fränkischen Rigi« mit seiner umfassenden Rund-
schau, nach Morstein zur Reiherhalde und auf die Kegelbahn
des Freiherrn von Crailsheim unter der mächtigen Linde aus
dem Dreißigjährigen Krieg. Eine Unterhaltung besonderer Art
gewährte das Abfischen der Jagst mit dem Schleppnetz flußauf-
wärts nach Mistlau, an welchem Vergnügen sich die Kirchberger
Schuljugend mit Vorliebe beteiligte. Auf den Kegelbahnen des
Städtchens und oben bei Trowitsch auf Schöneck traf man sich
am Abend mit der Bürgerschaft und den Honoratioren der Umgegend.

Meist aber sammelte sich die Familie in der gedeckten Laube
des Terrassengartens auf der Ostseite der Apotheke. Um die
brennende Lampe taumelten die Nachtschwärmer, die Jäger alle kannte. Hier wie überall war er der Mittelpunkt der Unterhaltung und ihn zu hören Genuß und Gewinn, ob er nun seine
»Seelenlehre« entwickelte, die auf der biblischen Trichotomie
und der Auswertung der Riechstoffe beruhte, oder von fremden
Städten und Ländern erzählte, von seinen Vortragsreisen in den
deutschen Städten, von Wien, wo er den Tiergarten gegründet
hatte, von den ungarischen Pußten und Wäldern, die er als Jäger

und Fischer kannte, von den Engländern, deren Wohnweise und Sporterziehung ihm vorbildlich schienen, oder von Tübingen, wo er als Student der Medizin mit seinem Freund und Bundesbruder A. Günther, dem späteren Direktor der zoologischen Abteilung des britischen Museums, in einem Haus der Googerei an der krummen Brücke gewohnt, Tiere gehalten und beobachtet und Leichen präpariert hatte. Alles war interessant und plastisch geschaut.

Wenn ich ihn vormittags auf seinem Zimmer zum Baden abholte, konnte er etwa sagen: »Heute habe ich Gott entdeckt.« Wieso? Er öffnete das Fenster, schnupperte hinaus und wies mit der Hand über die Landschaft: »Merkst du ihn denn nicht?« Für meinen Laienverstand war das etwa gleichbedeutend mit dem Leanderschen: »Wunderbarer König, Herrscher von uns allen, laß dir unser Lob gefallen« und er hat es wohl auch so gemeint.

Die schönen Tage von Kirchberg gingen vorüber. Mit dem Wachstum der Familie stellte sich das Bedürfnis nach einer für den Stuttgarter näher gelegenen Sommerfrische heraus, die sich auch für das Wochenende verwenden ließ. So erwarb er sich das Grundstück auf dem Karnsberg bei Murrhardt und erbaute dort eine Unterkunft, die durch Anbauten und Erweiterungen sich allmählich zu einem stattlichen Haus mit Nebengebäuden auswuchs.

In Kirchberg lebte Jägers Andenken fort durch seinen Sohn Franz, der als vielbeschäftiger und hochgeschätzter Landarzt mit seiner Familie dort über ein Jahrzehnt hauste. Der Alte erlebte noch den Weltkrieg, aber überlebte ihn nicht.

19.7.1932

Gustav Jäger (1832-1917), in Württemberg bekannt als »Woll-Jäger«, war als Mediziner und Zoologe zuerst in Wien tätig. Er richtete dort ein Seewasseraquarium ein und war Mitbegründer des Wiener Tiergartens. 1866 zieht er nach Stuttgart. Dort ist er neben seiner Hochschultätigkeit als Schriftsteller und Forscher tätig. Bekannt wird er ab 1878 durch die Erfindung seines »Systems«, bei dem er auf »Normalkleidung« aus tierischer Wolle setzt. Sein Jägerhemd – produziert bei Benger in Stuttgart – wird weltweit bekannt. Zusammen mit seiner Familie geht er viele Sommer lang zur Sommerfrische nach Kirchberg, bis er dann in Murrhardt ein eigenes Feriendomizil baut. Die Beziehungen der Familie nach Kirchberg sind vielfältig.

Gustav Jägers Sohn Franz Jäger (1867-1945) war Arzt in Kirchberg, dessen in Kirchberg geborener Sohn Friedrich Jäger (1895-1944) wurde im Zusammenhang der Ereignisse des 20. Juli 1944 hingerichtet. Gustav Jägers Bruder, Otto Heinrich Jäger (1828-1912), der in Württemberg als »Turn-Jäger« bekannt war, hat seine letzten Lebensjahre in Kirchberg verbracht. Er lebte bei seiner Tochter, der Malerin Hedwig Klemm-Jäger (1862-1943), deren Mann Edmund Klemm (1878-1956) als Arzt in Kirchberg Nachfolger seines angeheirateten Vetters Franz gewesen war.

G. Harro Schaeff-Scheefen (1903-1984)

Landschaft im Schleier

Auf steilem Berge, an drei Seiten umgürtet vom lieblichen Fluß, liegt das Städtchen. An den alten Bürgerhäusern mit ihrem Fachwerk und an den breiten, vornehmen Toren, die zu den Wohnungen früherer Hofbeamter führen, sind noch jene Zugglocken mit merkwürdigen Handgriffen aus der Zeit unserer Urgroßväter. Diese Glocken sind heimtückisch geworden und wunderlich. Oder sind es unsere Hände, die sich mit ihnen nicht mehr verstehen, wie unsere Ahnen vor zweihundert Jahren? Als ich an einem solchen gewundenen, zierlichen Handgriff zog, hallte die ganze Gasse wider von dem Läuten der Glocke. Mein Schrecken und das Bewußtsein, in eine andere Welt eingebrochen zu sein, steigerte sich, als aus allen Häusern der Gasse die Köpfe von Frauen schauten, aus Neugierde, oder weil sie nicht wußten, wo es geläutet hatte. Die Glocke rief die Vergangenheit und ich versank in sie wie in einen weichen Traum.

Da geht der Herr Hofrat gerade durch die Gasse und alles neigt sich tief, wenn nur in der Ferne sein Dreispitz auftaucht und sein Knotenstock hörbar wird auf dem Pflaster.

Jener buntgekleidete Herr, der dort mit der scharmanten Dame plaudert, ist wohl der junge Prinz. Er scheint die Schönheit dieser Welt zu lieben und weiß nicht, daß er in seinem Alter noch durch die schwere Türe der Erkenntnis gehen muß, die in ein neues Jahrhundert und in eine andere Zeit führt. Er weiß es nicht, sonst würde er nicht so hell lachen, wenn er schon das Bild seines Alters kennen würde, wie ich ihn in dem großen Saale des Schlosses sah, wo sie alle hängen, die Herren und Damen, die einst in diesen Räumen waren. In diesem Bilde trägt er nicht mehr das Lachen der Jugend auf dem Gesicht. Um seinen Mund sind tiefe Falten; denn sein Gesicht ist leidvoll und vergrämt. Nur in seinen Augen ist noch Leben und ein lichter Glaube an die Ewigkeit. Aus dem Tale wächst ein Hügel mit steilen Hängen. An seinem Fuße fließt die Jagst. Ein merkwürdig runder Berg, der die Gedanken an sich zieht und sich mit Geheimnissen

umgibt, die man hinter dem Dickicht seines grünen Mantels vermutet.

Da, wo der Weg eine Straße verläßt, steht eine Bank aus Stein. So wie man sie dort findet, wo der Geist des Rokoko und Barock noch in der Landschaft spukt. Von dieser Bank schaut man hinüber zum Städtchen auf der Höhe, zu den Türmen und Mauern, zu den spitzen Giebeln der Häuser und zum Schloß.

Der Weg führt in ein grünes Dämmern aufwärts zwischen alten Bäumen. Hinter jedem Menschen, der da eintritt, fällt das Tor der Welt leise zu. Die Sonne legt einen goldenen Schein auf den Boden, leuchtet durch uralte Bäume, die seltsam im Kreise stehen. So seltsam, als hätten sie sich selbst hergestellt, um zu sehen und zu hören. Wie alte Leute stehen sie da, die eine Hand an das Ohr legen und irgendeiner Ferne lauschen, die ihnen entrückt ist, und die doch nichts mehr verstehen, weil sie wunderlich wurden in zweihundert Jahren. Ein behauener Stein liegt an einem Baum. Er sagt, was die alten Bäume klagen wollen: »Und es ward Garten – 1783«. Garten der Schönheit und Garten der Lust. Die vergrasten Wege waren damals mit hellem Sand bestreut, Gebüsch und Hecken hatten seltsame Formen. Kichern und Lachen, Singen und Musik erfüllten den Garten.

Jetzt wächst ungehindert der Wald, deckt alles mit seinem grünen Schleier. Die ganze Landschaft schläft und träumt. Die Menschen gehen langsam durch den Tag. Grillen zirpen in den Feldern, auf denen das Korn geschnitten wird. Ein Hahn ruft, Schläge klirren. Aber alles ist ferne und verzaubert. Die Welt verliert ihre Härte. Selbst das Tuten eines Kraftwagens kann nicht mehr stören. Es wird zum verhallenden Schrei eines fernen Gespenstes in dieser grünen Stille.

Das Gestein verliert den Halt und bröckelt allmählich ab, als ob es seine Wesenheit aufgebe und sich selbst vernichte, weil es zeitlos wurde unter dem Schleier. Alte Mauern fallen ein, ohne Lärm und Laut. Die Bellevue ist längst verwachsen. Niemand winkt drüben vom Schloß über das Tal zum kleinen Fest in diesem Garten.

Ein Häuschen ist noch da, es verkriecht sich hinter Bäumen in einer Mulde. Das Volk nennt es das Teehaus. Vielleicht, weil die letzten Fürsten hier nachmittags den Tee einnahmen. 1789 gebaut, hat es Spitzbogenfenster und will mehr den Stil als die Innerlichkeit der Gotik nachahmen. Die Fensterläden sind geschlossen. Es brechen Schlüssel ab, wenn ein Unberufener kommt, um das Geheimnis zu lösen. Der Wind fängt sich in einem Laden, er öffnet sich knarrend. Ein blindes, zerschlagenes Fenster gibt das Geheimnis einer grenzenlosen, dunklen Traurigkeit preis. Ein grauer Vorhang weht gespensterhaft aus dem dunklen Loch der Öffnung. Kein Laut, kein Vogel ist zu hören. Die Türe der Welt ist zugeschlagen.

Die Düsternis im Innern des Teehauses wirkt so erschreckend, daß man sich fröstelnd wendet, als streife kalter Hauch die Stirne, aus einer Zeit, da in den Alkoven weiche Betten standen und an den Wänden Polsterbänke waren. Kalter Hauch, der einmal warmes Leben war, Lust und Liebe, Frommsein und Geistigkeit. Alles verging, nur der Geist steckt noch seltsam in der Stube, hockt hinter einem grauen, zerfetzten Vorhang oder auf dem Gesims des großen Kamins. Die Erinnerung weiß noch von einem Tanzhause daneben, das nun verschwunden ist. Kein Stein zeugt mehr davon.

1940

Otto Trinkner

(1905 - 1945)

Der Schäfer von Kirchberg

Allein auf ferner Halde
Bedächtig steht der Alte
An seinen Stab gelehnt;
Bewacht die Herd' im Bunde
Mit seinem treuen Hunde,
Soweit die Trift sich dehnt.

Die Regenschauer zischen,
Es lacht die Sonn dazwischen,
Der Alte steht dieweil;
Der Tag geht seine Bahnen,
Die langen Schatten mahnen,
Ihm hat es keine Eil.

Mit Erd und Tier verwoben
Und mit dem Himmel droben
Wird ihm die Seele weit;
Das hastende Verlangen
Ist in ihm ruhen gangen,
und still und friedlich rinnt die Zeit.

vor 1945

August Lämmle (1876-1962)

Kirchberg an der Jagst
ist hohenlohisches Hausgut mit Schloß und Stadtmauer. Gegenüber liegt die gut erhaltene Burg Hornberg. Wohl selten findet
man eine solch ausgesprochen alte Muschelkalklandschaft wie
um Kirchberg und Hornberg herum. Noch häufiger als im Jura-
kalk sind hier ausgelaugte unterirdische Wasserlöcher und im
Gestein verschwindende Wasserläufe. Das enge Tal mit seinen
steilen Wänden, die darin eingenisteten Häuser des Städtchens,
darüber die mittelalterlichen Schloßburgen, sind von einzigarti-
gem romantischem Reiz, ein Lustgarten für Maler und Photographen.

1949

Kurt Elsholz (*1911)

Kirchberg und der Fremdenverkehr
Eine humorige und doch ernste Betrachtung

Es soll hier nicht die Frage ergründet werden, warum Kirchberg, die alte »Perle des Jagsttales«, sich heute nicht mehr mit progagandistischem Schwunge als Kur- und Fremdenort anpreist. Hier kann nur getreulich berichtet werden, daß sich Kirchbergs Vorfahren recht eifrig um Fremde bemühten. Wenn wir z.B. ein Werbeblatt aus den 80er Jahren des vorigen Jahrhunders ansehen, so sind wir fast ein wenig verblüfft, wie sehr sich die Stadtväter damals ins Zeug legten, um aus dem lieblichen Städtchen einen Luftkurort zu machen. Lassen wir das Blatt selbst sprechen, in dem es unter anderem heißt:

»Luftkurort Kirchberg an der Jagst, ein freundliches Landstädtchen in Württemberg, liegt 1200 Fuß über dem Meere. Von den Stationen Roth am See und Eckartshausen ist es in 3/4 Stunden zu erreichen. (Eine Omnibusverbindung gab es also damals noch nicht).

Die Markung ist von Süd-Ost nach Nord-West in bedeutenden Krümmungen von dem bis zu 200 Fuß tiefen Jagstthal durchschnitten. Eben diese Beschaffenheit, sowie der isolierte Gebirgsteil Sophienberg in der Mitte der Au, welche das Thal ostwärts von Kirchberg bildet, dann die 3 in das Jagstthal hineinragenden Gebirgszungen, auf deren einer das altertümliche Schloß mit Dorf Hornberg thront, die andere die Ruinen der Burg Sulz trägt und die dritte mit dem ansehnlichen Schloß der Fürsten Hohenlohe-Kirchberg, der Stadt selbst, schaffen ein überaus freundliches Bild, das durch die rasche Abwechslung zwischen Wald und Feld, Gärten und Wiesen belebt wird und die Kirchberger Lage zu einer der lieblichsten und freundlichsten des Landes macht.

In direkter Nähe befinden sich größere Laub- und Nadelwaldungen und dank derselben hat Kirchberg vor allem sich einer vorzüglichen Luft zu erfreuen, reich an Sauerstoff und Ozon, in den Wäldern ein würziger Geruch. Die Gesteine, welche zu Tage treten, sind der Muschelkalk und der Keuper. Sie sind so durchlässig, daß selbst nach heftigen Regengüssen niemals eine Stagnation des Wassers stattfindet, und gerade deshalb kommen in Kirchberg Epidemien so gut wie nicht vor.

Gute Straßen durchziehen nach allen Richtungen die Gegend. Gut gepflegte Spazierwege, welche mit Ruhebänken versehen sind, führen zu den schönsten Aussichtspunkten. Dabei ist die Mannigfaltigkeit der Spaziergänge keine kleine.

Das Klima ist mild und beträgt die mittlere Temperatur während des Sommers etwa +14 bis 16 Grad Reaumur. Die Krankheiten, welche hier dem Gesagten zufolge Heilung finden werden, sind: 1. Nervenleiden, Nervenschwäche, nervöses Herzklopfen, Schlaflosigkeit nach körperlichen und geistigen Ueberanstrengungen. 2. Allgemeine Ernährungsstörungen, Blutarmuth, Bleichsucht und besonders Fettsucht. 3. Krankheiten der Circulationsorgane, Herzklappenfehler, Herzschwäche, Erkrankungen des Herzmuskels.

Was die Kurmittel betrifft, so sind dieselben hauptsächlich in der Lage des Platzes selbst zu suchen: Die herrliche, erfrischende Waldluft, die erquickende Kühle in unserem tief eingeschnittenen Flußthal, bei ausgezeichneten Futterkräutern eine vortreffliche Milch, Mineralwasser in stets frischer Füllung, prächtige Flußbäder in der Jagst.

Außerdem hat Kirchberg vortreffliche Gasthöfe mit schönen luftigen Zimmern, Gärten und Kegelbahnen, sehr guter Küche und guten Weinen bei besonders billigen Preisen. Pensionspreise von 2,50 M an. An guten Privatlogis ist kein Mangel.

Der Charakter des Kurorts ist der des stillen und ländlichen; wer aber Gesellschaft sucht, dem ist sie in jeder Beziehung geboten, ebenso Gelegenheit zu Jagd und Fischerei.«

Heute, wo nun weniger die Reklametrommel für Kirchberg gerührt wird, hat man an diesem Preislied Kirchbergs aus dem vorigen Jahrhundert seine innige Freude. Man fragt sich unwillkürlich, ob man nicht doch in den Fußstapfen der Alten wandeln sollte. Denn noch immer hat Kirchberg eine stattliche Anzahl von Freunden behalten, und die begeisterte Anhänger seiner eigentümlichen Schönheit sind.

Unter diesen Gästen gibt es sogar solche, die sich durch Kirchberg musisch angesprochen fühlen und ihren sympathischen Gefühlen durch dichterische Lobeshymnen Ausdruck verleihen, wie jener Gast, der im Sommer diesen Jahres in Kirchberg weilte und dem Bürgermeister folgendes Gedicht übersandte: Du liebliches Städtlein, mein Kirchberg an der Jagst, in Deinen Mauern, da weilt ich jüngst zu Gast, von deinen Tälern, deinen Höh'n bist du gar lieblich anzusehen. Wenn ich so wanderte auf deiner Höh' so still dahin, so ganz in Gottes-näh', da war das Auge, die Seele mein von Schönheit trunken über den Anblick dein. / Soweit man schaut deiner Ernte Segen das im Winde wie ein Meer sich bewegen, wie wird einem da das Auge weit, wie klein alle Erdennot und Leid. / Und gehst du an den Ufern der Jagst entlang, hörst murmeln der Wellen lieb-lichen Klang, der Gänse und Enten fröhlich Geschnatter, welch' friedliche Ruh' gegen das Großstadtgeknatter. / Ersteigst du noch des Turmes Spitze mit seiner gar lustigen Zipfelmütze, und läßt die Blicke schweifen fern und nah, mein Kirchberg, wie liegst du so friedlich da. / Nun geht's zurück in das Hasten und Jagen mit frohem Mut nach diesen Ruhetagen, o, glaube nicht, daß ich dich vergessen werde, du schönes Stückchen Heimaterde.

Dankbar nimmt die heutige Kirchberger Generation diesen Lobgesang auf die Heimat Kirchberg zur Kenntnis. Sollte er nicht anregen, die Werbung für den Fremdenverkehr wieder aufleben zu lassen? Denn die Schönheit Kirchbergs ist geblieben und die Kurmittel des alten Flugblattes sind noch immer vorhanden: Die Kirchberger Luft nämlich!

Ueberbleibsel der »Sindfluth« in Kirchberg

Aus der Schulzeit wissen wir noch, daß die Hauptmuschelkalk-schicht unseres Bezirkes überall durch seine reichen Funde aus-gestorbener Tiere bekannt geworden ist, die nirgends in Deutschland in solcher Fülle wiederkehren. In Crailsheim war es besonders dem Hofrat R. Blezinger zu danken, daß zahlrei-che solcher Funde erhalten blieben und der Wissenschaft zu-gänglich gemacht wurden.

Besonders interessant sind zum Beispiel die Seelilien, wie sie häufig ganz erhalten gefunden wurden und zwar insbesondere bei Neidenfels, Gaismühle und Mistlau. Es handelt sich bei der Seelilie um ein einer Lilie ähnliches Tier, das auf einem bis 1 Meter langen Stiele saß, mit dem es am Boden oder wohl auch an Treibholz festgewachsen war. Daneben haben uns die Versteinerungen Kenntnis gegeben von Schlangensternen, Seesternen, Lochmuscheln, gerippten Feilenmuscheln, Pilgermuscheln, sowie von dem merkwürdigen Muscheltier Knotenhorn. Aber auch von Drachen und Dinosauriern wurde uns die Kunde, wie dem Drachen Nothosaurus, der im Wasser und auf dem Lande lebte. Eine andere Saurierart ist uns ebenfalls aus Funden unserer engsten Heimat bekannt geworden: Der 4 Meter lange Mastodonsaurus. In der Kirchberger Gegend hauste gar der Ichtyosaurus, auch schwäbischer Lindwurm genannt, ein Koloß mit 4 Füßen, der meist auf den Hinterbeinen ging und 6–10 Meter lang wurde. Von diesem Schreckenssaurier wurden versteinerte Halswirbel im Muschelkalk des Jagsttales am Steilabfall des Sophienbergs und bei der Teufelsklinge gefunden.

Alle diese Tiere, von denen einige hier nur beispielsweise aufgeführt wurden, lebten Millionen Jahre vor dem Auftreten der ersten Menschen, weit vor der Eiszeit, im Zeitpunkt des Mittelalter der Erde (Trias). Lange nach der Eiszeit, zur Zeit des Diluviums (altes Schwemmland) lebten nachweislich bei uns wieder ganz andere Tiere, deren Namen uns immerhin schon vertrauter klingen. Zunächst ist da das Mammuth zu nennen, ferner das wilde Pferd, der Höhlenbär, der Biber, der wilde Stier, der gewöhnliche Hirsch und eine andere sehr große Hirschart, die anderwärts nicht gefunden wurde. Selbst eine Art des Rhinozerus lebte zum Beispiel im Kirchberger Raum, das sich von den anderen, sonst gefundenen Arten, derartig unterscheidet, daß es den Namen Rhinozerus Kirchbergensis in der Wissenschaft bekommen hat. Knochen, Stoßzähne und andere Zähne dieser Tiere wurden um 1840 herum auf der Höhe des Sandbuks, zwischen Kirchberg und Lendsiedel, gefunden, als man dort Sand grub. Besonders hat sich hier der »königlich-fürstliche« Amtmann Fromm um die Sammlung der Funde verdient gemacht. Im sehenswerten früheren Naturalienkabinett des Kirchberger Schlosses, das vom Fürsten Georg Ludwig von Hohenlohe-Kirchberg angelegt wurde, waren manche wertvollen Stücke ausgestellt. Viele Fundstücke gingen auch an das königliche Naturalienkabinett in Stuttgart.

Die Ausgrabungen am Sandbuk waren also keineswegs unbedeutend. Man fand hier sogar Ueberreste von Menschen und alte Kunstprodukte. Im Jagsttal bei Bächlingen fanden sich gleichfalls Ueberreste des Mammuth, namentlich wurde ein schöner Mammuthzahn entdeckt.

Wie sich nun die Ausgrabungen auf dem Sandbuk damals abgespielt haben, davon erfahren wir zufällig etwas aus alten Familienchroniken. Uns wird da in einem alten Kirchberger Familienbuch über einen gewissen Heinrich Bauer berichtet, der mit den Ausgrabungen irgendwie zu tun hatte. Er hatte das Wagnerhandwerk gelernt, hatte indessen an diesem Beruf nicht die rechte Freude, sodaß er das väterliche Geschäft (Georg Heinrich Bauer), das in dem heute der Fa. Benner gehörigen Grundstück untergebracht war, der Schwester und dem Schwager überließ. Er »meldet sich«, so heißt es wörtlich in unserer Quelle, »bei der hiesigen Herrschaft als Taglöhner und wurde dann angewiesen, auf dem sogenannten Sandbuk zu arbeiten, da war über 2 Meter hochrötlicher Sand aufgehäuft und hatte daselbst tägliche Beschäftigung. In diesem Sande fand er Knochen, welche hier im Schlosse aufbewahrt wurden, die Sandanschwemmung auf dieser Höhe samt den Knochen wurden als Ueberbleibsel der Sindfluth anerkannt, gegenüber dem tiefen Jagstthal. Die Knochen sollen von riesenhaften Tieren herrühren, auch hat sich H. Bauer daselbst immer eine Nische in die Sandwand eingehauen, zum Schutz für Regen und Wind, auch eine Sitzbank zum Vespern, aber auf einmal stürzte sie ein und wurde er dabei verschüttet und erlitt einen Beinbruch. Als er aber wieder ganz gesund kuriert war, nahm er das Geschäft wieder auf und machte die Nische vorsichtiger.«

1951

Hilde Trinkner

(1909-2002)

Wiedersehen mit Kirchberg

Wie die Insel aufleuchtet und steigt
Daß wir vergessen des Grauen Meeres,
Heiter sich spiegelnd im Strom der Erinnerung,
Im Nachglanz der Sonne, die nicht verbrennt,
Fand ich dich wieder, mein Kirchberg!

Die Feuer des Herbstes umlohten dein Bild,
Daß dein Antlitz erglühte
Und in mir unwandelbar glühet,
So lange ich lebe, mein Kirchberg!

Wie im Traume durchstreifte ich
alle Wege und Gassen,
Die Schneisen der Wälder, die Lauben
und Winkel der Jagst;
Dir nachzuspüren, mein Kirchberg!

Wenn auf Erinnerungspfaden ich einsam
nun wandle,
Wo du gewohnt warst, uns zweisam
immer zu sehn,
Erkenne mich wieder, mein Kirchberg!

Klang nicht der Ton einer Flöte,
vom Abendwind sanft getragen
Dort, wo verlassen die altehrwürdige Ulme ragt?
Als Gruß für uns, mein Kirchberg!

Schmerzte nicht tiefer, ach, das Fehlen
des liebsten Menschen
Hier im Vertrauten mich; wie ruhte ich selig
in deinem Frieden, Kirchberg!

Im Schloßpark zu Kirchberg/Jagst

Goldne Blätter fallen
Lautlos auf den Grund.
Wie in Domes Hallen
Schweigen rings im Rund.

Nur vom Kirchlein klinget
Leises Orgelspiel.
Meine Seele schwinget
Sich zu fernem Ziel.

Im Vergangnen liegt es,
In versunkner Zeit.
Hundert Jahre wiegt es –
Hundert Jahr sind weit!

Die einst froh im Leben
Sind nun lange tot. –
Glühn die wilden Reben
Nicht wie Blut so rot? –

Nur ich wandle immer
Noch auf mich gestellt
Unterm Sternenschimmer
Durch die alte Welt.

Herbst 1955

Rudolf Schlauch (1909-1971)

Augenweide Kirchberg

Burgen wie Burleswagen auf trotzigem Waldbuck über den Windungen der Jagst, Ruinen wie Neidenfels, versunkene Wiegen uralter staufengleicher Edelgeschlechter wie Lobenhausen machen den Wanderweg, der den vielen launischen Windungen der Dame Jagst folgt, zu einem Geschichtskolleg über die sehr komplizierten Lebensverhältnisse des Mittelalters. Wen das nicht interessiert, der freut sich der einsam-anziehend wechselnden Talszenerien, er kann auch einen großen Strauß Margeriten auf den duftenden Wiesen pflücken oder sich am Jagstufer ins Gras legen, um dem Honigchor der Bienen rings in den Wiesen zu lauschen. Von Mistlau der Talaue entlang – es sind keine Wege, nur Pfade – strebt der Wanderer der Residenzstadt Kirchberg entgegen. Im nachgedunkelten Renaissancegelb italienischer Städtchen liegt es als hohenlohisches Tivoli oder Frascati über dem durch ein breites Wehr stattlich gewordenen Fluß. Durch eine Jagstschleife von Kirchberg getrennt liegt auf waldigem Horn (Horn im Mittelalter soviel wie Bergvorsprung) die graue Burg Hornberg, wie all diese Burgen im Jagsttal aus der Zeit stammend, da der Goldbart Barbarossa und sein Geschlecht Stolz der Deutschen war, wie all diese Burgen gequadert, einen mächtigen Bergfried und eine gewaltige Schildmauer zeigend. Ein Zweig der Freiherrn Crailsheim-Rügland hat seinen Sitz auf dem Felsennest. Ob man vom Hornberger Bergfried oder vom äußersten Eckturm des Kirchberger Schlosses über dies herrliche Jagsttalfleckchen schaut, man kann stundenlang an den Zinnen stehen und die Wälder, den Fluß, die Berge und Burgen rings um Kirchberg betrachten. Es ist eine Landschaft der Farbigkeit und Schönheit, wie sie die mittelalterlichen Meister als Hintergrund für ihre frommen Bilder gemalt haben.

Freilich, die Zweiglinie der Hohenlohe-Kirchberg ist bald ein Jahrhundert ausgestorben, tüchtige Herren waren sie, diese Hohenloher. Einer sogar Generalfeldzeugmeister der Maria Theresia und einer, ganz anders, Dichter frommer und inniger

Gesangbuchlieder. Wie die meisten der Burgresidenzen im Land liegt Kirchberg auf einem gegen die Jagst zudrängenden Bergsporn. Und an der äußersten Spitze liegt das Schloß. Mit drei Höfen, mit prachtstuckgezierten Sälen und Staatsräumen, mit hochaufstrebendem Pallas und Eckturm gegen das Jagsttal, mit soviel Räumen und Gängen, Fluren und Treppen, daß man sich drin verirren kann. Anschließend an das Schloß liegt auf einem Bergsporn das obere Städtchen, mit residenzlichen Beamtenwohnhäusern, stimmungsvoll und verwunschen, mit mächtigen Fachwerkgiebeln und absolut autofeindlichem Pflaster. Wir könnten uns an eines der Fenster dieser Häuser denken in irgendeine Hofratscharge hinein, wir könnten hinter dem Vorhang dabei durchschauen, ob Serenissimus nicht eben geruhen, mit goldnem Stöckchen und ihn umbellenden Hunden das Sträßchen hinabzugehen, um bei dero Hofspecereihandlung nachzufragen, ob der gute italienische Schnupftabak wohl schon wieder eingetroffen sei. Ja, in diesem oberen Kirchberg liegt noch die Luft und der Duft der höfischen Zeit, sogar ein entzückend gelegener Hofgarten existiert noch, in der zweiten, mittleren Etage des dreistufigen Kirchbergs, also am halben Hang gelegen, während unten im Weiler Sulz, dem jetzigen Kirchberg im Tal, das Erdgeschoß des Städtleins sich an die Jagst schmiegt.

Kirchberg ist zweifellos der ideale Mittelpunkt und Ausgangspunkt für Wanderungen an der unberührten Jagst, in dem Tal mit seinen Burgen und Wäldern. Viele Möglichkeiten bietet dies Städtchen, seine gastlichen Häuser, seine prächtige landschaftliche Lage, seine Atmosphäre nimmt uns stets gefangen. Außer einem Schloß hatte Kirchberg eine sehr schöne Kirche, protestantischer Barock bester Prägung. Besonders charakteristisch war dabei die den Chor ersetzende sog. »Markgräfler Wand«, eine für den Hohenloher Raum durch die Reformation gegebene Anordnung von Altar, Kanzel und Orgel an einer Schmalseite der Kirche übereinander. Leider fiel diese Kirche im Jahre 1929 einem Brand zum Opfer. Ihre neuerbaute Nachfolgerin hat wohl das Bauprinzip der geschlossenen Chorwand beibehalten, ohne jedoch die künstlerische Bedeutung der alten Barockkirche wieder zu erlangen.

Wir müssen natürlich eines tun: Nicht durchbrausen mit 70-km-Geschwindigkeit, auch nicht bloß den Blick beim Vorbeifahren in uns aufzunehmen und sagen: »Recht nett« – sondern wir müssen schon ein wenig Entdecker spielen wollen und die spätbarocke Ruhe dieser vergessenen Residenz in uns aufnehmen, um zu empfinden, daß die Kirchberger Recht haben, wenn sie ihr Städtchen die »Perle des Jagsttals« nennen.

Was dem erholungssuchenden Wanderer ein Vorteil zu schein scheint, ist für Kirchberg wirtschaftlich gesehen ein Nachteil. Es ist völlig verkehrsabgelegen. Die Bahn Mergentheim-Crailsheim wurde damals fast zwei Wegstunden von Kirchberg wegverlegt, die wichtige Ost-Westdurchgangsstraße ebenso und deshalb ist diese »Perle« eben in einer wunderbar antiken Fassung geblieben, kein modernes Doublé oder Talmi. Aber eben weil es hinter den »sieben Bergen« liegt, deshalb ist es eben auch tausendmal schöner als alle geschminkte Oberflächlichkeit repräsentativer Fremdenorte und eben deshalb muß es entdeckt, erwandert und geliebt werden.

1956

Richard Henk

Die Jagst dreht sich vor Kirchberg in übermütigen Spiralen und Kehren, die nur noch von den Haarnadelschleifen nahe Crailsheim übertroffen werden. An vielen, teilweise recht dunklen Talabschnitten sind sich die Berghänge zu beiden Seiten bis auf Steinwurfnähe entgegengerückt. Erst vor der schönen Brücke vor Kirchberg zwingt ein alter Staudamm den Fluß zur vorübergehenden Mäßigung. An dem einfach gehaltenen Brückengeländer erwartet den Reisenden ein einzigartiger Ausblick. Vor ihm liegt eine der malerischsten und geschlossensten Kleinstädte längs der Jagst. Der alte Ort zieht sich von dem spitzen, rotbehelmten Stadtturm über hohe gelbe Mauern nach dem Schloß der Linie Hohenlohe-Kirchberg, das wie in Langenburg auf dem günstigsten Scheitel des Bergsporns gelegen ist. Der Uhrzeiger der Zeit scheint beim Gang durch die Stadt seit einer geraumen Weile stehen geblieben zu sein. Gleich am Stadttor schiebt sich ein barocker Giebel und ein altes Fachwerk in den Bogen der Einfahrt. Die Durchlässe des Schlosses gewähren schöne Ausblicke, am reizvollsten wohl an der großzügig angelegten Ausfahrt zum Park. In dem einfacher gehaltenen Fachwerk der Stadt sitzen noch die alten Geschlechter, wie die Familie Krauss in dem großen, den Marktplatz beherrschenden »Brauhaus zum Adler«. Der Abschied von dem nunmehr vertrauten und liebgewordenen Jagsttal fällt angesichts des alten Städtchens recht schwer.

Georg Schwarz (1902-1991)

Schloß Kirchberg an der Jagst

In der Orangerie verdorrt
Ein Feigenbäumchen. Blinde Fenster.
Und Grazien irren, jetzt Gespenster,
Durch ganz verfallne Lauben fort.

Vom Feuerwurm der Nacht geholt,
Aufschrei von himmlischen Registern,
Mit Amoretten und Geschwistern
Die Engelsorgel ist verkohlt.

Steinlöwen schlummern hinterm Schloß,
Terrassen bröckeln und Emporen,
Wo Diener fächerten und Mohren,
Moosüberschwemmt ein Flügelroß.

1962

Manfred Wankmüller   (1924-1988)

Hau Ruck

Die schöne Stadt Kirchberg darf sich künftig stolz die Stadt der starken Männer nennen. Dort gibt es Bizepse von einem Umfang, daß bei ihrem Anblick selbst einem Cassius Clay das Großmaulieren verginge. In einer bekannten Kirchberger Gastronomie hockten neulich zehn frohsinnige Jungmannen und genossen ein Metzelsüpplein. Rosig wie die Wänglein einer lenzlichen Maid lag das Kesselfleisch zwischen dem Sauerkraut, umkränzt von einer Girlande prallfülliger Würste.

Hei, da hieben sie ein, die hungrigen Helden, und dazu tranken sie lustvoll das heimische Bier.

Das gab Superkräfte, und nebenan am Tisch saß gerade ein Mann, der in Kirchberg eine wichtige Aufgabe vollzieht: der monopolisierte Müllabfuhrexperte des Gemeinwesens.

»Ha«, sprach einer der Frohgemuten, »du haschd's gued. Mid demm, wass anderi Leit wechschmeisse, a Haufe Geeld verdääne, dess iss scho a schlau's Gschäfft!«

Der Kommunalmonopolisierte wehrte sich heftig. »Ihr hebbd jo ka Ahnung, wi schwär sou a Wooche voll Mill iss«, sprach er, »zäh Kischde Bier zoohl i eich, wenn ihr mein Wooche vum Schdädtle bis nuff zum Müllabloodeblatz ziechd!«

Die Wette kam zustande, denn die zehn Metzelsuppenstarken boten 100 Mark dagegen. Drei Tage weiter wurde sie ausgetragen. In der Nähe des Torturms stand der hochbeladene Karren.

Dann rückten die Mannen an, acht nur an der Zahl. Sie hatten sich jedoch zuvor noch im Gasthaus gestärkt. Die Pferde wurden ausgeschirrt und die frohen Gestalten spannten sich stattdessen vor das Fahrzeug.

»Hau ruck!« schrie einer, und los ging die Fahrt. Hintennach kamen die Pferde, der Müllmann, sein Eheweib (das ein Gesicht machte wie eine frühreife Pampelmuse, denn sie hatte erst kurz zuvor von der leichtfertigen Wette ihres Herzallerliebsten erfahren), und eine Menge heiteren Volks.

Bis zum Beginn der steilansteigenden Allee kamen die Mannen wacker, wenn auch leicht schnaufend, voran, dann gab es den ersten Halt. Einem der Mitschieber, einem Italiano, wurde es schlecht. Vielleicht, weil er beim Einleitungsvesper zuviel Kraftstoff getankt, vielleicht, weil er mit solcher teutonisch-uriger hohenlohescher Schubkraft nicht mithalten konnte. »Mamma mia, maledetto, baucho mio totale kaputto«, stöhnte er, oder wie man halt auf Italienisch sagt, wenn das Inwendige nach außen drängt. Die anderen ließen sich nicht aufhalten. »Auf gähd's, deitsche Brieder«, sprach einer, »in die Hende geschbuggd, un kiehn einer feichtfrehlichen Zukunffd entgechen!«

Da zogen sie an, die sieben Franken, sie stemmten sich mit Manneskraft in die Speichen, drückten Zentimeter um Zentimeter den Wagen vorwärts. Der Müllabfuhrbesitzer und seine Frau machten immer längere Gesichter und die zwei Gäule ließen verbittert die Ohren hängen.

Und sie kamen nach oben! Männer, wie es sie eben nur im Hoheloheschen und sonst nirgendwo gibt! Der arme Müllabfuhrmann mußte blechen, aber er tat es, daß muß zu seiner Ehre gesagt werden, ohne Zaudern und Zagen.

Es gab ein Besäufnis, von dessen Urgewalt noch Enkel und Urenkel in Kirchberg sprechen werden, und wer am nächsten Morgen am Gasthaus vorbeikam, sah dort etliche hinterlassene Autos stehen, indessen die fußgängig heimgekehrten Helden in ihren Betten ausnüchterten. Denn der liebe Vater Staat mag nun einmal das Saufen nicht.

1966

Manfred Wankmüller   (1924-1988)

Innere Mission!

Wenn der allmontägliche Kirchberger Säumarkt – eine der bedeutendsten Grunz- und Quiekveranstaltungen des Hohenloher Raumes – beendet ist, dann gähnt die Stätte wüst und leer. Kein lautes Handeln mehr, nur noch vom Winde verwehtes Stroh und leere Säukörbe auf den Anhängern der parkenden Schlepper. Die Händler sind abgezogen, und die Bauern hocken in den Kirchberger Gastronomien, um dort ihr Viertele zu trinken und schlitzöhrige Gespräche zu führen. Draußen indessen kehrt der Gemeindearbeiter den Unrat zusammen und sorgt dafür, daß Kirchberg wieder zur strahlenden Perle des Jagsttals wird.

So tat er es auch vorgestern. Gerade wandte er sich einem großen Strohbüschel zu, da wurde dieses unversehens lebendig und heraus sprang ein Säulein, so rosig wie eine jener hübschen Maiden, die für die hautpflegende Wirkung teurer Filmstarseifen werben (indessen ein Säulein das alles gar nicht braucht, um zart und appetitlich zu sein!). Es schnüffelte freundlich da und dorthin und wollte schon abgehen, da packte es der Kommunalbedienstete an Schlappohren und Schwanz und steckte es kurzerhand in einen nahbeistehenden Säukorb.

Dessen Besitzer kehrte nach einer halben Stunde wieder, lud sein vermeintlich leeres Säubehältnis auf und vernahm plötzlich daraus ein lautes Grunzen. »Heilichsblechle«, meinte der erschreckte Mann, »i hobb doch mei Seilich alli verkaafd!« Doch als er nachsah, fiel ihm vor Verwunderung sein Villiger Stumpen aus dem Mund, denn ein frohes Jungschweinantlitz schaute ihm entgegen. »Dess iss kaan's vun meine«, schrie er, »dess iss a Baschdard, där wue si ei'gschliche hadd! Mr sichd's scho an demm Hengeschwounds, dass dess nedd von anere von meine Hoachzuchddausche sei kou!«

Schon wollte er sich des Eindringlings entledigen, da meinte ein anderer hohenlohescher Agronom: »Dess kousch fei nedd aafach laafelasse. Dess iss a Fundsach un muess uffs Roadhaus!«

So marschierten denn fünf Minuten später einige Bauern im Kirchberger Rathaus auf, wo sie die dortigen Damen (der Schulz war eben rathausabwesend) fragten: »Mir hewwe uff'm Seimargt a Fundschdigg g'funde, des iss mindeschdens sibbzich Marg wäerd. Misse mr des jetzt abliefere oder derfe mr des b'halde?«

Die Rathausdamen erklärten auf dies hin sofort und pflichtschuldig, daß die Herren Bauern eine Fundsache in solchem Wert natürlich abzuliefern hätten.

Darauf hatten die Hohenloher Schlitzohren nur gewartet, die holten einen vorsorglich im Gang zurückgelassenen Sack herbei, griffen in dessen Inneres und offerierten den überraschten Rathausdamen ein heftig quiekendes Säulein.

»Naus mid eich Schbidsbuewe«, schrien, nachdem sie ihre Fassung wiedergewonnen hatten, die Kirchberger Rathausfräulein, doch die Bauern blieben hart: »Gfunde is gfunde«, meinten sie, »un ooglifferd is ooglifferd! Die Verandwordung hadd jetzt di Schdadtverwalldung!« Da man jedoch auf dem Kirchberger Rathaus auch Humor hat, machten die Damen gute Mienen zum schlitzöhrigen Spiel und nahmen das Fundstück an sich. Sie überlegten, wo sie es deponieren könnten, und zum Glück fand sich im Gang ein ausgedienter Amtsschreibtisch, dessen Fächer groß genug waren, um als kommunales Schweinestallprovisorium dienen zu können.

Hinein kam das Säulein und schaute höchst verwundert aus einem Schlitz, kommt es doch bei solchen Tieren nicht alle Tage vor, daß sie in einem Schulzenschreibtisch hocken.

Es wurde indessen gefüttert, stank auch stark vor sich hin (was unkundige Rathausbesucher zu seltsamen Überlegungen veranlaßte!) und wurde schließlich nach Rückkehr des Bürgermeisters zum Gegenstand einer Beratung zwischen Schulz und einigen Gemeinderäten, hat doch eine Gemeinde zwar einen Haushalt, aber keinen, in dem ein Säulein unterzubringen ist.

Schließlich, als sich kein Besitzer des Fundstücks meldete, meinte einer der Gemeindeväter, ein caritativ gutgesonnener Mann: »Des Seile schbendiere mr am Kärchberger Aldersheim fär Zwegge dr Inneren Missiohn!«

Dem wollten die anderen Gemeinderäte zuerst zustimmen, wäre man damit das Säulein doch auf schickliche Weise losgeworden. Doch da kam einem der Mannen eine andere und weit bessere Idee: »Scho reechd, mid demm Aldersheim«, sagte er, »awwer wenn i des Seile noch a weng fieder un mir doa noa fär de Gemeinderood a Schbanfärgelesse drvou mache, noa hadd's eichendli aa a Inneri Missiohn erfilld! Maand'r need?«

Sie meinten es, die braven Stadtväter, und inzwischen ist das Säulein auch den Weg alles Fleisches gegangen.

1970

Anonym

Kärchberch, mei Haamet

Si is im Hoheloher Land
grod in d'r Mitte drin
Graoß is se net, liecht ganz versteckt,
hasch Glück, wenn du se findscht.

Es hat dort Wiese, Feeld und Wald
wo's Blueme geiit und Klä,
Un Berch un Deeler hat se au
drum is se au sou schää.

Drowe am Berch, doa stäht e Schloß
un dund im Dool fliiest d'Joogscht,
si is net tiief un a net braat
kousch boode drin, wann'd moogscht.

Un s'Schdädtle liiecht sou schä un nett
im Dool un uff'm Berch,
ii hob oft Haamwäh nach'm g'het
doch des hat kaaner g'merkt.

S'wär halt dehaam, in derre Luft
do atmet sich sou leicht,
un ii bin doch sou arch weit weg
oft wer'n mer d'Auge feucht.

Am Weech zum Toar, glei nach d'r Brigg
stäht heit noch s'Elternhaus,
bloaß d'Leit, wu frieher dinne g'wouhnt,
sin längscht im Friedhouf daus.

Kumm i emol haam und guck mi um
bin i sou ganz alloa
es sin die alte Straoße noch,
i kenn noch jeden Stoa.

D'r Stadtturm grüeßt nao zu mir roo
»bisch a emol widder doa«;
un wenn i Zwiespraoch mit'm halt,
erinnert er mi drao –

»waascht noch, wie du als junger Bue
zu mir ruff g'stiege bisch?
un hasch nach dene Douhle guckt,
doch kaane hasch verwischt.«

Un Sunndichs morched's, voar d'r Kärch,
doa woarscht du a derbei,
wenn'd Buuwe zammegliite hent,
doch des isch längscht vorbei.

Heut z'tooch geit's doa derfür en Knoupf
un scho fängt's z'läute ao,
Zum zammeläute mit'm Saal
wär heit ka Mensch mäh doa.

Zwaa Löwe halde heit noch d'Wacht
bam Schloß, im »Neue Weech«
Als klaaner Bue, how i mi g'färcht,
un bin ne aus'm Weech.

Die »Alte Sulz«, d'Charlottehäh,
Sophieberch un a d'Au
un's Krabbehäusle owwe druff
Erinnerung schmerzt oft au.

Sou wander i die alte Weech
im Gaascht oft vor mi nou,
bin ganz alloa, vun alte Freind
is kaaner mäh derbei.

Doch i waas g'wiß, soulang i leb
bin i noch öfters dort,
un merkt's euch Leit, waas i jetzt sooch
»s'gibt bloaß oan Haametort«.

Karl Keller

Kleine Stadt

Mit vielen Augen
fließt die Zeit
aus Deinen
offnen Fenstern
herab
durch die
verzierten Gitter
auf das Heute.
Durch dieses Tor
klang Hufschlag
Fron und Liebe –
Die alte Sonnenuhr
(Kalenders Seitenblick)
wird Atemzug
vom Tal zum Schloß
und hoch zum Turm
wo sich die Wetterfahne
dreht. –
Heut steht sie still.
Die Sonne scheint.

Das Regenbogenspektrum
tanzt im Brunnen
und niemand hält
die alte Zeit
die stirbt –
Doch geht ihr Atemzug
vom Fluß
zum Schloß
durch Park
und Bögen
geheimnisvoll
in die Antenne
unsrer Zukunft ein.
Und Du
und ich
und alle sind
dem Zauber
hilflos stumm
ergeben.

1973

Hans Dieter Haller/Erika Liehr (*1937/*1937)

Der Hornberger Baukasten
Ende 1978 haben Mitarbeiter der Evangelischen Akademie in Kirchberg/Jagst das alte Rat- und Schulhaus des Ortsteils Hornberg gekauft und den Verein »Hornberger Baukasten Bad Boll e.V.« gegründet. Ziel dieser Initiative ist es, Tagungen und Kurse so durchzuführen, daß Leitung und Teilnehmer in gemeinsamer Verantwortung den Ablauf eines Kurses planen und auch die zum Leben notwendigen Dinge selbst tun. Dadurch soll auf den sonst bei Tagungen üblichen »Hotelstil« verzichtet werden.

Die Unterbringung erfolgt in Mehrbettzimmern (Stockbetten), 18 bis 20 Personen können untergebracht werden. Bettwäsche und Bettzeug sind nicht vorhanden, sondern müssen mitgebracht werden. Eine vollständig eingerichtete Küche mit Kühlschrank, Elektroherd und Wasserboiler sowie zwei Duschkabinen sind vorhanden.

Ziele und Möglichkeiten
Der § 4 der Vereinssatzung heißt: Zweck des Vereins ist die Entwicklung von neuen Arbeitsformen evangelischer Jugend- und Erwachsenenbildung. Die Probleme unserer Zukunft und die notwendigen alternativen Verhaltensweisen sollen unter dem Grundsatz von Leben und Lernen in Freiheit behandelt und erprobt werden. Darunter stellen wir uns im einzelnen vor, daß die beim Lernen sonst übliche Trennung von Freizeit und Arbeitszeit sowie die Aufteilung von Kopf- und Handarbeit (Dienstleistungen) auf verschiedene Personen aufgehoben werden. Leben und Arbeiten im Hornberger Baukasten soll so geschehen, daß die Teilnehmer von Kursen die Elemente ihres Zusammenlebens und Arbeitens selbst mitbringen, zusammenstellen, gestalten. Weitere Elemente sind durch den Hornberger Baukasten selbst bestimmt: Neben den zum Leben notwendigen Arbeiten sollen die Teilnehmer auch für Instandhaltung und Ausbau des Hauses und Gartens verantwortlich sein.

Von diesen Zielen her sind auch Themen, an denen wir arbeiten wollen, bestimmt:
- neuer Umgang mit der Natur: Energie, Umwelt...
- neuer Umgang mit der Politik: Aufgreifen verdrängter Themen, Bürgerbeteiligungen, Bürgerinitiativen, Bürgerhilfen...
- neuer Umgang mit sich selbst: Rückbesinnung auf die eigene Geschichte, auf eigene Geschichten
- neuer Umgang mit anderen: Leute zusammenbringen, die sich sonst nicht treffen.

Leben und Lernen
Füreinander gemeinsam verantwortlich leben kann im Hornberger Baukasten an verschiedenen Stellen konkret werden. Beim Einkaufen, Kochen und Essen kann alles verbraucht werden, was da ist; bevor mitgebrachte und eingekaufte Lebensmittel verwendet werden, sollten die angebrochenen zuerst verwendet werden. Wer Wert auf gesunde Ernährung legt, findet in Kirchberg und Umgebung reichlich Gelegenheit, natürlich angebaute Erzeugnisse zu kaufen. Abfälle können nach Kompost, Mülleimer und Glascontainer getrennt werden. Ein Glascontainer steht in Kirchberg bei der Turnhalle. Was den einen stört, stört den andern noch lange nicht und umgekehrt. Da sehr viele verschiedenartige Gruppen im Haus sind und wir bewußt auf einen Hausmeister verzichtet haben, bedeutet dies, daß vor dem Verlassen des Hauses so geputzt werden soll, daß die nächste Gruppe damit nicht erst beginnen muß. Wir haben von Ölöfen auf Holz- und Kohleheizung umgestellt. Holz und Kohle sind im Regelfall vorhanden, für Nachschub muß aber gesorgt werden. Eine Gelegenheit dazu bietet der Hang hinter dem Haus. Kartons und Abfallpapier dürfen verbrannt werden. Warmwasser soll erst vom Herd und dann erst vom Boiler genommen werden. Sachthemen sind wichtig, Kommunikation auch, aber Arbeit an Haus und Garten gehören in Hornberg mit zu den Inhalten eines Kurses. Wir wollen dabei lernen auszuhalten, daß vorausgedachte Programme und Tagungsstrukturen von solchen Notwendigkeiten her durcheinandergebracht und

umgeworfen werden können. Für den weiteren Ausbau des Hauses bekommt jede Gruppe einen Plan oder Hinweise, welche Schritte als nächste zu tun sind. Werkzeug und Material befinden sich im Regelfall im Haus. Notwendige Reparaturen sollen von den Gruppen selbst vorgenommen werden. Ist dies nicht möglich, bitten wir um Benachrichtigung, was defekt ist. Durch die unregelmäßige Anwesenheit von Gruppen im Haus besteht die Gefahr, daß Garten und Umgebung verwildern. Deshalb verrichtet jede Gruppe auch hier je nach Jahreszeit notwendige Arbeiten. Auch dafür gibt es einen Plan.

Die Hornberger Nachbarn

Lernen in Hornberg geschieht nicht nur in Haus und Garten, sondern auch durch die Einbeziehung der näheren und weiteren Umgebung. Voraussetzung dazu sind gute nachbarschaftliche Beziehungen zu den Bewohnern von Hornberg und Kirchberg. Darauf legen wir als Verein großen Wert. Die Hornberger finden es interessant, mit verschiedenen Gruppen in Kontakt zu kommen. Besonders die Kinder sind neugierig und kommen gerne ins Haus. An einigen Stellen fühlen sich die Hornberger aber auch gestört. Hier gilt es Rücksicht zu nehmen. Der Ort ist vor allem nachts sehr ruhig. Musik und lautes Feiern, auch bei geschlossenen Fenstern, hört man draußen mehr als man im Baukasten meint. Wenn jeder mit einem eigenen PKW anreist, gibt es Parkprobleme. Geparkt werden kann im Hof des Baukastens und auf einem Parkstreifen vor der Kirche. Kinderspielplätze sind auch für Erwachsene anziehend, die Geräte aber nicht für sie berechnet. Deshalb bitten wir, die für Kinder bestimmten Geräte auf dem neben dem Haus liegenden Spielplatz nicht zu benutzen.

Kirchberg ist ein staatlich anerkannter Fremdenverkehrsort. Um diesen Status halten zu können, muß jährlich eine Mindestübernachtungszahl nachgewiesen werden. Wir können dazu beitragen. Deshalb bitten wir die Gruppen, uns nach ihrem Aufenthalt in Hornberg eine Teilnehmerliste zuzuschicken. Hohenlohe gehört zu den strukturschwachen Gebieten unseres Landes. Deshalb sollen beim Einkauf die örtlichen Möglichkeiten genutzt werden. Dies kann auch Gelegenheit zu Gesprächen über die Arbeit der einzelnen Gruppen geben. Neben nicht geplanten Gesprächen mit den Bewohnern von Hornberg und Geschäftsleuten von Kirchberg wollen wir Möglichkeiten ausfindig machen und anbieten, verschiedene Leute und Institutionen der Umgebung kennenzulernen, z.B. Handwerker, Bauern, das Altenheim, die Bauernschule in Weckelweiler, das Heilpädagogische Heim in Weckelweiler, das Rehabilitationszentrum des DRK in Kirchberg, Industriebetriebe, Leute, die besondere Kenntnisse über die Geschichte der Umgebung haben (Geologie, Infrastruktur, Probleme des ländlichen Raums usw.). Bei länger dauernden Kursen kann u.U. sogar eine Mitarbeit in solchen Betrieben und Institutionen möglich werden.

Wie kommt man in den Hornberger Baukasten?
Die Nachfrage nach einer Belegung an den Wochenenden ist sehr groß. Wir wollen uns aber nicht die langen Vorausbelegungsfristen anderer Tagungshäuser zu eigen machen, sondern möglichst kurzfristig belegbar bleiben. Aus diesem Grund haben wir folgendes Verfahren vorläufig festgelegt: Zusagen werden nur noch jeweils für ein Vierteljahr im voraus gemacht. Die eingegangenen Anfragen werden jeweils zu Beginn eines Quartals entschieden. Bei Terminüberschneidungen soll in folgender Reihenfolge entschieden werden: 1. Mitglieder, 2. Akademiemitarbeiter, 3. Gastgruppen. Kriterien für die Aufnahme von Gastgruppen können schwer verbindlich aufgestellt werden. Wünschenswert ist eine inhaltliche Nähe ihrer Arbeit zu den oben genannten Zielen des Vereins. Dies bedeutet auch, daß die Gruppen die beschriebenen Formen gemeinsamer Verantwortung zu übernehmen bereit sind. Wir möchten erfahren und diskutieren, was die Gruppen in Hornberg tun. Deshalb bitten wir über den Eintrag ins »Baukastenbuch« hinaus um einen solchen Austausch. Er kann durch einen Brief geschehen. Von uns aus wollen wir zum Austausch so beitragen, daß wir zu den Mitgliedervollversammlungen Teilnehmer oder Vertreter der Gruppen einladen, die in der Zwischenzeit in Hornberg gelebt oder gearbeitet haben.

1982

Hans Dieter Haller (*1937)

Der andere Rückzug in die pädagogische Provinz

Der Anstoß – Träume 1

Eigentlich fing das Ganze mit einer Studienfahrt nach Tvind an. Lehrer aller Schularten und drei Tagungsleiter der Evangelischen Akademie Bad Boll waren in den Herbstferien 1978 für eine Woche zu den Tvindschulen gefahren in der Hoffnung, für die eigene Schulpraxis Anregungen zu bekommen – neugierig, die aus zahlreichen Veröffentlichungen bekannten Exoten aus der Nähe zu sehen, skeptisch im Blick auf die Übertragbarkeit, insgesamt aber ausgerüstet wie Schmetterlingssammler auf Südamerikaexpedition.

Als wichtigste Erkenntnis haben wir zurückgebracht, was einige schon vermutet haben: Tvind ist anders – Tvind bei uns geht so nicht, muß anders sein. Dies hat uns aber nicht entmutigt, wir haben trotzdem etwas gelernt: die eigenen Träume ernst zu nehmen, die großen und die kleinen. Tvind in uns war der Impuls, das Spiel »Man müßte eigentlich einmal… Aber!« an einer Stelle zu durchbrechen, jeder an seiner Stelle. Tvind konnte heißen, einen der Träume anzugehen, die wir immer vor uns herschieben, weil die Verhältnisse, die Kollegen, die Schüler, die Schulverwaltung und überhaupt die gesellschaftlichen Bedingungen dies doch nicht zulassen. Tvind für uns war der Ruf: wir bringens in Gang. Symbol dafür war die Windmühle.

Auf der Heimfahrt im Zug haben wir darüber geredet. Wir haben unsere Erfahrungen mit der Art verglichen, in der Lehrer sonst lernen, wie Lehrerfortbildung geschieht, wie auch wir in der Akademie im Bereich der Lehrerfortbildung oft arbeiten: in Tagungsstätten im Hotelstil mit bester Betreuung, bei klarer Trennung zwischen im Programm ausgewiesenen Arbeitsschritten und Freizeit, ganz Kopf, viel Sitzfleisch. Die Probleme des Schulalltags sind – falls kein Referent über sie redet – mitgebracht, ausgebreitet, werden bearbeitet und diskutiert. Dies sicher auch so, daß die kleinen Brötchen oder Schritte am Ende einer Tagung für einige Zeit Mut machen, für und mit Schülern Schule zu überleben.

Die Pausen werden wichtig genommen. Hier kommen sich Lehrer über die gemeinsamen Probleme hinaus näher, reden auch einmal von sich, von ihren Ängsten und der Anfechtung, der Lust, der Schule den Rücken zu kehren. – Der nächste Programmschritt unterbricht. Schon besser ist es, wenn diese Ängste und persönlichen Erfahrungen in die Tagung einbezogen sind: Gefühle sind erwünscht, werden in sinnvollen Arrangements bei Verhaltenstraining und Kooperationsübungen angesprochen, freigesetzt und ausgewertet. Statt Windmühlen wachsen Brochersche Türme in den Himmel – das macht Spaß, nachdenklich, gibt Stoff zum Reden und hilft vielleicht weiter. Aber am Ende bleiben die Türme zurück – nutzlos geworden – und mit ihnen die Frage: Was hilfts, wie lange trägt die gemachte Erfahrung angesichts der alltäglichen Wirklichkeit? Spielwiese ade – auf in den Kampf! Tvind war für uns anders, mehr. Die mitgebrachten Fragen und Konzepte erwiesen sich als hinderlich. Wo wir suchten und Fragen stellten, liefen wir ins Leere, wo wir miteinander lebten, fingen wir an zu lernen.

Wir bringen's in Gang 1
In die Akademie zurückgekehrt sollen wir erzählen, was sich nur schwer vermitteln läßt. Was wir mit und von den Lehrern gelernt haben, in Tvind und unterwegs, brachte einen alten Traum an die Oberfläche: Lehrerfortbildung und Erwachsenenbildung müßten anders geschehen, wir brauchen eine alternative Tagungsstätte (obwohl wir das Wort »alternativ« seit Tvind nicht mehr hören können). Wir brauchen die eigene Tvindmühle, den Bauernhof, wo Teilnehmerorientierung nicht nur ein erwachsenenbildnerisches Postulat, sondern die Voraussetzung ist, daß das Zusammenleben und Lernen gelingt.

Wir packens an – eine Woche nach der Rückkehr von Tvind kaufen wir im hohenlohischen Städtchen Kirchberg das alte Rat- und Schulhaus des Ortsteils Hornberg, hoch über der Jagst, am Rande des Dorfes mit seinen 155 Einwohnern.

Unsere Träume haben einen Körper gefunden – Hohentvind. Die Teilnehmer der Studienfahrt finden's gut, ermutigen uns. Mitarbeiter der Evangelischen Akademie diskutieren und machen mit. Die Windmühle rückt in den Hintergrund, Hohentvind hat seine Pflicht erfüllt, der Verein »Hornberger Baukasten Bad Boll e.V.« wird gegründet. Er übernimmt das Haus, die Mitglieder richten es so ein, daß darin gelebt und gearbeitet werden kann: zwei Duschen, denn die Umbauarbeiten werden dreckig machen, eine Küche mit Eckbank um einen großen Tisch, Stockbetten, die wir selber bauen.

Hornberger Baukasten – Träume 2
Das Spiel der Träume beginnt von neuem. Laßt tausend Mühlen blühen. Die Vorstellung einer Verbindung von Kopf- und Handarbeit, von Leben und Lernen ist zu allgemein. Sie setzt neue Bilder aus sich heraus:

Kurse, Seminare, Freizeiten, bei denen die Beteiligten den Tagesablauf und den Zeitplan selbst regeln können – gemeinsames Kochen und Besorgen des Alltags als Kooperationsübung statt Turmbau – lebensnotwendige Arbeit statt künstlicher Übungsfelder: im Garten, Keller, unter und auf dem Dach – ganzheitlich leben und seinen Erfahrungen etwas zutrauen – Neugier ist erlaubt, Ausbrechen erschließt Neuland und führt zu Entdeckungen: bei mir selbst, beim andern und beim Schritt hinaus aus der Tagung und der Tagungsstätte ins Dorf, ins Umland: Einbeziehung der Natur, Kontakt zu Nachbarn und Dorfbewohnern, Leben in einer Region, die zu den strukturschwachen Gebieten unseres Landes gehört.

Die Phantasien, Wünsche, Hoffnungen und Ideen, die sich an das Haus knüpfen, wachsen wie von selbst, wachsen uns schier über den Kopf und werden zu Ansprüchen, die gefährlich werden.

Wir bringen's in Gang 2
Etwas hatten wir in Tvind gelernt: daß es gefährlich, nach Meinung der Dänen auch typisch deutsch ist, nur von Zielvorstellungen her die eigene Wirklichkeit bestimmen zu lassen und so

zu lernen. Deshalb müssen die Phantasien in unseren Köpfen in der praktischen Arbeit mit Leuten, die wir zu Kursen einladen, sich erfüllen oder auch verändern. Nicht von ungefähr soll die erste Veranstaltung, die länger als ein Wochenende im Hornberger Baukasten stattfinden wird, ein 10tägiger Ferienkurs für Lehrer sein. Das hat einmal den Grund, daß Lehrer mehr Ferientage zur Verfügung haben als die Mehrzahl der Menschen, mit denen wir sonst in der Arbeit der Akademie zusammen sind.

Zum andern waren es Lehrer, von denen und mit denen zusammen wir bei der Studienfahrt nach Tvind und danach ermutigt wurden, Hornberg zu versuchen. Wir wenden uns an Lehrer aller Schularten, die wir von den verschiedenartigsten Tagungen und Veranstaltungen des pädagogischen Fachbereichs der Akademit her kennen und schreiben ihnen:

»Wir haben bei Tagungen mit Lehrern schon verschiedentlich auf den Plan hingewiesen, in den Sommerferien einen Kurs für Lehrer aller Schularten anzubieten. Wir möchten Sie heute zu einem solchen Kurs nach Hornberg einladen. Leben und Lernen im Hornberger Baukasten meint, daß wir die Elemente unseres Zusammenlebens selbst mitbringen, zusammenstellen und gestalten, so wie Kinder sich aus den einzelnen Bausteinen ihres Baukastens unterschiedliche, ihren spontanen Einfällen folgende Gebilde bauen. Die festen Elemente des Kurses sind durch den Hornberger Baukasten selbst bestimmt:
- Einkaufen, Kochen, Spülen, Sauberhalten des Hauses
- Umbauarbeiten am Haus selbst nach den im Juli nötigen Bauschritten (Werkzeug und Material sind vorhanden, Arbeitskräfte sind wir)
Da wir als Lehrer zusammenkommen, werden die nicht festliegenden Elemente möglicherweise mit unserem Beruf zusammenhängen. Vorstellen können wir uns folgende Möglichkeiten:
- Erfahrungsaustausch über gelungene Unterrichtssituationen
- Mitbringen von Materialien und Unterrichtsmodellen, die für die eigene Arbeit wichtig waren
- Spielen lernen – Spielen können: Einbeziehung kreativer und spielerischer Elemente in Schule und Unterricht

190

- Kennenlernen alternativer Schulversuche und pädagogischer Ansätze: Tvindschulen, Freinet-Pädagogik usw.
- Lehrerverhaltenstraining: Kooperation und Kommunikation in der Schule
- Hilfe zur Selbsthilfe: Beratungsgespräch

Wichtig wird es sein, daß es keine Trennung von Freizeit und Arbeitszeit gibt und daß wir am Anfang die Inhalte des Kurses planen und Arbeits- und Lernweisen gemeinsam absprechen.«

Die Briefe gehen sehr spät hinaus, die meisten werden ihren Urlaub schon geplant haben. Trotzdem ist der Kurs schnell belegt. 16 Personen melden sich an, darunter eine Familie mit zwei Kindern und eine Lehrerin mit ihrem 4jährigen Sohn. Mit vier Mitarbeitern der Akademie zusammen sind wir 20 Leute, die sich in Hornberg treffen und ihre Vorstellungen, Erwartungen, Ideen und Mitgebrachtes zusammentragen und sichten. Anders als in manchen Unterrichtsstunden und Tagungen, wo vorausgedachte Arbeitsschritte und Themen eingehalten und vorbereitetes Material möglichst auch eingesetzt werden sollen, wollen wir dem freien Spiel der Kräfte und dem Zufall vertrauen – das tun, was anfällt. Trotzdem schreiben wir auf Plakate, was wir erwarten und mitgebracht haben: Wir hängen sie auf, damit wir's vor Augen haben:

Neue Erfahrungen machen – erholen, wandern, spielen – Spiele in der Schule – tanzen, Volkstanz – Erfahrungsaustausch über Projekte z.B. »Dritte Welt« – manuell schaffen – neue Kontakte knüpfen – viel zusammen machen – im Garten und Haus arbeiten – Kammermusik machen – Rollen aufgeben – Spiel, Musik, Bewegung – angeln – zeichnen – Pflanzenkunde – darüber nachdenken und reden was die Verbindung von »Leben und Lernen« bedeutet – Gegend kennenlernen – malen, Stoff bedrucken – alternative Schulformen kennenlernen, Schultheorien diskutieren – Waldlauf.

Die Lehrerfamilie berichtet von einem Projekt an ihrer Schule, das bei Lehrern, Schülern und Eltern viel Begeisterung und Engagement freisetzt, andererseits aber auch umstritten ist. Sie wollen für die Schüler ihres Gymnasiums ein Schülerhaus, das unabhängig von der offiziellen Schule, ihr aber zugeordnet

Angebote macht. Das interessiert uns. Der Plan für das Basteln am »Baukasten« schließlich sieht vor:

Im Dachbereich – Taubenschlag entfernen, 4 Kehlbalken erneuern, Dach auf schadhafte oder fehlende Schindeln untersuchen, Schindeln erneuern, fehlende oder brüchige Ziegel erneuern, an sämtlichen Dachsparren und Balken die Nägel entfernen, am Westgiebel Putz abklopfen, Dachsparren und Balken mit Drahtbürste reinigen, Fußboden reinigen und anschließend mit Karton und Folien abdecken.

Und so packen wir's an. Zufällig zusammengekommene Vierergruppen sind jeweils einen Tag für die Aufgaben des Haushalts zuständig. Da das Wetter so schön ist, können wir meistens im Freien essen. Der Gesang »Plenum« bringt uns zur Abendbesprechung zusammen, wo wir entscheiden, was wir gemeinsam tun, wo Absprachen getroffen und auch Themen diskutiert werden.

Obwohl vieles von dem verwirklicht wird, was wir uns anfangs vorgenommen haben, geschieht anderes spontan oder nach Bedarf. Die Dübelgruppe zieht mit Bohrer und Kleinwerkzeug durchs Haus (beim ersten Einsatz geht der Bohrer von hinten durch die Wand knapp am Zählerkasten vorbei) und behebt kleine, aber gewichtige Mängel. Im Bad ein Ablagebrett, hier einen Handtuchhalter, dort einen Kleiderhaken (Schränke haben wir keine, wir leben aus dem Koffer) – schadhafte Stellen und Geräte gibt es genügend. Andere roden und bearbeiten den total verwilderten Garten, legen eine Feuerstelle an, zimmern Holzböcke oder reinigen und streichen einen alten Kanonenofen. Die Nachbarn und Dorfbewohner sind freundlich, schauen wohlwollend zu – nur die vielen Autos im Dorf stören. Gespräche kommen in Gang beim Ausleihen von Gartengeräten oder Werkzeug, beim Telefonieren im Nachbarhaus (dort steht das öffentliche Telefon in der guten Stube, jeder Anruf abends unterbricht das Fernsehprogramm). Die ersten sind die Kinder des Dorfes. Sie haben ihren Spielplatz direkt neben dem Baukasten, sind sofort da – nach einem Tag schon essen sie mit uns, spielen und malen mit und helfen bei der Arbeit. Die Lehrer aus Kirchberg kommen herüber – sofern sie nicht schon im Urlaub sind – um zu sehen, was die Kollegen so treiben.

So leben und arbeiten wir. Wir finden es schön, das Bedürfnis nach Schmutz zuzulassen und auszuleben, freuen uns auf die gemeinsamen Mahlzeiten (die Haushaltsgruppen übertreffen sich mit immer exotischeren Rezepten), sprechen in kleinen Gruppen, diskutieren zusammen und sitzen oft bis spät in die Nacht, obwohl uns die ungewohnte körperliche Arbeit müde macht.

Vieles von dem, was für einzelne wichtig ist, geschieht zufällig, ist nicht arrangiert, sondern ergibt sich aus dem Wechsel von Arbeit und Entspannung, von Tun und Reden über Schule, aber auch über die eigenen Probleme. Manche machen zum ersten Mal Erfahrungen mit Rollenspielen. Es fällt ihnen leicht, weil wir uns kennen. An einem Abend laden wir die Nachbarn, den Ortsvorsteher und die Ortschaftsräte mit ihren Familien zu einem festlichen Essen im Freien ein. Sie kommen vorsichtig und neugierig zugleich, auf ein halbes Stündchen – die letzten brechen nach Mitternacht auf.

Der Abschied fällt uns schwer. Wir haben keine endgültige Antwort auf die Frage gekommen, ob das Zusammenleben in diesen zehn Tagen Auswirkungen hat auf unser Leben in der Schule, ob alles nur Idylle war, nostalgische Flucht aufs Land. Das Wort vom Biedermeier und den Schäferspielen geistert noch durch unsere Köpfe, sitzt als Stachel. Wir haben uns wohlgefühlt, aufgeatmet, Neues erlebt und erfahren, Verschüttetes wiederentdeckt. Wir waren beieinander als Lehrer aus verschiedenen Schularten, verschiedener Altersstufen, mit verschiedenen Biografien und haben – zum Teil überrascht – festgestellt, daß das gut war.

Eines ist deutlich: es muß weitergehen. Wir wollen beieinanderbleiben, auch wenn wir an ganz verschiedenen Orten nachher wieder Schule halten. Es soll weitergehen, weil die Möglichkeiten, die wir als Gruppe haben und sind, für unseren Alltag wichtig geworden sind. Die Verantwortung für diesen Baukasten haben wir übernommen. Ein nächstes Treffen wird beschlossen und dann gehen wir auseinander.

Rückblick – Ausblick – Träume 3

Der andere Rückzug in die pädagogische Provinz. War es das? Was daran war anders, was Idylle oder Freizeiterlebnis, bei dem eben nur Leute mit vergleichbaren beruflichen Erfahrungen beieinander waren? Oder genügte das schon? Wohngemeinschaft auf Zeit als Lehrerfortbildung hat sicher größere Chancen als Kurse auf Staatlichen Akademien.

Damit aber ist die Wirklichkeit dieser zehn Tage und sind unsere Absichten nicht beschrieben. Nicht Rückzug in eine pädagogische Provinz nach Glasperlenspielermanier war die Absicht. Der Rückzug von Pädagogen in die Provinz ließ sie Provinz als pädagogisches Feld erleben, den Ort, wo sie miteinander ein Mehr an Ganzheit erfuhren. Provinz war hier nicht provinziell im Sinne von beschränkt, sondern ein Lernfeld, in dem die Dinge noch (mehr) beieinander und zusammenzubringen sind. Die Provinz ermöglichte es, zu sich selbst zu finden und mit andern und für andere Phantasie zu entwickeln. Dadurch wurde sie pädagogische Provinz.

Uns hat diese Erfahrung ermutigt, im Bereich der Arbeit mit Lehrern noch mehr Vertrauen in die Möglichkeiten und Fähigkeiten der Einzelnen zu setzen, Dinge noch ernster zu nehmen, die wir in unserer üblichen Bildungsarbeit mehr am Rande sehen. Daß Erwachsene und Kinder, junge und ältere Lehrer, Städter und die Bewohner des Dorfes miteinander konnten, war wichtig.

Einmal wird es am Hornberger Baukasten nichts mehr umzubauen geben – das Haus soll aber Baukasten bleiben. Hier träumen wir davon, daß wer für mehr als ein Wochenende nach Hornberg kommt, in der Umgebung arbeitet – bei einem Bauern, auf einem biologisch-dynamisch geführten Hof, im heilpädagogischen Heim, im Altenheim oder in einem der wenigen Industriekleinbetriebe am Ort. Hier könnte für Lehrer, die oft wenig über den Raum der Schule hinausgekommen sind, ein Feld neuer Erfahrungen sich auftun.

Ein anderer Traum ist, auf dem Weg der Begegnung von Menschen mit ganz verschiedenen Erfahrungen noch weiterzugehen. Es sollte möglich sein, daß Leute sich treffen, die sonst höchstens privat zufällig miteinander zu tun haben: Lehrer und Handwerker, Lehrer und Eltern griechischer Schüler, wo dann Sprachfertigkeiten weniger, aber Handfertigkeit mehr zählt. Wir träumen…

1980

Aus einem alten Volksbuch

Hohenloher Sage

Vorzeiten lebte im Hohenloher Land ein Graf mit Namen Hornilo[1]. Hoch über der Jagst hauste er auf einer uneinnehmbaren Burg, die auf drei Seiten durch steile Hänge, auf der vierten aber durch einen tiefen Graben geschützt war, in dem Tag und Nacht wilde Hunde frei herumliefen.

Wo Hornilo auftauchte, verbreitete er Furcht und Schrecken. Reisende wagten es nur mit starker Begleitung, den Weg durchs Jagsttal zu nehmen. Die Kaufleute mieden die Furt bei Tage und umwickelten bei Nacht die Hufe ihrer Pferde, wenn sie mit ihrer Fracht das Thal durchquerten – aus Angst, den grimmigen Grafen zu wecken und Hab und Guth oder auch das Leben zu verlieren.

Besonders die Bauern und Leibeigenen im Thal hatten unter dem unberechenbaren Zorn[2] Hornilos zu leiden. Mit seinem gefürchteten Spieß trieb er die Bauern zur Fron, den Zehnten ein und manch verzweifelten Taglöhner in den freigewählten Tod. Keiner aber wagte es, dem jähzornigen Grafen entgegenzutreten. Schon mancher war in die Burg gegangen und niemals wieder gesehen worden.

Ein Bauer, der seine Sache dem Grafen vorbringen wollte und der nur mit knapper Noth dem Speer entging, den Hornilo voll Wucht nach ihm warf, erzählte – weißhaarig geworden – von der Wuth des Grafen und wie er in fürchterlichem Zorn in alles biß, was ihm vor die Zähne kam. Daß der Bauer die Burg lebend verlassen konnte, war nur dem Umstand zu verdanken, daß Hornilo sich so in seinen Teppich verbissen hatte[3], daß er sich völlig darin verfangen und schließlich zwei seiner Zähne ausgebissen hatte[4].

Nicht weit von der Burg entfernt, am Fuße eines gegenüberliegenden Berges unweit einer Quelle mit säuerlich schmeckendem, von Mensch und Tier als heilsam angenommenem Wasser[5], wohnte ein guter Erdgeist, das Salzmännlein. An warmen Sommertagen gegen Abend sah man es manchmal mit seinen Tauben spielen. Zu ihm gingen die bedrängten Bauern und klagten ihre Noth.

Es versprach ihnen zu helfen und schickte dem Grafen seine Lieblingstaube in der Absicht, durch ihr friedfertiges Wesen sein Gemüth zu besänftigen. Doch weder das sanfte Gurren noch die Schönheit des Tierleins erweichten das Herz des Grafen. Im Gegenteil, Hornilo ergriff das zutrauliche Tier, drehte ihm den Hals um und warf es den Hunden zum Fraße vor.

Das Salzmännlein wartete vergebens auf die Rückkehr seiner Taube. Von den Bauern erfuhr es, was ihr zugestossen war. Da ergrimmte der gute Geist, verfluchte den Grafen und verwandelte ihn in eine wilde Hornisse, die mit ihrem Stachel Schrecken verbreitete, wo sie auftauchte, und deshalb von den anderen Tieren gemieden wurde[6].

Seit dieser Zeit baut die schwarz-gelb gestreifte Hornisse in dieser Gegend ihr Nest und wird von den Menschen verfolgt und bekämpft[7].

Die Herren zu Hornberg aber – Nachfolger auf Hornilos Burg – führen in ihrem Wappen die Farben schwarz und gelb als Warnung vor maßlosem Zorn und als Mahnung, Milde zu üben gegenüber jedermann.

Anmerkungen

Im Sommer 1979 brachten Teilnehmer eines Lehrerkurses bei Ausgrabungsarbeiten im alten Hornberger Schul- und Rathaus überraschend Funde zu Tage, die die bisherigen Versuche einer historischen Einordnung der Gestalt Hornilos und der Hornilosage auf eine völlig neue Grundlage stellen.

1) Es bestand zwar bisher schon die Vermutung, daß es sich bei Hornilo[1] um einen alemannischen Edlen gehandelt hat. Die über dem rechten Jagstufer gelegene Horenburg wird aber erst 1148 erstmals urkundlich erwähnt[2]. Der bedeutendste Fund bei den Ausgrabungsarbeiten im Dachstuhl des Schul- und Rathauses ist zweifellos ein Paar Taubenringe, die die Jahreszahlen 686 (oder 989 bei umgedrehtem Ring) und 929 tragen. Durch radioisotopische Untersuchungen konnte inzwischen eindeutig nachgewiesen werden, daß der Ring mit der Jahreszahl 929 der

jüngere ist, so daß bei dem anderen das Jahr 686 n. Chr. als Datum festgeschrieben werden kann. Im Zusammenhang mit den anderen Fundstücken lässt sich mit Wahrscheinlichkeit behaupten, daß dieser Ring mit dem in der Sage beschriebenen Taubenmord (siehe unten) zu tun hat. Für diese Datierung spricht auch der alemannische Name des Grafen, da die Franken erst im darauffolgenden Jahrhundert die Gegend um das uralte Pfarrdorf Lantsidilo[3] bevölkerten.

2) War die Wut Hornilos bisher eher als sagenhafte Übertreibung und als Begründung der im Mittelalter üblichen kriegerischen Auseinandersetzungen zwischen den Herren der zahlreichen Burgen und festen Sitze verstanden worden, so lassen die bei den Ausgrabungen gefundenen zahlreichen Mohnkapseln den Schluß zu, daß Hornilos Wutanfälle Zeichen einer Opiatabhängigkeit gewesen sind. Die Kapseln sind – mit zwei Ausnahmen (siehe unten) – alle im oberen Drittel glatt abgebissen.

3) Sah man bisher im Teppichbeißen eine rituelle Handlung zur Machtdemonstration totalitärer Herrscher[4], so muß diese Theorie aufgrund der Hornberger Funde neu überprüft werden.

4) Zwei der Mohnkapseln (siehe oben) zeigen an der Bißstelle eine deutliche, regelmäßig geformte Ausbuchtung, die nur so erklärt werden kann, daß beim Abbeißen der Kappe dem Beißenden die beiden oberen Schneidezähne gefehlt haben. Es muß sich also um zwei Kapseln handeln, die kurz vor der Verwandlung Hornilos von diesem verspeist worden sind. Obwohl die dentologischen Untersuchungen noch nicht abgeschlossen sind, läßt sich aus Größe und Stellung der Zahnlücken das Alter Hornilos zu diesem Zeitpunkt in etwa abschätzen. Er muß über 40 Jahre alt gewesen sein, so daß sein Geburtsjahr vor 646 anzusetzen ist.

5) Nach Sandel/Schaeff-Scheefen lag die Veranlassung, daß Kirchberg schon in der Hallstattzeit ein Kulturzentrum war, in den Salzquellen von Kirchberg und Beimbach. »Die ersteren befanden sich am rechten Ufer der Jagst in den Sul-Sole-Salzwiesen, zwischen dem Sulz- (Salz) berg und dem Höhenzug des Breitloh. Ein Überbleibsel dieser Salzquellen ist noch der sprudelnde, stark mit Druckwasser versetzte Sauerbrunnen…

Zwei weitere ungefaßte Solquellen entspringen dem Sauerbrunnen gegenüber am Fuß des Breitloh... Eine Salzquelle, die Amtmann Fromm am Fuß des Hornberges feststellte, ist nicht mehr aufzufinden[5].«

6) Die Auseinandersetzung zwischen dem Herrn der Salzquelle (Sulz) und dem Grafen von Hornberg ist als ätiologische Sage zu verstehen. Historischer Hintergrund ist wohl ein Prozess, der 1524 zwischen der Herrschaft Hohenlohe und dem Schloßbesitzer von Hornberg wegen der Salzquellen am Fuß der schon 1328 urkundlich genannten Burg Sulz geführt wurde. Damals wurden die Quellen neu gefaßt und mit Platten belegt[6].

7) Das auffallendste Fundstück im Sommer 1979 war ein riesengroßes Hornissennest, das am Dachfirst des Hornberger Schul- und Rathauses gefunden wirde. Es befindet sich heute im Hornberger-Baukasten-Museum[7].

1 Die ursprüngliche Form des Namens »Hornilo« ist nicht eindeutig festzustellen. Sicher ist, daß es sich um einen alemannischen Namen handelt (vgl. die Endung -ilo). Sicher scheint auch der Zusammenhang mit dem Namen »Hornisse« zu sein. (Hier müssen allerdings die Ergebnisse der bisherigen etymologischen Forschungen stark in Zweifel gezogen werden. Vgl. Friedrich Kluge, Etymologisches Wörterbuch – Berlin 1963 19. Auflage). Im unterfränkischen Dialekt, der bis heute in der Gegend gesprochen wird, tritt die Hornisse als »Hooraißel« oder »Hairessel« auf, so daß auch die Namensformen Hoorilo oder Hairilo möglich sind.

2 Siehe Theodor Sandel/G. Harro Schaeff-Scheefen, Kirchberg an der Jagst – Schicksal einer hohenlohe-fränkischen Stadt Band 1 Nürnberg 1936, S. 25

3 heute Lendsiedel

4 Siehe Muhammed Ali Shah, Der Teppich als frühpersisches Herrschaftssymbol, München, 1928 (Bleib auf dem Teppich!)

5 Sandel/Schaeff-Schaefen a.a.O., S. 6

6 ebd.

7 Blum/Haller, der Hornberger-Baukasten-Museumsstreit, Hornilo Verlag Hornberg 1979.

1982

200

Tina Stotz-Stroheker

(*1948)

Weit hinten
(Hohenlohe)

Fast klassischer Mäander: die Jagst bei Kirchberg.
Das Land naiv, auch Caspar David Friedrich und
    Moritz von Schwindt.
Oben
nüchternes Barock des Schlosses
mit bescheidenen Putten und dem freundlichen Löwen
    am Kiesweg
Die Stadt –
blätternde Fassaden am Marktplatz,
davor samstags Holzhacken, Gartenarbeit und Autospiele.
Die Blicke wachsam.
Die junge Wirtin mit Schmollgesicht und gesprächigen Augen
sagt »motzen«, redet über Shakespeare und raucht zuviel;
ohne ihr Telefon lebte sie gar nicht.
Eine eifrige Horde Fünfzehnjähriger
zieht an Fachwerk entlang;
beim lauten Sprechen lauern die Herzen
auf Bäcker Schmids Tochter.

Idylle –
die Dramen finden hinter der Bühne statt.

1981

Carlheinz Gräter (*1937)

Kirchberg, Leofels, Morstein

Den schönsten Blick auf Schloß und Stadt Kirchberg hat man vom Sophienberg in der Jagstaue, ehemals als Englischer Garten geformt, heute lauschig verwildertes Vogelschutzgehölz. Einem Schiffsbug gleich erscheint von hier aus der Bergsporn mit dem hellen Massiv des Schlosses und dem farbig gestückteren Aufbau der Bergstadt. 1313 erscheint die Burg im Besitz der Hohenlohe, die dann für die Siedlung im Vorfeld der Feste das Stadtrecht erlangten. Gut anderthalb Jahrhunderte verwalteten dann die drei Reichsstädte Hall, Rothenburg und Dinkelsbühl das erst verpfändete, dann verkaufte Kirchberg. Sie ummauerten den Ort und bauten den schlanken Zipfelmützenturm, der die horizontal gelagerten Baumassen keck überspitzt. 1562 holte sich Hohenlohe Stadt und Amt Kirchberg wieder zurück und baute die Zitadelle zu einem Schloß mit Eckbastion aus. Seit 1701 Residenz einer eigenen Seitenlinie des Hauses, wurde Kirchberg dann von dem Ansbachschen Baumeister Leopold Retti in barocker Manier umgeformt.

Retti mußte den beengten Grund, die vorgegebene Bausubstanz und das bemessene Budget der Herrschaft bei seiner Planung einkalkulieren; schließlich regierte der Graf und nachmalige Fürst von Hohenlohe-Kirchberg über ganze 4000 Untertanen. Retti legte dem Schloß einen von zweigeschossigen Flügeln flankierten Ehrenhof mit Wachhaus vor, der auf den zum Corps de Logis erhöhten Südtrakt zulief; davor wurden steinerne Schilderhäuschen mit dem aufsteigenden Phönix als Helmzier gesetzt. Hinter diesem repräsentativen Prospekt paßte man dann den alten Hauptbau allmählich und weniger aufwendig den Erfordernissen der Hofhaltung an.

1952 zog ein Altenheim der Inneren Mission in das Schloß ein. Orangerie und Hofgarten fielen an die Stadt und drohten zu verrotten. Zur Zeit bemüht sich der Kulturverein um eine Restaurierung. Am Nordhang des Schloßbergs ragt, aus Quadern von Burg Leofels aufgemauert, die Katharinenruh als künstliche Ruine, beklemmendes Versatzstück ossianischer Ruinenromantik.

Unterhalb von Kirchberg setzt eine 1779 sauber gequaderte Steinbrücke in fünf Bögen über die Jagst, das ansehnlichste Erbe wohlwollend-aufgeklärter landesväterlicher Fürsorge. Dazu paßt die Inschrift am Zollstein der Heppachbrücke im benachbarten Lendsiedel: »Betrachte, Wandersmann, wie tief der Sumpf, wie steil der Berg gewesen, wie eben beides ist; bedenk die aufgewandten Kosten, sei billig, und gib zur Unterhaltung ein kleines Weggeld«.

1984

Konrad Betz (*1918)

Nach **Mistlau** kommt man zu Fuß von Bölgental hoch oben auf dem Albvereinsweg, mit dem Auto von der Lobenhauser Mühle an der Jagst. Beidesmal trifft man auf das östliche Ende des stillen Weilers, auf Brücke und Mühle. Nahe der Mühle soll die kleine Nonnenklause gestanden haben, die bald nach dem Untergang der Staufer erst als Benediktinerinnenkloster auf der Burg Lobenhausen gegründet worden sein soll. Rasch wurde sie aber ins Tal verlegt. Die aufsichtführende Komburg hat die Klause schon vor der Reformation aufgehoben. Aber dieser Klause verdankt man das Juwel der Nikolauskapelle: Dachreiter, sehr schöne Fresken zur Heilsgeschichte und aus dem Leben des Heiligen.

Besonders eindrucksvoll aber ist die weite Wanderung nach Kirchberg, unten im Tal dem rechtsufrigen Hangwald entlang oder, die große Linksschleife abschneidend, kürzerer gemächlicher Anstieg durch den Wald. Immer kommt man dann zum Ockenauer Steg, einer Fußgänger-Archenbrücke. Von ihm aus hat man den schönsten Blick auf Schloß Hornberg, nachher vom Feldweg links vom Sophienberg aus auf das ganze Postkartenpanorama des Städtchens Kirchberg. Grad am Ort des Kirchbergblicks, halb im Waldschatten, liegt ein großer Grill- und Rastplatz. Der Jagstabschnitt von Mistlau bis Hessenau ist besonders anziehend. In Mistlau wird das Tal etwas breiter, weil der mittlere Muschelkalk erreicht ist. Unter Schloß Kirchberg weicht er aber schon wieder dem oberen, da der Muschelkalk im ganzen absackt. Schuld hat die Crailsheim-Kirchberger Verwerfung. Erst vor Hessenau kommt man wieder in den mittleren Muschelkalk.

Unweit von Kirchberg folgt an der Jagst **Eichenau** mit seinen drei Mühlen und der mächtigen Steinbrücke. Am Sportplatz von Kirchberg im Tal oder hier dicht oberhalb der Eichenauer Brücke, auch vom rechten Ufer aus, kann man am besten mit dem Kanu oder Kajak einsetzen, wenn man nach Elpershofen und weiter paddeln will. Von Eichenau geht es nach **Diembot**, wie

Mistlau ein besonders stiller Flußweiler, erst vor etlichen Jahren durch eine Talstraße ab Eichenau besser zugänglich gemacht. Von Diembot führt ein schmales Sträßchen auf der linken Talseite, hinter der Brücke, noch vor der Mündung des urtümlichen Scherrbach, hinauf auf die Höhe nach Dörrmenz. Von der Straße Leofels-Dörrmenz hat man den festlichen Wiesen-Weitraumblick über Lendsiedel im Vordergrund auf Kirchberg als Blickfang im Zentrum.

In **Lendsiedel**, linker Hand vom Ortskern, wenn man von Dörrmenz herabkommt, stehen neue Häuser wie auf einer Aussichtsterrasse über dem unvermittelten Abfall nach Eichenau. Zwischen Dörrmenz und Lendsiedel zieht der Bach Heppach Richtung Eichenau in die Jagst, merkwürdig durch die Muschelkalkbrücke, die vor 200 Jahren ein Fürst von Kirchberg errichtete. Der amüsante Zollstein kam bei der Renovierung nach dem letzten Krieg auf die falsche Seite und ist jetzt noch nicht richtig gestellt.

1988

Eva Walter (*1953)

Sommerfrische an der Jagst

Auf einem Bergsporn steil über der Jagst stehen Schloß und Altstadt von Kirchberg. Einst gliederte sich das kleine Städtchen in drei Ebenen: Unten im Jagsttal lebten Bauern und Handwerker, darüber siedelte sich der Straßenmarkt an mit seinen Gasthöfen und Kaufläden. Auf der Spitze der Bergnase befindet sich das Schloß, das im 14. Jahrhundert und von 1562 bis 1861 als Residenz der Fürsten Hohenlohe-Kirchberg diente. Zwischenzeitlich gehörten Burg und Stadt den Reichsstädten Rothenburg, Schwäbisch Hall und Dinkelsbühl, die den Ort auch befestigten. Teile der Stadtmauer aus dieser Zeit sind noch erhalten, sowie der Stadtturm und die Grabenbrücke, die man auf dem Weg zur Altstadt hinauf überqueren muß. Auf einer älteren Burg aus dem 14. Jahrhundert baute Graf Wolfgang II. in den Jahren 1590 bis 1597 ein Schloß, das Graf Carl August Mitte des 18. Jahrhunderts durch mehrere Flügelbauten erweitern ließ.

Das idyllische Kleinstädtchen zog um die Jahrhundertwende eine Reihe namhafter Künstler an, die hier zur Sommerfrische weilten und malten. Ein Fremdenverkehrsprospekt über die »Perle des Jagsttals« aus der Zeit vor dem I. Weltkrieg preist die Vorzüge des damaligen Luftkurortes: »Kirchberg, ein freundliches Landstädtchen in Württemberg (2 Stunden vom Hauptknotenpunkt und Bahnhof Crailsheim entfernt) mit Arzt, Apotheke, Stadtbad, Post- und Telegraphenstation, liegt 384 Meter über dem Meere. Von den Stationen Eckartshausen und Rot am See ist es in einer halben Stunde zu erreichen durch täglich viermal nach ersterer und dreimal nach letzterer verkehrender Postauto-Verbindungen.«

Seit der Jahrhundertwende bis hinein in die fünfziger Jahre machten etwa fünfzig Künstler in Kirchberg »Arbeitsurlaub«. Die genauen Zahlen recherchierte Hans-Dieter Haller, der heute Pfarrer in Waldenburg ist und 1965/66 Pfarrverweser in Kirchberg war. Durch reinen Zufall hatte er herausgefunden, daß im Kirchberger Pfarrhaus einst Maler verkehrten und zum

208

Teil auch dort logierten. Die Pfarrfrau Clara Diez, geborene Prassler, erfuhr er dann, betrieb selbst Öl-, Porzellan- und Holzmalerei. Dies machte den Kunstfreund neugierig, zumal er auf Flohmärkten und Kunstauktionen schon mehrmals auf Gemälde und Zeichnungen mit Kirchberger Motiven gestoßen war.

»Das gesamte Hohenlohe war in dieser Zeit, in der Zeit vor dem 1. Weltkrieg, von Künstlern entdeckt worden«, erfuhr er von Archivrat Karl Schumm. »In beinahe jeder hohenlohischen Residenz lebte ein solcher oder ist wenigstens zeitweise dort nachzuweisen, dessen Werke heute noch Beachtung verdienten. Vor allem sammelten sich in Kirchberg an der Jagst über die Ferienmonate im Sommer junge Leute um ihre Lehrer, die sie in die Kunst der Landschaftsmalerei einführten. Festliche Abende verschönten das Tagwerk der Studenten und Studentinnen, und die Kirchberger Hautvolée war an diesen Vergnügungen beteiligt«.

Der bekannteste Maler, der zur Sommerfrische in Kirchberg weilte, war Paul Hey. Um die Jahrhundertwende erfreuten sich dessen Postkarten, auf denen er Volkslieder illustriert hatte, großer Beliebtheit. Auch Zigarettenbildchen mit Märchenmotiven gibt es von ihm. Paul Hey hinterließ zwei bekanntere Bilder mit Kirchberger Motiven, die in der sogenannten »Nach-Spitzwegschen Manier« gemalt sind: Die »Hochzeit im Städtchen«, auf dem ein Hochzeitszug, von Gänsen begleitet, durchs Stadttor schreitet, sowie die »Mondnacht«, auf dem, bei romantischem Mondenschein, ein Nachtwächter vor dem Stadttor Station macht.

Paul Hey pflegte seine Malutensilien in der Mühle des jagstabwärts gelegenen Ortes Eichenau abzustellen, wenn es regnete. Als Dank schenkte er dem Müller ein Bild von der Mühle, das heute noch stolzer Familienbesitz ist. Pfarrer Haller suchte nach Bildern und führte dabei viele Gespräche mit alten Kirchbergern. Entstanden ist eine umfangreiche Dokumentation, in der er diese Schilderungen wiedergibt: »Nach den Erzählungen der alten Kirchberger hatten die Maler damals Sonnenschirme aufgespannt, darunter die Staffelei und die ganzen Utensilien, und saßen dort stundenlang. Natürlich gab es Blickwinkel, von

denen aus immer wieder gemalt wurde, zum Beispiel die Jagstbrücke mit dem Panorama des historischen Städtchens und dem
Schloß, der Blick vom »Krabbenhäuschen« auf dem gegenüberliegenden Hügel aus oder von Eichenau jagstaufwärts.«

Viele Kirchberger, vor allem die Kinder, waren begeistert von
den Malern und ließen sich gerne von ihnen anstecken. 30
Kirchberger, die selbst zum Pinsel griffen, zählte Pfarrer Haller,
unter ihnen den Totengräber Wilhelm Schroth und den Lehrers-
sohn Ludwig Seitz aus dem Nachbardorf Lendsiedel. Hans Emil
Braun, dessen Namen man nur mit dem Zusatz -Kirchberg
kennt, machte mit Radierungen von sich reden.

Einer der Kirchberger Maler, Otto Wider, schrieb in seinen
Jugenderinnerungen: »Meine Liebe zur Malerei bekam mächtigen Wind in die Segel durch die vielen Maler, die im Sommer
unser romantisches Städtchen besuchten. Und meistens, das
war ein Glück, hatten wir die oberen Stuben an solche Maler
vermietet. Nichts hat mich mehr angezogen als ein Maler zu
werden. Manchmal waren ganze Malschulen da. Maler und
junge Architekten saßen an allen Ecken: im Hofgarten, am
Stadttor, im Schloßhof, an der Jagstbrücke.« Im Elternhaus Otto
Widers stieg auch der Maler August Pöschmann aus dem Vogt-
land ab, über den er schrieb: »Stundenlang habe ich Pöschmann bei der Arbeit zugesehen. Wenn er heimkam, durfte ich
die Pinsel auswaschen, durfte die Staffelei tragen. Selige Tage
waren das. Einmal schenkte er mir, auf einen Pappdeckel hinge-
drückt, Ölfarben. Alte, abgeschaffte Pinsel hatte ich vorher
schon bekommen. Und nun sollte ich malen. Ich war entzückt.
Meine Mutter weniger.«

Hans-Dieter Haller stellt abschließend fest: »Noch immer
gibt es in Kirchberg Menschen bis hin zu seinem Bürgermeister,
die die Reize ihrer Heimat als Liebhaber oder Amateur zu Pinsel und Zeichenstift greifen läßt, um auf die Leinwand oder Pa-
pier zu bringe, was das Auge in Hülle und Fülle aufnimmt.«

1988

Margarete Hannsmann (*1921)

Am Samstag fand ich nach langer Irrfahrt durchs Hohenlohische
die kleine mittelalterliche Stadt auf dem Berg. Unten floß die Jagst.
Ich sollte eine Engelwoche eröffnen. Die Bilder hingen ringsum in
der Kirche. Mit Benjamins Angelus Novus über den Engel von
Klee begann ich. Und daß kein Engel bei ihm war, als er im September vor 52 Jahren sich auf der Flucht über den Pyrenäenkamm
das Leben nahm, weil er ohne Paß zurückgeschickt wurde in den
sicheren Tod. Meine anderen Engel waren Verwandte der beiden
Engel aus dem Himmel über Berlin, die ziemlich viel zu tun hatten mit Menschen, die auf der Schattenseite lebten.

Kirchberger Stadtkirche

Die Dornenkrone aus Stacheldraht
zweifach gewunden
hängt an der linken Hand
des Gekreuzigten
    Eine Leiter mußten die Kinder hinaufsteigen
    wie jene Männer vor zweitausend Jahren
    als sie die Nägel herauszogen
    um den Leichnam abzunehmen
Einer hielt unten fest
sah hinauf
bis irgendwann die Dornen ausschlugen
    Im oberen Drittel der Stacheldrahtkrone
    hängen jetzt Ähren herab
    kornfarbenschwer
Einen Augenblick lang
überließen sie mich dem Wunder
dann sagten sie BROT FÜR DIE WELT
    Meine Augen erkannten
    nichts mehr als Stacheldraht
    der schon so lang überwiegt

1993

Peter Findeisen (*1941)

In einer Februarnacht des Jahres 1929 brannte die evangelische Stadtkirche von Kirchberg durch einen Unglücksfall aus. Es dauerte nur ein Jahr, bis der barocke Saalbau wiederhergestellt war. Aus denkmalpflegerischer Sicht verdient dieses Gebäude besondere Aufmerksamkeit, weil an diesem Wiederaufbau Umfang und Grenzen der Akzeptanz und Resonanz eines historischen Bauwerks beispielhaft ablesbar sind.

In der Gestalt von 1731 stand die Kirche fast zwei Jahrhunderte unversehrt. Nur die doppelte Turmhaube fiel 1782 einem Blitzschlag zum Opfer. Sie wurde durch eine Steinbrüstung ersetzt. Im Brand von 1929 waren die Außenmauern und der Stadtturm erhalten geblieben. Für den Wiederaufbau empfahl der Evangelische Oberkirchenrat die Architekten Klatte und Weigle. Deren bald ausgearbeiteter Wiederaufbauplan konnte von seiten des Landesamtes für Denkmalpflege in Stuttgart noch nicht als endgültiger Vorschlag anerkannt werden – offenbar hat das Amt zunächst die Wiederherstellung der barocken Ausstattung gefordert. Worauf sich die Empfehlung der Kirchenleitung für das angesehene Büro Klatte und Weigle im Näheren gründete, ist nicht recht deutlich. Richard Weigle hatte zwei Jahre zuvor die evangelische Kirche von Gerhausen (Stadt Blaubeuren) gebaut, einen Wandpfeilersaal mit ausgeschiedenem Chor, deren Prinzipalstücke in nunmehr wieder üblicher Weise getrennt angeordnet sind. Für den in Kirchberg herzustellenden Innenraum lag es nahe, die im Rohbau verankerte Disposition – Eingang, Emporenaufgang, Chornische – zu übernehmen. Eine einzige, die Fensterteilung aufnehmende und um den Raum des ehemaligen Fürstenstuhls erweiterte Empore konnte genügen. In deutlichem Bezug zur früheren Ausstattung sind vor und in der Chornische wieder Altar, Kanzel und Orgel übereinander gesetzt. In diesen Erinnerungen, die nach Fertigstellung des neuen Innenraumes als Beweis einer traditionswahrenden Haltung hervorgehoben werden konnten, da sie zu dieser Zeit gerade nicht mehr als verbindliche Elemente evangelischen Kirchenbaues galten, erschöpfen sich freilich die Gemeinsamkeiten des alten und neuen Raumes.

Das Innere wirkt heute im Gegeneinander der Wandflächen und gewichtigen Horizontalen von Emporenbrüstung und Dekkenträgern: aufgegeben ist die vielteilige Durchgliederung des alten Raumes, sein weicher Übergang zur Decke, deren Schwerpunkt die Raummitte war, verloren die kleinteilige und kleinräumige Gliederung der Emporen und Gestühlsblöcke. Wieder hat die Orgel in der Chornische Platz gefunden. Doch ist sie, um das Westfenster zur Geltung zu bringen, tiefer gesetzt und geteilt, eine Anordnung, die ihre eigene, mit der Entwicklung der Kanzelaltäre aber unverbundene Tradition hat. Mit dem roten Backsteinbogen und der tiefblauen Zellenwölbung erwächst der Nische eine Bedeutung als Sanktuarium, die sie im Altbau nicht hatte. Vor dem dekorativ-symmetrischen, d.h. nicht klingenden neuen Orgelprospekt tritt die Kanzel als rechteckiges Gehäuse in Erscheinung. Zur Kanzel gehört aber auch der obere Teil des backsteinverkleideten Blocks, der retabelähnlich über dem Altar steht und die Rückwand für den monumentalen Kruzifixus über der Mensa bildet. Anders als im Vorgängerraum ist die Taufe gänzlich aus dem Raum genommen: Indem die Sakristei verlegt wurde, war der Turm als Taufkapelle verfügbar, ein kleiner Zentralraum, den erst in bedeutender Höhe eine schwere Balkendecke abschließt. Das ihn belichtende schlitzartige Fenster ist damals in die Turmwand eingebrochen worden. War für den Kapelleneinbau in den abgeschiedenen Hohlkörper des Turms nur eine gute Gelegenheit genutzt worden? Die Ausgrenzung eines Teilraumes als (Abendmals-) Feierkirche war ein wichtiges Thema des Kirchenbaues dieser Zeit. Chorraum, Kanzelaltar und Taufkapelle wären gegenüber der im neuen Bauen verankerten Formensprache der Saalarchitektur ohne deren reiche bildnerische Ausschmückung merkwürdig isoliert geblieben. In ihrer christologischen und typologischen Thematik weitgespannt, wird diese vom damaligen Stadtpfarrer Diez vorgegeben worden sein. Schon im Entwurf vom Juni 1929 ist für das Chorfenster über dem Altarkruzifix die Darstellung der Auferstehung vorgesehen gewesen, wobei der denkbar große Gegensatz zwischen der schweren Terrakottafigur des Gekreuzigten und dem leuchtenden Glasgemälde als sinnfälliges Mittel eingesetzt ist. Die übrigen Fenster sind hell verglast. Bildträger ist die Terrakottaverkleidung der Emporenpfeiler. Waren am Altar Flachreliefs mit den Evangelistensymbolen zum Antependium gefügt, so sind es hier Figurengruppen mit den Themen Taufe, Auferstehung, Himmelfahrt und Jüngstes Gericht. Genutzt ist auch die Emporenbrüstung als Träger einer dekorativen Schmiedearbeit mit den Anfangsworten der Seligpreisungen aus der Bergpredigt. Die Hochzeit von Kana, die »Seepredigt«, die Heimkehr des verlorenen Sohnes und das Bild des Ostermorgens sind vier neutestamentliche Stationen, die ohne rahmende Begrenzung auf die Längswände gemalt sind, während die Deckenträger knapp formulierte alttestamentliche Szenen zeigen. Unbemalt blieb die Chorwand, offenbar um den Blick auf die Altarachse zu sammeln. Mit dem Bild des himmlischen Jerusalems über dem Ausgang im Osten schließt das Bildprogramm. Die beteiligten Künstler hat vermutlich Richard Weigle hinzugezogen, denn auch in Gerhausen sind Altar, Taufe und Kanzel aus Terrakotta gebildet. Als Bildhauer stand Jacob Wilhelm Fehrle in diesen Jahren auf der Höhe seines Schaffens, und mit seiner Bauplastik an dem 1925 durch Paul Schmitthenner umgebauten Spätbarockbau des ehemaligen Waisenhauses in Stuttgart mochte er sich gerade für den Auftrag in Kirchberg empfohlen haben. Die expressiv angelegte Christusfigur über dem Kirchberger Altar ist in seinem vielfältigen Werk ohne Vergleich geblieben. Als Maler ist Alois Gruber, als Glasmaler H. W. Kohler genannt, für die figurenreichen, flachgeschnittenen Terrakottareliefs der Emporenstützen und des Altars die Gebrüder Gießler aus Sonthofen.

Kirchberg lag um 1930 ziemlich abgeschieden in der hohenlohischen »Provinz« Württembergs. Wenn die Modernität dieses Ausbaues der Stadtkirche erklärt werden soll, dann hat sicher die Empfehlung der kirchlichen Oberbehörde dem Kirchengemeinderat die notwendige Entscheidungshilfe gegeben. Zum anderen stand im benachbarten Gaggstatt die 1904 von Theodor Fischer gebaute und bald weitbekannte turmbewehrte

Dorfkirche in überzeugender Weise als neuzeitlicher Kirchenbau vor Augen, so daß dieses Bauwerk in einem gewissen Sinn als Wegbereiter für Kirchberg wirken konnte. Kirchenneubauten der zwanziger Jahre sind in Württemberg eher von reizvollen und eigenständigen Auseinandersetzungen mit den baulichen Traditionen als von avantgardistischen Lösungen geprägt. So verwundert es nicht, daß von maßgeblicher Seite angesichts der ungewohnten Gestaltung des Kirchberger Innenraumes Vorbehalte, aber auch Einwände gegenüber dem funktionalen Konzept geäußert wurden. Tatsächlich wird die Kanzel heute nicht mehr benutzt, und auch der große Terrakottaaufstein ist aus der Turmkapelle geholt worden. Gleichwohl ist die Ausstattung dieses Raumes ein wichtiges und (bis auf die Lampenkörper) unverändertes Zeugnis der Zeit um 1930, und gewiß wäre sie in ihrer künstlerischen Freiheit wenige Jahre später nicht mehr zur Ausführung gekommen. Mit dem Wiederaufbau nach dem Plan Richard Weigles war damals zugleich das Stadtbild repariert worden. An einem entscheidenden Punkt wurde dabei der ältere Zustand abgeändert: Das Mansarddach der Kirche ist seither durch ein scharfkantiges Walmdach ersetzt, eine Veränderung, die damals nicht als Verlust erkannt und auch vom Denkmalamt ausdrücklich begrüßt wurde. Es ist dieses neue Dach, das die so unterschiedliche Gestalt von Außen- und Innenbau verbindet.

1995

Gottlob Haag (*1926)

Inzwischen haben wir den kleinen Talort Mistlau mit seinen etwa einhundert Einwohnern erreicht. Er liegt rechts der Jagst zwischen drei- und vierhundert Metern tiefer, als die hohe Ebene, aus der wir herabgekommen sind. Früher wurde hier ein mühsamer Feldbau betrieben, denn die Felder der Bauern und kleinen Landwirte lagen durchweg alle oben auf der Höhe. So hat es den Menschen immer viel Zeit und Mühe gekostet, bis sie mit ihren Gespannen den steilen Anstieg bewältigt hatten und dann mit der Bearbeitung ihrer Felder beginnen konnten. Heute sind es nur noch ein paar größere Bauern, die als Vollerwerbslandwirte ihren Beruf ausüben und mit ihren Traktoren den Höhenunterschied mühelos bewältigen. Stets sind die Wiesen im Tal im Frühjahr und Herbst von den Hochwassern gefährdet, die der Fluß oft führt, so daß der Feldbau in den Talauen stets große Risiken für die Landwirte mit sich bringt.

Auf der kleinen Erhebung in der Ortsmitte steht im ummauerten Friedhof die kleine dem heiligen Nikolaus geweihte Kirche, die in ihrem Chor mit ihren vor rund hundert Jahren entdeckten und freigelegten Fresken ein ganz besonderes Kleinod hohenlohisch-fränkischer Kunst birgt.

Erstmals wurde Mistlau, das damals noch » Mistelouwa« hieß, im Jahre 1090 urkundlich erwähnt, als dem Kloster Comburg bei Schwäbisch Hall, sechs Huben als Geschenk vermacht wurden. Jedoch erst zweihundert Jahre später ist von einem Benediktinerinnenkloster die Rede, das 1282 mit Elisabeth von Lobenhausen, als dessen Stifterin in Verbindung gebracht wird. 1303 wurde das kleine Kloster in eine Klause umgewandelt, die der Unterbringung betagter Frauen dienen sollte. Wenig später wurden Vogtei und Gericht würzburgerisches Lehen der Grafen von Hohenlohe. Um die Mitte des 14. Jahrhunderts waren die Gülten des Ortes und der Klosterfrauen dann wieder im Besitz des hohenlohischen Amtes Sulz. Damals verkauften drei Klosterfrauen einen ihrer Höfe. Es ist nicht bekannt, ob dies dazu führte, daß 1479 mit der Erlaubnis des Abtes von Comburg, der das Visitationsrecht besaß, die Klause endgültig aufgelöst wurde, woran schon 1413 gedacht worden war, oder ob deren Baufälligkeit den Grund dazu hergaben. Vielleicht nahm man aber auch »am unzüchtigen Leben der Nonnen« Anstoß, über das in alten Chroniken berichtet wird. Noch heute erzählt der Volksmund von einem unterirdischen Gang, der von Anhausen nach Mistlau herabgeführt haben soll, in dem sich die Mönche und Nonnen trafen und ihre Unzucht getrieben haben sollen. Jedenfalls wurden das Vermögen und die Güter nach der Auflösung des Frauenklosters vom Stift Comburg eingezogen.

Zu welcher Zeit die erste dem heiligen Nikolaus geweihte Kirche erbaut wurde, ist nicht bekannt, jedoch wird eine Zeit im ausgehenden 12. Jahrhundert, beziehungsweise des frühen 13. Jahrhunderts angenommen. Zum erstenmal wird die Kapelle im Jahre 1562 urkundlich erwähnt. Die freigelegten Wandmalereien dürften nach heutigen Vermutungen um diese Zeit entstanden sein.

Mir kommen Zeilen in den Sinn, die ich vor noch nicht allzulanger Zeit geschrieben habe. Ich spreche sie leise vor mich hin:

Der helle Tag blieb draußen stehen,
während mich mein Schritt
ins steingekühlte Schweigen trug,
um mir im Chorgewölb' und an den Wänden
die alten Bilder anzusehen,
worüber sich mein Herz erfreute
und um ein paar Takte höher schlug.

In zart verhaltenen Farben an den Wänden,
Geschichten aus der Bibel
im Verein mit heiligen Legenden,
erzählen von der Menschen alten Frömmigkeit,
als wollten sie dem Glauben wieder
Mut und neue Hoffnung spenden,
in dieser unsrer mörderischen Zeit.

Die Stille im gewölbten Raum,
nur manchmal unterbrochen
von des Holzes leisem Reden.
Auf einem Sonnenstrahl
erwärmte sich der alte Traum
vom Frieden, um den die Dörfler
hier an Sonn- und Feiertagen beten.

Draußen noch ein kurzer Blick
auf das umsteinte Gräberfeld,
wo der späte Sommer noch
leuchtend auf den Gräbern blühte.
Danach rief uns die Gegenwart zurück
in die Bereiche, wo das Dasein sich
kräftelassend um sein Bestehen mühte.

Das Tal hinter uns lassend, fuhren wir durch den Ort und
wieder über die steile Steige hinauf auf die hohe Ebene, wo wir
nach einigen Kilometern wieder auf die Hauptstraße kamen und
dann wiederum in das Tal der Jagst hinabfuhren, um nach Kirchberg zu gelangen. Aus einer Kurve kommend präsentierte sich
uns das auf hohen gotischen Mauern, im Stil der Renaissance
und des Barocks erbaute, ehemalige Residenzstädtchen mit seiner zimtfarbenen Schloßfassade auf einem Bergsporn hoch über
der Jagst.

Es war am frühen Nachmittag, als wir in Kirchberg ankamen
und in der Vorstadt einen Parkplatz suchten. Unweit der reno-
vierten und wiederhergestellten Orangerie, die früher dem Hof-
gärtner als Gewächshaus diente und heute für öffentliche Veranstaltungen genutzt wird, wurden wir fündig. In den Schaufen-
stern der Vorstadt präsentierte der mittelständige Handel seine
Waren. Da und dort auch Kunstgewerbe, Keramik und Schnit-
zereien aus dem Erzgebirge ließen vermuten, daß Kirchberg
doch eine kunstsinnige Stadt ist.

Auf leichtem Anstieg führte uns die Straße zum Stadttor, neben dem sich der Stadtturm mit spitzem Kegeldach 35 Meter
hoch erhebt und in die Höhe reckt. Er ist eines der markantesten

Kirchberg o/Jagst 21. Sept. 25.

Fr. Gabler

Wahrzeichen Kirchbergs. Schon vor sechshundert Jahren wurde der aus Feldsteinen hochgezogene Turm anstelle eines hölzernen Turmes errichtet und gehörte einst zur Befestigungsanlage der Stadt auf dem der Türmer hauste.

Weitergehend gelangten wir, vorbei an breitbrüstigen, spitzgiebeligen Bürgerhäusern und dem Sandel'schen Museum zur Stadtkirche. Bereits 1731 im »Haller Barockstil« errichtet, brannte sie 1929 nieder und mußte wieder aufgebaut werden. Leider war, wie bei evangelischen Kirchen üblich, der Zugang verschlossen. Damals mit zeitgemäßem Inventar ausgestattet und wieder instandgesetzt, war die Stadtkirche, 1731 von Graf Karl Friedrich Eberhard erbaut, gleichzeitig auch die Grablege der Adeligen von Hohenlohe-Kirchberg, in deren Gruft 72 Särge beigesetzt sind.

Der Weg zum Schloß, gesäumt von Ruhebänken und gutgepflegten Grünanlagen unter den frischgetünchten Fassaden des langen, dem Schloß vorgebauten Gebäudekomplexes, ließ erahnen, um wievel Sorgfalt und Einfühlungsvermögen hier dem Erhalt der noch vorhandenen Substanz Rechnung getragen wurde. Nicht umsonst nennen deshalb auch viele Besucher das Städtchen »Das kleine Rothenburg über der Jagst«.

Das Schloß selber präsentiert sich dem Betrachter als ein in sich geschlossener, hochherrschaftlicher Bau. Der Blick von der Brücke in die Tiefe des Schloßgrabens ist fast schwindelerregend. Noch flankieren am Portal zwei Postenhäuschen den Eingang, über denen sich aus Flamme der Phönix, das Wahrzeichen derer von Hohenlohe erhebt. Der Wappenspruch lautet »ex flammis orior«, zu deutsch: »Aus der Flamme steige ich empor«.

1952 wurde das Schloß von der evangelischen Heimstiftung erworben und zum Alten- und Pflegeheim ausgebaut. Das damals noch vorhandene Inventar wurde in das Schloß Neuenstein bei Öhringen ausgelagert. Heute steht das Heim unter der Verwaltung des Diakonischen Werkes.

Über der Brücke des hinteren Zugangs, ehemals ebenfalls durch einen tiefen Burggraben gesichert, haben wir das Schloß verlassen und finden uns im Schatten riesiger, uralter Bäume. Hier bietet sich dem Beschauer über die Mauer ein weiter Blick

222

in das Tal der Jagst, die ihr silbernes Band mäandernd durch den Talgrund schlingt. Drüben auf der anderen Seite des Tales reckt die Burg Hornberg ihre Mauern und ihren Bergfried aus dem honigfarbenen Laub des Herbstwaldes. Im Besitz der Freiherren von Crailsheim werden die Räume der Burg auch heute noch von Privatpersonen bewohnt. Sie ist um einiges älter als Kirchberg und wurde bereits 1148 erstmals urkundlich erwähnt. Unweit rechts der Burg, doch durch den schroff abfallenden Einschnitt einer Klinge getrennt, zeigt die »Villa Schöneck«, vom Wald umfriedet, ihre weiße Fassade. Um die Jahrhundertwende, von einem Berliner Geschäftsmann am Hang in der Abgeschiedenheit des Jagsttales erbaut, diente sie nach dessen Tod lange als Schullandheim, bis sie schließlich in den Besitz der evangelischen Landeskirche Württembergs überging und seitdem als Bibelschule genutzt wird.

Den Ort unseres Rundblicks verlassend, wollen wir uns nun auf einen Rundgang um das ehemalige Schloß machen, der uns auch durch die tiefen Burggräben führt, wo die Mächtigkeit der Anlage besonders eindrucksvoll deutlich wird.

Über eine steile Treppe fanden wir von unserem Rundgang in die Vorstadt zurück. Noch einmal gingen wir durch das Stadttor, wo sich über mehr als ein halbes hundert Treppen hoch ein kleines Lokal eingerichtet hat, um Einkehr zu halten.

Über den Weg den wir kamen, verließen wir auch die kleine Stadt wieder und fuhren hinab in das Tal der Jagst, um nach Gaggstatt zu gelangen. Gleich einem ihre Wärme lautlos verstrahlenden Gong, hing die Sonne am Himmel und schüttete ihr Licht in den späten Nachmittag.

In Serpentinen, beiderseits von hohen Bäumen beschattet, zog die Straße in leichtem Anstieg durch den Talgrund hinauf auf die Höhe, wo uns bald die Kirche des Dorfes mit ihren beiden markanten Rundtürmen ihren ziegelroten Gruß entbot.

Der Ort, ringsum noch von Streuobstwiesen umgeben, ist in seiner Struktur noch eines jener wenigen hohenlohischen Dörfer, wie sie nach und nach immer seltener anzutreffen sind. Noch ist der Ortskern nicht aufgebrochen und in sich geschlossen und die Landwirtschaft vorherrschend, wenn auch manche

Bauern ihre Höfe im Nebenerwerb bewirtschaften. So sind es hier, wie auch anderswo meist die Frauen, die neben ihrer Hausarbeit die anfallenden Arbeiten im Stall und auf dem Hof verrichten, während die Männer tagsüber anderswo den Lebensunterhalt für ihre Familien verdienen und nach Feierabend und an den Wochenenden die Arbeit auf den Feldern in Angriff nehmen. Längst hat die Landwirtschaft ihre Attraktivität verloren und ist unrentabel geworden, wenn sie nicht im Großen betrieben wird. Und doch sind auch die Großlandwirte nicht zu beneiden, denn längst sind sie sich doch selber zum Knecht ihrer Höfe geworden und hängen ständig in den Geschirren ihres Tagewerks und ihrer Pflichten.

Gaggstatt ist ein altes Dorf und wird in einem Kaufbrief aus dem Jahre 1373 erstmals urkundlich genannt. Bereits im Jahr 1413 ist von einer kleinen einstöckigen, einschiffigen Kapelle »zum heiligen Kreuz« die Rede, die von der Pfarrei Lendsiedel betreut, einen eigenen Kaplan hatte. 1506 wird diese Kapelle erweitert und zur Pfarrkirche mit einem Chorturm im Osten ausgebaut. Da die Grafen von Hohenlohe schon frühzeitig zum lutherischen Glauben übertraten, wurde Gaggstatt bereits 1558 evangelisch.

Da die alte Kirche baufällig geworden, beschließt der Kirchengemeinderat 1899 unter Pfarrer Gustav Heinrich Alexander Bihl sie abreißen zu lassen und eine neue zu bauen. Die Planung des Kirchenneubaus wurde an Professor Dr. Theodor Fischer übertragen, der an der Technischen Hochschule in Stuttgart wirkte. 1903 wurde mit dem Abbruch der alten und 1904 mit dem Bau der neuen doppeltürmigen Kirche begonnen, die 1905 fertiggestellt wurde. Damals war man wohl nicht der einhelligen Meinung, daß die Kirche in ihrer Form mit ihrer Innenausstattung etwas ganz Besonderes darstellt. Mit der monumentalen Doppelturmanlage in dieser ländlichen Umgebung konnten sich zunächst viele Menschen nicht anfreunden, weil die Kirche in ihrer Vorstellung nicht dem gewohnten Anblick herkömmlicher Sakralbauten entsprach. Denn hier hatte der Architekt den geglückten Versuch unternommen, etwas völlig neues, bis dahin noch nicht Dagewesenes im modernen Kirchenbau zu realisieren.

prot. Kirche – Gießhübl

225

In seinem Buch »Eine Abkehr vom Historismus oder ein Weg zur Moderne« schreibt Ulrich Kerkhoff über den Architekten der Gaggstatter Kirche: »Von den Höhen auf das Dorf zufahrend wird der unvorbereitete Besucher zunächst vermuten, sich einer im Ursprung uralten, mehrfach umgebauten Kirche zu nähern. Sie scheint wie ein an Ort und Stelle gewachsener Baum, anspruchslos und scheinbar die Arbeit eines längst vergessenen Maurermeisters, eben eine Selbstverständlichkeit wie die Häuser in der Nachbarschaft. Zu einem erheblichen Teil wird der vertraute Eindruck durch die Verwendung des ortsüblichen Bruchsteinmauerwerkes hervorgerufen. Diese Art Fischers, scheinbar frei vom Ballast der akademischen Ausbildung, der Mode und Zeitströmung eine Kirche zu bauen, die seit undenklicher Zeit diesem Ort zu gehören, dem gemeinsamen Willen seiner Bewohner entwachsen zu sein scheint, belegt seine Fähigkeit, sich unvoreingenommen neuen Situationen zu öffnen und gestalterisch ihnen entsprechend zu reagieren. So entsteht nicht die sich einfügende, sondern die aus der Situation herauswachsende Architektur. Sie entspricht keinem stilistischen oder formalen Schema, sondern ist unverwechselbar und ortsgebunden. Der Kirchenneubau biedert sich trotzdem nicht an, sondern steht in abwartender, selbstsicherer Distanz, die auch der unscheinbare Zugang in der Mauer zu bestätigen scheint. Fischers Kirche prägt bis heute das Ortsbild wohltuend.«

Doch sei hier noch erwähnt, Theodor Fischers Bauweise war schlicht und denkbar einfach mit dem Verzicht auf jegliche Schnörkel und überladene Formen. Damit konnten sich die Bauern von Gaggstatt zunächst überhaupt nicht abfinden, denn sie hatten etwas anderes erwartet. So vermerkte der damalige Pfarrer Gschwind in seiner Bauchronik von »törichten und übelwollenden Reden« der Bauern und schrieb weiter: »Volkskunst, Heimatkunst – dafür gibt es auf dem Land eigentlich keinen oder wenig Sinn. Am Urwüchsigen und Bodenständigen hat man keinen Geschmack mehr, dagegen am Gezierten und Gespreizten«.

Heute ist es dagegen ganz anders geworden. Als in den sechziger Jahren das Kircheninnere in seinen ursprünglichen Zustand versetzt und behutsam renoviert worden war ohne die Substanz zu beschädigen, sind die Gaggstatter stolz auf ihre Kirche. Und als gar 1990 noch ein Fernsehteam auftauchte und die erste Folge zu der dreizehnteiligen ARD-Fernsehserie »Grüß Gott Frau Pfarrerin« von Felix Huby mit Irene Clarin als Pfarrerin Lenau in der Hauptrolle drehte, waren auch die letzten Zweifel über die kunstgeschichtliche Bedeutung ihrer Kirche vollends endgültig ausgeräumt. Eine Journalistin bezeichnete die Gaggstatter Jugendstilkirche in einer Fernsehzeitschrift als eine »Dorfschönheit« unter den Kirchen Hohenlohes. Seitdem kommen auch immer wieder Omnibusse mit Besuchern, die diese Kirche besichtigen wollen und auch sonst zahlreiche Besucher von überallher, um der Kirche einen Besuch abzustatten.

Es gäbe noch vieles über diese Kirche zu sagen, doch weitere Beschreibungen könnten dem, was wir gesehen und erlebt haben, nicht gerecht werden. Man muß diese Kirche selber gesehen haben und auf sich einwirken lassen, den herrlichen, kleinen Miniaturdom, inmitten der Hohenloher Ebene, um sich ein Bild machen zu können. Farben leuchten und lassen sich in ihrer Wirkung auf das Gemüt kaum in Worte fassen.

So treten wir reich beschenkt und mit einer großen Zufriedenheit und inneren Harmonie unseren Heimweg an und fahren im Abendwerden durch die stillen Felder hinab ins Vorbachtal.

1999

Gottlob Haag

(*1925)

Der Gang durchs Tor führt dich
in die kleine, alte, schmucke Stadt,
wo sich die Häuser hochgegiebelt,
eng aneinanderreihen,
wo auch noch der Baum
sein Recht zum Leben hat
und die Dohlen von den Dächern
und den Türmen schreien.

Hin durch die schmalen Gassen
geleitet dich der rege Wind
und wird dich beim Anblick
der alten Giebel und Fassaden
erinnernd manchmal staunen lassen,
daß deinem Traum die Zeit gerinnt
und dir die geschauten Bilder
selbst zur Erinnerung geraten.

Am Wächterhäuschen vor dem Schloß
ziehn jetzt der Wolken Schatten auf
und im Marstall wiehert nächtens
gelegentlich der Wind.
Noch registriert die Sonnenuhr
am Schloß der Stunden Lauf
und erinnert dich selbst deiner Tage
und an deren Tage, die vor uns gewesen sind.

Die Mauern stark und fest, wie ehedem,
jahraus, jahrein von Stürmen
und vom Wind berannt,
geben Zeugnis von Beständigkeit.
Die kleine Stadt ringsum umstanden
und bewacht von Türmen,
gewährt von dort aus dem Beschauer
den Ausblick in das weite Land.

Die Freundlichkeit der Menschen hier,
begegnet dir auf Schritt und Tritt.
Noch hat der eine für den andern Zeit.
Doch, wie überall und anderswo,
reißt auch alle hier
der Strom des Daseins mit
und spült, wenn ihre Zeit gekommen,
sie an den Strand der Ewigkeit.

1999

Hans Dieter Haller (*1937)

Begegnung mit zeitgenössischer Kunst in einer Landgemeinde

Zur Situation der Gemeinde
Die im Folgenden beschriebenen Erfahrungen wurden in zwei vergleichbaren Residenzstädtchen Hohenlohes gemacht – einer ländlich geprägten Landschaft im Nordosten Württembergs. Waldenburg hatte damals im Kernort etwa 2500 Einwohner, die evangelische Kirchengemeinde 1500 Mitglieder. Kirchberg hat bei gleicher Einwohnerzahl 1250 evangelische Gemeindemitglieder. Durch die in beiden Fällen gute ökumenische Zusammenarbeit konnten aber auch die katholischen Einwohner angesprochen werden.

Beide Städtchen haben im ländlichen Umfeld eine gewisse Mittelpunktfunktion. In Kirchberg ist durch das Vorhandensein aller Schularten und verschiedener sozialer Einrichtungen und den dadurch bedingten Zuzug von LehrerInnen und SozialpädagogInnen ein Klima entstanden, das für die Annahme kultureller Angebote günstig ist.

Die Erfahrungen
Mit einem schlechten Gewissen hat es angefangen. Der Künstler und Drucker Josua Reichert hatte die Absicht, die bis 1985 vorliegenden Einblattdrucke des »Haidholzer Psalters« den Subskribenten im Überblick vorzustellen. Als einer der Subskribenten bot ich mich an, dies mit einer Ausstellung in unserer Gemeinde Waldenburg zu verbinden, in der es auch eine von Stuttgart aus geleitete und beschickte Galerie gab. Unsicher war ich mir in der Frage, ob es zu meinen Aufgaben als Gemeindepfarrer gehört, Ausstellungen zu organisieren. Das Thema »Psalmen« allerdings ließ eine Verbindung zur Gemeindearbeit erkennen. Und so wurde aus einer Ausstellung, die zunächst nur für einen kleinen Kreis von 25 Personen gedacht war, eine Veranstaltungsreihe, in der durch Einbeziehung theologischer, historischer und musikalischer Zugänge zum Thema »Psalmen«

viele Menschen aus der Gemeinde teilnehmen konnten. Die Drucke Josua Reicherts hingen während dieses »Waldenburger Psalmenfestes« in der Galerie und in der Stadtkirche. Zwei von ihnen hängen heute noch in der Kirche.

Die guten Erfahrungen bei dieser Festwoche führten nach zweijähriger Unterbrechung in der neuen Gemeinde Kirchberg an der Jagst zu ihrer Fortsetzung mit der »Kirchberger Engelwoche« 1992, »Menschen(s)-kinder« 1994 und dem »Kirchberger Schriftfest« 1997.

Jedesmal standen im Zentrum Arbeiten eines Künstlers oder einer Künstlergruppe, zu denen ich selbst – oft seit meiner Studienzeit – eine Beziehung hatte. Ein Aspekt ihres Schaffens bestimmte dann das Thema von Ausstellung und Veranstaltungswoche. Bei Grieshaber waren es die Engel. Bei Antes die Frage nach dem Menschenbild (seine Lithos und Offsets wurden Arbeiten einer Künstlergruppe der Diakonie Stetten gegenübergestellt), bei Reichert diesmal seine Beschäftigung mit kyrillischen und vor allem hebräischen Buchstaben und Texten. Die Ausstellungen fanden jedes Mal in der Kirchberger Stadtkirche statt, begleitet von einer zweiten Ausstellung zum Thema in der Orangerie.

Beim »Kirchberger Schriftfest«, das die zunächst spröde Materie der Buchstaben und der Schrift zum Inhalt hatte, wurden die Buchstaben zum Schwingen und Klingen gebracht. Die Kirchberger Schulen beteiligten sich mit Festzug und Ausstellung. Verschiedene Musiker hatten drei Kompositionen eigens für diesen Anlass komponiert. Ein Ballettprogramm war für das Fest entwickelt worden, und auch beim Gemeindefest, bei Vorträgen und Gottesdiensten ging es um das Thema »Schrift«.

Natürlich gab es auch Ausstellungen, die mit weniger Aufwand verbunden waren. Immer aber haben wir versucht, die Ausstellung oder Präsentation des oder eines Werkes eines Künstlers in den Zusammenhang dessen zu stellen, was sich in der Erwachsenenbildung der Gemeinde oder in Gottesdiensten abspielte. Werner Knaupps »Bilder aus der Psychiatrie« z.B. waren in einer Veranstaltungsreihe zum »Tag des Flüchtlings« zu sehen. Die »Brot-für-die-Welt«-Fahnen begleiteten die KonfirmandInnen während des ganzen Unterrichtsjahres und hingen am Tag der Konfirmation im Original in der Kirche. Eine von Gisela Paul aus dem Schrott von Unfallautos hergestellte Figur des Gekreuzigten war Ausgangspunkt für eine intensive Beschäftigung der Konfirmanden mit Christusbildern und anschließend Mittelpunkt einer Prozession zum verkehrsreichsten Platz des Städtchens. Dort hing die Figur bis Karfreitag ein einem Laternenpfahl, um anschließend von einer kleinen Gruppe junger und älterer Gemeindeglieder in die Kirche getragen zu werden.

Holzschnitte zur Bibel von Detlef Willand standen in Zusammenhang mit einer sich über drei Monate erstreckenden Veranstaltungsreihe zum Thema »Umgang mit der Bibel«. Auch bei ihr waren die Konfirmanden aktiv beteiligt.

Voraussetzungen und Rahmenbedingungen
Ausstellungen und vor allem solche Veranstaltungswochen verlangen einen hohen Aufwand an Zeit zur Vorbereitung und Durchführung. Sie sind erfolgreich nur möglich, wenn viele Gemeindemitglieder daran beteiligt sind. Die ermutigende Zustimmung des Kirchengemeinderates ist nicht nur wegen der finanziellen Seite nötig.

Die nötigen Rahmenbedingungen waren bei uns vorhanden: eine Kirche, in der – nachdem unauffällige Holzleisten angebracht worden waren – Bilder jedes Formats gehängt werden konnten; Wechselrahmen, die der Verein für Kirche und Kunst in der Evangelischen Landeskirche in Württemberg ausleiht; eine Finanzierung, die durch Spenden, Zuschüsse von Stadt, Land und Kirche, Einnahmen und durch Haushaltsmittel gesichert war.

Wichtig war auch das gute Verhältnis zu und die Zusammenarbeit mit der bürgerlichen Gemeinde. Viele TeilnehmerInnen aus der Umgebung konnten erreicht werden, weil auf den Kontakt zur örtlichen und überregionalen Presse und zum Regionalfunk großer Wert gelegt worden war. So kam auch ein großer Teil der von Veranstaltung zu Veranstaltung wechselnden Teilnehmer aus der näheren und weiteren Umgebung. Am wichtigsten für die Teilnahme der einheimischen Bevölkerung hat sich aber die Einbeziehung von Schule und Kindergarten erwiesen. Über die Kinder und Jugendlichen konnten auch deren Eltern erreicht werden.

Der Rückblick

Ich bin nun im Ruhestand. Ob die Erfahrungen und die Beschäftigung mit zeitgenössischer Kunst für die Gemeindemitglieder und BürgerInnen Kirchbergs neue Zugänge geschaffen haben, bleibt für mich offen. Das anfangs schlechte Gewissen ist aber schon lange der Begeisterung gewichen, Menschen und Ideen, Themen und verschiedene Zugänge zu entdecken und zusammenzubringen. Theologie und Kunst stehen dabei nicht für sich isoliert im Raum oder gar abseits, sondern sie sind Teil eines Gesprächs, an dem viele teilnehmen, wenn sie nach Gott und der Welt und ihrem Platz darin fragen.

2002

Zeittafel

1085 urkundlich erster Nachweis der Edelherren
von Lobenhausen

1090 Mistlau erstmals erwähnt

1148 Hornberg erstmals erwähnt

1231 Lendsiedel erstmals erwähnt

1265 Raban von Kirchberg erstmals erwähnt, aus der
Familie von Sulz stammend, Erbauer der ersten
Burg von Kirchberg

1313 Kirchberg gelangt über die Grafen von Flügelau
an Kraft II von Hohenlohe

1357 Gaggstatt erstmals erwähnt

1398 Kirchberg wird an die Reichsstädte Rothenburg,
Dinkelsbühl und Hall verkauft, die es zur befestigten
Stadt mit Stadttürmen (1405, 1437), Stadtmauer (1455),
Bollwerk (1489) ausbauen und ein Kornhaus (1496)
errichten

1511 Neubau der Pfarrkirche in Lendsiedel

1525 aufrührerische Bauern brennen die Burg Sulz nieder
und plündern die Burg Lobenhausen

1546 Kaiser Karl V. übernachtet auf seinem Zug
von Rothenburg nach Hall vom 15. auf den 16.12.
in Kirchberg

1551 Kirchberg erhält das Recht, drei Jahrmärkte abzuhalten,
und wird »offene Stadt«

1562 Graf Ludwig von Hohenlohe kauft Stadt und Amt
Kirchberg von den drei Reichsstädten zurück

1588 vor der Burg Hornberg entsteht eine Siedlung

1590 Umbauarbeiten am Schloss, aus der mittelalterlichen Burg wird ein Renaissanceschloss

1650 bei der Landesteilung erhält Graf **Joachim Albrecht** von Hohenlohe (1619-1675) Amt und Stadt Kirchberg und wählt das Schloss als Residenz

1675 nach Joachim Albrechts Tod fällt Kirchberg an Langenburg zurück

1701 nach einer Erbteilung bezieht Graf **Friedrich Eberhard** (1672-1737) Schloss Kirchberg. Er ist der Stammvater der Linie Hohenlohe-Kirchberg

1731 Bau der Stadtkirche im »Haller Barockstil«

1737 Graf **Karl August** (1707-1767) lässt das Schloss durch Leopold Retti zum Barockschloss umbauen

1748 Bau des Lateinschulgebäudes (jetzt Museum)

1764 Erhebung des Grafen Karl August in den Reichsfürstenstand

1767 Fürst **Christian Friedrich Karl** (1729-1819) setzt den Ausbau der Stadt fort: Stadttor 1774, Jagstbrücke 1779, 1800 heutiges Rathaus

1806 Kirchberg wird bayrisch

1810 Kirchberg kommt unter württembergische Landeshoheit

1819 Fürst **Georg Ludwig Moritz** (1786-1836) und Fürstin **Adelheid** geb. Prinzessin zu Hohenlohe-Ingelfingen (1787-1858)

1831 Bau des »Langen Baues« vor dem Schloss

1836 Fürst **Karl** (1780-1861) und Fürstin **Marie** geb. Gräfin von Urach (1802-1882)

1843 Stiftung der Kleinkinderschule »Katharinenpflege«

1855 Stiftung des Krankenhauses »Adelheidstift«, jetzt DRK-Kurheim

1861 die Fürstenlinie Hohenlohe-Kirchberg stirbt aus

1904 Neubau der evangelischen Kirche in Gaggstatt durch Theodor Fischer (Jugendstilkirche)

1914 Einrichtung einer Reformschule, ab 1926 Schloß-Schule Kirchberg

1929 Brand der Stadtkirche und Neubau mit moderner Inneneinrichtung (Art Deco)

1946 der Landesverband für Innere Mission eröffnet im Schloss ein Alten- und Pflegeheim

1950 Verkauf des Schlosses an den Landesverband für Innere Mission

1952 Übernahme des Alten- und Pflegeheims durch die Evangelische Heimstiftung

1972 Gemeindereform, Eingliederung der Gemeinden Gaggstatt mit Mistlau und Hornberg

1975 Anschluss der Gemeinde Lendsiedel an die Stadt Kirchberg/Jagst, Verleihung des Prädikats »Staatlich anerkannter Erholungsort«

Inhalt

Seite 9
Merian Topographia Germaniae Franken 1656. nach: Faksimile der 2. Ausgabe, wohl von 1656. 2. durchgesehene Neuausgabe Bärenreiter Kassel und Basel 1968, S. 51
Martin Zeiller *(1589-1661). Der in Ulm lebende Enzyklopädist und Verfasser einer »Reisebeschreibung durch Deutschland« verfasste auch die Texte für Matthäus Merians 31-bändige »Topographia Germaniae«.*

Seite 11
Johann Ludwig Wolf: Wie Kirchberg Gottes Lust-Berg wurde... Daniel Holl Öhringen o.J., S. 29-31
Johann Ludwig Wolf (1695-1763) war von 1727 bis 1730 Diakon und Pfarrer in Lendsiedel und von 1730 bis zu seinem Tod Stadtpfarrer und Hofprediger in Kirchberg.

Seite 13
Wolfgang Ludwig Köhler: Das ewig-bleibende Kirchberg... Johann Daniel Holl Öhringen o.J.
Wolfgang Ludwig Köhler (1695-1732) war von 1716 bis zu seinem Tod Pfarrer in Kupferzell. Das Gedicht ist ohne Namensnennung gedruckt, aber Köhlers Schwiegersohn Johann Christian Wibel nennt ihn in seiner Hohenlohischen Kirchengeschichte auf Seite 499 als Verfasser.

Seite 18
Johann Christian Wibel: Hohenlohische Kyrchen- und Reformations-Historie. Jacob Christoph Posch Onolzbach (Ansbach) 1752 Band I, SS 14f, 156, 366, 146f, 161-163.
Johann Christian Wibel (1711-1772) war 1732 bis 1733 Pfarrverweser in Kupferzell, 1733 bis 1747 Kaplan in Wilhermsdorf, 1746 bis 1749 Konsistorialrat in Öhringen und von da an bis zu seinem Tod Hofprediger, Stadtpfarrer und Konsistorialrat in Langenburg.

Seite 22

Leopold von Schlözer: Dorothea von Schlözer – der Philosophie Doctor 1770-1825. DVA Stuttgart, Berlin und Leipzig 1923, S. 25

Dorothea von Schlözer *(1770-1825) war die älteste Tochter August Ludwig von Schlözers und wurde mit 17 Jahren als erste deutsche Frau zum Doktor der Philosophie ernannt. Sie besuchte 1774 mit ihrem Vater bei einer Reise nach Süddeutschland von Göttingen aus Gaggstatt, den Geburtsort ihres Vaters. Ihr Reisetagebuch hält die Eindrücke der Vierjährigen fest.*

Seite 23

Christian Friedrich Daniel Schubart (Hrsg): Teutsche Chronik aufs Jahr 1777. Christian Ulrich Wagner Ulm 11. und 17. Stück Februar 1777, SS 85-87 und 135 f

Carl Ludwig Junker *(1748-1797) wurde am 12.6.1749 als zweites Kind des Hohenlohe-Kirchbergischen Kammerrats Johann Leonhard Juncker in Kirchberg geboren. Er war 1778 Stadtkaplan in Kirchberg, anschliessend Pfarrer in Döttingen und Diakon in Lendsiedel bis er 1795 Pfarrer in Ruppertshofen wurde. Dort lebte er bis zu seinem Tod am 30.05.1797. Bedeutend war er als Musikschriftsteller. Er gab einen Musikalischen Almanach heraus, befasste sich aber auch mit Malerei und geisteswissenschaftlichen Themen. Er lernte 1791 Beethoven in Mergentheim kennen und war einer der ersten, der Beethovens Genie erkannte.*

Seite 27

Johann Friedrich Mayer: Roman eines edlen Wallachens – Landwirtschaftliche Reise durch verschiedene Landschaften. Vierter Theil. Johann Eberhard Zeh Nürnberg 1782, SS 454-459

Johann Friedrich Mayer (1719-1798) wurde am 21.9.1719 in Herbsthausen geboren. Er war von 1741 bis 1745 Pfarrer in Riedbach, anschließend 53 Jahre bis zu seinem Tod Pfarrer in Kupferzell. Der als »Gipsapostel« bekannte Pfarrer widmete sich der Landwirtschaft und gab seinen Bauern Ratschläge zur Verbesserung ihrer Arbeit, die er selbst ausprobiert hatte.

Seite 29
Maria Schneider: Dr. med. Friedrich Jäger – Ritter von Jaxtthal (1784-1871). Medizin & Gesellschaft Band 4 Lit. Verlag Münster 1989, SS 10-12, 19-20, 22-26 und 161 f

Friedrich Jäger (1784-1871) war als berühmter Augenarzt in Wien auch Leib- und Reisearzt Metternichs. Für seine Verdienste wurde er als Ritter von Jaxtthal geadelt. Sein Vater, **Christoph Friedrich Jäger** *(1735-1802) war Hof- und Reisearzt Herzog Karl Eugens in Stuttgart, mit dem er sich jedoch überwarf. Er trat 1775 die durch den Tod des Vorgängers freigewordene Stelle eines Fürstlichen Leib- und Stadtchirurgen in Kirchberg an. Am 4. 9.1871 wurde Friedrich Jäger als jüngstes Kind der Familie geboren. Seine Jugend verbrachte er in Kirchberg. Am 28.12.1871 ist er in Wien gestorben.*

Seite 37
Topographische Beschreibung von Hohenlohe. In: Journal von und für Deutschland 3. Jahrgang 9. Stück. Nürnberg und Frankfurt 1786, SS 225 f

Seite 41
Meine Reise durch Hohenlohe. In: Allgemeines Archiv für die Länder- und Völkerkunde hrsg. von Friedrich Carl Gottlob Hirsching Band 1, Christian Gottlob Hilscher Leipzig 1790, SS 22-26

Seite 44
Anton Friedrich Büsching: Erdbeschreibung siebenter Theil, der den ober-rheinischen, schwäbischen, bayerischen und fränkischen Kreis enthält. Carl Ernst Bohn Hamburg 1790 7. Auflage, S. 1031

Anton Friedrich Büsching (1724 - 1793) war Theologe, Geograph und Pädagoge. August Ludwig von Schlözer nannte ihn »einen der wichtigsten Männer des Jahrhunderts«.

Seite 45
Johann Caspar Bundschuh: Geographisches Statistisch-Topographisches Lexikon von Franken 3. Band. Verlag der Stettinischen Buchhandlung Ulm 1801, SS 101f; 310-312; 383; 619

Seite 48
Karl Schumm: August Ludwig von Schlözers Briefe an den Fürsten Christian Friedrich Karl zu Hohenlohe-Kirchberg. In: Jahrbuch des Historischen Vereins für Württembergisch-Franken Band 45 Schwäbisch Hall 1961, S. 125f
August Ludwig von Schlözer *(1735-1809) wurde am 5. Juli 1735 in Gaggstatt als Sohn des Pfarrers Johann Georg Friedrich Schlözer geboren. Er wuchs dort bis zum frühen Tod seines Vaters 1740 auf. Sein späterer Lebens- und Berufsweg führte ihn u. a. über Göttingen, Stockholm und Petersburg zuletzt wieder nach Göttingen, wo er als Professor für Geschichte und Publizistik lehrte. In seine hohenlohische Heimat kehrte er nur selten und für kurze Zeit zurück. Mit seinem Kirchberger Fürsten Christian Friedrich Karl stand er in lockerem Briefwechsel. Briefe an Hofprediger Kretschmer in Kirchberg vom 18.7.1802 und an Christian Friedrich Karl Fürst zu Hohenlohe-Kirchberg vom 2.2.1805 sind auszugsweise wiedergegeben.*

Seite 51
K.V.: Beschreibung schöner Gegenden im Hohenlohischen. In: Allmanach und Taschenbuch auf das Jahr 1803, Verlag der Schmeisserschen Hofbuchhandlung Öhringen 1803, SS 74-77

Seite 53
(**Karl Julius Weber**): Deutschland oder Briefe eines in Deutschland reisenden Deutschen. 1. Band. Gebrüder Franck Stuttgart 1826, S. 318
Karl Julius Weber (1767-1832), der Demokrit aus Hohenlohe, wurde am 20. April 1767 in Langenburg als Sohn eines fürstlichen Rentmeisters geboren. Nach dem Studium war er im diplomatischen Dienst der Grafen zu Erbach-Schönberg. Nach krankheitsbedingtem Ausscheiden lebte er bis zu seinem Tod im

Hause seiner Schwester und seines Schwagers als Privatgelehr-
ter in Jagsthausen, Weikersheim, Künzelsau und zuletzt in Kupferzell, wo er am 19.7.1832 starb. Seine bekanntesten Werke
sind der 12-bändige »Demokritos« und seine »Briefe eines in
Deutschland reisenden Deutschen«.

Seite 55

Ludwig Friedrich Ernst Bosch: Pfarrbeschreibung von der Paro-
chie Kirchberg an der Jaxt 1831. In: Frankenspiegel 28. Jahrgang
Nummer 6. Hohenloher Druck- und Verlagshaus Gerabronn
und Crailsheim Oktober 1976, S. 24
*Ludwig Friedrich Ernst Bosch (1798-1867) war ab 1821 Diakon
und von 1828 bis zu seinem Tod am 19.12.1867 Stadtpfarrer in
Kirchberg.*

Seite 58

Eduard Mörike: Briefe. J.G. Cotta'sche Buchhandlung Nachf.
Stuttgart 1959, SS 588 f
*Eduard Mörike (1804-1875) besuchte im Oktober 1844 von
Schwäbisch Hall aus seinen Freund Wilhelm Hartlaub, der als
Pfarrer in Wermutshausen lebte. Im Brief vom 23. Oktober 1844
aus Hall an Wilhelm und Konstanze Hartlaub beschreibt Möri-
ke den Verlauf der Rückfahrt von Wermutshausen nach Hall.*

Seite 61

Beschreibung des Oberamts Gerabronn – Herausgegeben von
dem Königlich statistisch-topographischen Bureau. Verlag der
J.G. Cotta'schen Buchhandlung Stuttgart und Tübingen 1847,
SS. 244-250, 252, 254-266; 158-164; 271-276
Christian Ludwig Fromm *(1797-1861) war Verfasser der Oberamtsbeschreibung. Er wirkte als fürstlicher Amtmann in Kirchberg bis 1850.*

Seite 93

Karl Werner Steim (Hrsg): Haus-Chronik des Leopold Hofheimer, israelitischer Lehrer und Vorsänger in Kappel bei Buchau
1841-1863. Documenta Suevica.

Quellen zur Regionalgeschichte zwischen Schwarzwald, Alb und Bodensee. Edition Isele, Konstanz, Eggingen und Oberschwäbische Elektrizitätswerke (OEW), 2003 SS
Leopold Hofheimer *(1810-1865) stand schon vor dem beschriebenen Besuch in Kontakt mit Fürstin Marie von Hohenlohe-Kirchberg. Wie diese Bekanntschaft zustande kam, ist nicht bekannt.*

Seite 102

Theodor Griesinger: Württemberg nach seiner Vergangenheit in Land und Leuten. Nachdruck der Ausgabe von 1866. Verlag Wolfgang Weidlich Frankfurt a. M. 1978, S. 310
Theodor Griesinger (1809-1884) lebte als Schriftsteller und Buchhändler in Stuttgart.

Seite 103

Brief von **Marie Kurz** vom Februar 1876 an Marie Caspart. Schiller-Nationalmuseum/Deutsches Literaturarchiv in Marbach am Neckar, Handschriftenabteilung.
Marie Kurz geb. von Brunnow (1826-1911) war die Ehefrau des Schriftstellers **Hermann Kurz** *(1813-1873) und Mutter der Schriftstellerin* **Isolde Kurz** *(1853-1944). Der älteste Sohn Edgar hatte Medizin studiert und sollte nach der Assistentenzeit in Tübingen eine Stelle in Württemberg antreten. Der arme Edgar musste nicht nach Kirchberg, ein Jahr später war er in Florenz. Die Adressatin des Briefes, Marie Caspart war im Linderhof bei Bad Schachen in Stellung.*

Seite 105

Karl Schmidt-Buhl: Der letzte Ritter von Bebenburg. Druckerei Dollmann Kirchberg/Jagst, Neuauflage 2001, SS 16-17
Karl Schmidt (1855-1936) nannte sich als Schriftsteller zuerst Theodor Karl, später Karl Schmidt-Buhl. Er war kurze Zeit als Lehramtsverweser in Kirchberg/Jagst und wurde von dort 1876 nach Schainbach versetzt, wo er bis 1885 blieb. In dieser Zeit entstand sein Ritterroman, der 1884 zum ersten Mal im Verlag der Schneider´schen Buchdruckerei in Rothenburg o.d.T. erschienen ist.

Seite 107
Karl Schnizer: Die Schillerfeier im Schloßsaal zu Kirchberg a.J. am 8. Mai 1905. Verlag Friedrich Bauer Kirchberg J. 1905, S. 4
Karl Schnizer (1855-1944) war von 1890 bis 1910 Stadtpfarrer in Kirchberg.

Seite 108
Agnes Günther: Eintrag im Gästebuch von Pfarrer Karl Schnizer am 8.10.1907, in Privatbesitz
Agnes Günther (1863-1911), die Verfasserin von »Die Heilige und ihr Narr« lebte von 1891 bis 1907 als Ehefrau des dortigen Dekans Rudolf Günther in Langenburg. 1907 zog die Familie nach Marburg, wo Dekan Günther eine Professur übernahm. Zum Kirchberger Pfarrerehepaar Schnizer hatten Günthers einen besonders engen Kontakt.

Seite 109
Gerhard Günther: Ich denke der alten Zeit, der vorigen Jahre. Steinkopf Stuttgart 1972, S. 160
Gerhard Günther (1889-1976) war der Sohn Agnes Günthers, der ihre Briefe mit biographischen Ergänzungen veröffentlichte.

Seite 111
Heinrich Layh in: Unsere Heimat. Das Oberamt Gerabronn. Albert Wankmüller Gerabronn 1909, SS 7-9
Heinrich Layh (1856-1937) war von 1895 bis 1924 Lehrer in Lendsiedel. Er hat auch die Chronik der Pfarrei Lendsiedel 1898 herausgegeben.

Seite 115
Armin Knab: Ins württembergische Franken. In: Frankenland 1. Jahrgang 1914, Konrad Triltsch Dettelbach, SS 7-9
Armin Knab (1881-1951) liess sich 1913 als Amtsrichter nach Rothenburg o.d.T. versetzen. Komponist, galt als Erneuerer des deutschen Kunstliedes.

Seite 117

Christian Dietrich/Ferdinand Brockes: Die Privat-Erbauungsge-
meinschaften innerhalb der evangelischen Kirchen Deutschlands. Buchhandlung des Deutschen Philadelphiavereins Stuttgart 1903, S. 231

Gotthold Schmid: Von Kraft zu Kraft – Rektor Dietrichs Lebens-
gang und Lebenswerk. Buchhandlung des Deutschen Philadel-
phia-Vereins Stuttgart 1919, SS 4-8

Christian Dietrich *(1823-1911), der Onkel, war ab 1850 Amtsverweser und ab 1852 ständiger Lehrer in Hornberg. Er zog
1860 nach Ohmden bei Kirchheim/Teck. Der Neffe* **Christian
Dietrich** *(1844-1919) war später Rektor des evangelischen
Töchterinstituts und Führer der altpietistischen Gemeinschaft
und der Philadelphiabewegung in Württemberg.*

Seite 121

Rudolf Besser in: Reformschule und Landerziehungsheim Schloß
Kirchberg an der Jagst. Friedrich Bauer Kirchberg/Jagst 1919, SS
8-10

*Rudolf Besser (1887-?) kaufte 1917 die Privat-Realschule in
Kirchberg und führte sie als Höhere Reformschule Schloß Kirchberg bis 1926.*

Seite 124

Knieser/Sausele: Führer zu den landschaftlich und kunstge-
schichtlich bedeutsamsten Stätten in Württembergisch-Franken.
E. Schwend'sche Buchdruckerei Schwäbisch Hall o.J. (vor
1923), SS 38f

Oskar Knieser *(1867-1936) war Rektor der Höheren Mäd-
chenschule in Schwäbisch Hall, ab 1920 in Stuttgart Rektor der
Bürgerschule und später der Schloßrealschule.*

Seite 127

Heinz Sausele: Kirchberg a. d. Jagst (Herbsttag) (Das Alte Schloß).
Im oben genannten Führer. *Heinz Sausele (1862-1938) war
Lehrer in Schwäbisch Hall und wirkte dort als Heimatdichter
und erfolgreicher fränkischer Volkstumsforscher.*

Seite 128
Gustav Ströhmfeld: Schauen und Wandern. Chr. Belser-Verlags-
buchhandlung Stuttgart 1924, SS 366-368
Gustav Ströhmfeld (1862-1938) hatte im Schwäbischen Albver-
ein verschiedene Ämter inne. In Kirchberg hat er sich im Rin-
denhäusle auf dem Sophienberg verewigt.

Seite 130
Josef Käß: Aus der Vereinschronik. In: Festschrift zum 100jähri-
gen Fahnenjubiläum des »Liederkranzes« Kirchberg a. Jagst
Friedrich Bauer Kirchberg J. 1924, SS 5-6
Josef Käß (1880-1958) war von 1914 bis 1956 Arzt in Kirch-
berg.

Seite 131
Gottlob Diez: Ein böses Jahr. In: Im Strom der Zeit – Lieder eines Unmodernen. Friedrich Bauer Kirchberg/Jagst 1925, S. 13
Gottlob Diez (1870-1940) war 2. Pfarrer in Kirchberg von 1903
-1911, dann Stadtpfarrer bis 1935. Neben dem Titel des Ge-
dichts »Ein böses Jahr« steht handschriftlich »Unserer Kirche
Brand«. Obwohl die Stadtkirche erst 1929 abgebrannt ist, hat er
oder jemand anderes dieses Gedicht auf den Brand der Kirche
bezogen.

Seite 132
Der Kirchenbrand in Kirchberg a.J. Zeitungsartikel von 1929,
im Archiv des Evang. Pfarramt Kirchberg/Jagst

Seite 135
H.S.: Die neue Kirchberger Kirche. Württemberger Zeitung vom
24.2.1930, S. 8

Seite 138
Albert Borst: Bericht des Dekans Frühjahr 1933. In: Peter Find-
eisen: Gestaltwandel – Die Stadtkirche Kirchberg an der Jagst.
In: Denkmalpflege in Sachsen Heft 1995, S. 105 Anm. 24
Albert Borst (1892-1941) war zu der Zeit Dekan in Langenburg.

Seite 139
Ein Besuch in Kirchberg a.d. Jagst. In: Kirchberg/Jagst – Heimatbuch und Führer durch Geschichte, Kunst u. unserer Jagsttalheimat, Friedrich Bauer Kirchberg Jagst o.J. (1931), SS 29-43

Seite 150
Karl Schnizer: Die »Jägerschen« in Kirchberg a.J. Zum Andenken an Professor Dr. Gustav Jäger/Ferienerinnerungen von K. Schnizer-Mergentheim. In: Der Sonntag – Illustrierte Beilage der Süddeutschen Zeitung Jahrgang 1932 Nr. 25 Stuttgart 19.7.1932

Seite 154
G. Harro Schaeff-Scheefen: Landschaft im Schleier. In: Geliebte in Franken. J.P. Peter Rothenburg o.d.T. 1940, SS 81-91
G. Harro Schaeff-Scheefen (1903-1984) lebte von 1936 bis zu seinem Tod in Kirchberg als freier Schriftsteller und Heimatforscher. Er war Mitbegründer der Max-Dauthendey-Gesellschaft und des Verbands fränkischer Schriftsteller.

Seite 158
Otto Trinkner: Der Schäfer von Kirchberg. In: Stille und Sturm – Gedichte. Copyright bei Hilde Trinkner München 1971, S. 11
Otto Trinkner (1905-1945) war von 1932-1940 Lehrer an der Schloßschule in Kirchberg. Er heiratete 1935 **Hilde Trinkner** *(1909-2002).*

Seite 159
August Lämmle: Die Reise ins Schwabenland. Fleischhauer und Spohn Stuttgart 1949, S. 394
August Lämmle (1876-1962) war Lehrer, Herausgeber von Zeitschriften und Anthologien, Schriftsteller und Volkskundler. Lange Jahre war er Landeskonservator.

Seite 160
Kurt Elsholz: Kirchberg und der Fremdenverkehr. In: Der Frankenspiegel – Sammelband der Jahrgänge 1 und 2. M. Rückert Buch- und Verlagsdruckerei Gerabronn 1951, S. 81

Seite 162

Kurt Elsholz: Überbleibsel der »Sindfluth« in Kirchberg. In: Der Frankenspiegel – Sammelband der Jahrgänge 1 und 2. M. Rükkert Buch- und Verlagsdruckerei Gerabronn 1951, S. 109
Kurt Elsholz (geb. 1911) lebte nach dem Krieg für einige Zeit in Kirchberg und schrieb viele Artikel für den »Frankenspiegel«. Er zog später nach Bonn, wo er als Ministerialrat in den Ruhestand ging.

Seite 165

Hilde Trinkner: Wiedersehen mit Kirchberg und Im Schloßpark zu Kirchberg/Jagst. In: Otto Trinkner: Stille und Sturm – Gedichte, München 1971, SS 49 f.

Seite 168

Rudolf Schlauch: Hohenlohe. W. Kohlhammer Stuttgart 1956, SS 101-104 *Rudolf Schlauch (1909-1971) war von 1934 bis 1971 Pfarrer in Bächlingen.*

Seite 171

Richard Henk in: Im Lande Götz von Berlichingens. Verlag Brausdruck Heidelberg o.J., ohne Seitenzahl

Seite 173

Georg Schwarz: Schloß Kirchberg an der Jagst. In: Martin Werner Dienel: Wo Kocher, Jagst und Tauber fließen. Hohenloher Druck- und Verlagshaus Gerabronn und Crailsheim 1963, S. 129 (dort Hinweis auf »Schwäbisches Land« Kalender 1962) *Georg Schwarz (1902-1991) war Buchhändler und Antiquar, dann freier Schriftsteller in München.*

Seite 174 + 176

Manfred Wankmüller: Schlitzöhrige Geschichten aus Hohenlohe Band 1. Hohenloher Druck- und Verlagshaus Gerabronn und Crailsheim 1966, SS 97-99. Band 2 1970, SS 165-167 *Manfred Wankmüller (1924-1988) war Chefredakteur und Mitgesellschafter beim »Hohenloher Tagblatt«*

Seite 180
Das Gedicht **»Kärchberg mei Haamet«** liegt als Typoskript vor. *Der Verfasser ist unbekannt. Er lebte fern von Kirchberg, deshalb ist der Dialekt, in dem das Gedicht verfasst ist, kein reines Hohenlohisch mehr.*

Seite 182
Karl Keller: Kleine Stadt. In: Frankenspiegel Dezember 1973. Jahrgang 25 Nummer 8, S. 32

Seite 183
Hans Dieter Haller/Erika Liehr: Der Hornberger Baukasten. In: Aktuelle Gespräche 1/82 Bad Boll, SS 15-17
Hans Dieter Haller (geb. 1937) und Erika Liehr (geb. 1937) waren Mitarbeiter der Evangelischen Akademie Bad Boll im Fachbereich Pädagogik

Seite 187
Hans Dieter Haller: Der andere Rückzug in die pädagogische Provinz. In: Westermanns Pädagogische Beiträge 7/80, SS 260-263

Seite 196
Hohenloher Sage – Aus einem Volksbuch mit Anmerkungen. In: Hornberger Baukasten-Heft 1, 4 Jahre Hornberger Baukasten Bad Boll 1982, S. 9 f

Seite 201
Tina Stotz-Stroheker: Weit hinten (Hohenlohe). In: Literarischer März – Lyrik unserer Zeit 2. Listverlag München 1981, S. 163
Tina Stotz-Stroheker (geb. 1948) lebt als Schriftstellerin in Eislingen. Sie erhielt einige Literaturpreise und Stipendien.

Seite 202
Carlheinz Gräter: Hohenlohe – Bilder eines alten Landes. Theiss Verlag Stuttgart 1984, S 110 f
Carlheinz Gräter (geb. 1937) lebt als Schriftsteller in Würzburg.

Seite 205

Konrad Betz: Hohenloher Merk-Würdigkeiten. Hohenloher Druck- und Verlagshaus Gerabronn und Crailsheim 1988, SS 183+186

Konrad Betz (geb. 1918 im Pfarrhaus in Herrentierbach) war von 1956 bis 1984 Nervenarzt in Schwäbisch Hall. Er lebt seither dort im Ruhestand.

Seite 207

Thomas Pfündel/Eva Walter: Vom Taubergrund zum Bodensee. Stuttgart 1988, SS 28-30

Thomas Pfündel (geb. 1950), Fotograf und Journalist, und Eva Walter (geb. 1953), Journalistin und Schriftstellerin, leben in Stuttgart. Sie haben zusammen eine Reihe von Bild-Textbänden herausgebracht und sind Schriftleiter der Blätter des Schwäbischen Albvereins.

Seite 212

Margarete Hannsmann: Ich kann das nicht gewesen sein – Notizen von Lesereisen. In: Freitag – Die Ost-West Wochenzeitung 16.10.1993, S. 12

Margarete Hannsmann: Kirchberger Stadtkirche. In: Gemeindebrief der Evangelischen Kirchengemeinde Kirchberg und Hornberg 11/1992, S. 1

Margarete Hannsmann (geb. 1921) lebt seit vielen Jahren als Schriftstellerin in Stuttgart. Sie eröffnete am 19. 9. 1992 die Ausstellung »HAP Grieshaber – Engel der Geschichte« und damit die »Kirchberger Engelwoche«. Am 20. 9. 1992 entstand das abgedruckte Gedicht.

Seite 213

Peter Findeisen: Gestaltwandel – Die Stadtkirche in Kirchberg an der Jagst. In: Denkmalpflege in Sachsen – Mitteilungen des Landesamtes für Denkmalpflege Sachsen Heft 1995, Dresden 1995, SS 97, 101-103

Peter Findeisen (geb. 1941) war damals Mitarbeiter beim Landesdenkmalamt Baden Württemberg und lebt heute in Halle.

Seite 217
Gottlob Haag: Daheim in Hohenlohe. Verlag Eppe Bergatreut 1999, SS 81-98
Gottlob Haag (geb. 1926), Lyriker und Mundartdichter, lebt in Wildentierbach.

Seite 231
Hans Dieter Haller: Begegnung mit zeitgenössischer Kunst in einer Landgemeinde. In: Kirchenräume – Kunsträume, Hintergründe, Erfahrungsberichte, Praxisanleitungen für den Umgang mit zeitgenössischer Kunst in Kirchen – Ein Handbuch, hrsg. vom Zentrum für Medien Kunst Kultur im Amt für Gemeindedienst der Ev.-luth. Kirche Hannovers, Kunstdienst der Evangelischen Kirche Berlin, LIT Verlag Münster 2002, SS 147-150
Hans Dieter Haller (geb. 1937) war von 1990 bis 1999 Gemeindepfarrer in Kirchberg. Er lebt jetzt dort im Ruhestand.

Autorenverzeichnis

Besser, Rudolf 121
Betz, Konrad 205
Borst, Albert 138
Bosch, Ludwig Friedrich Ernst 55
Büsching, Anton Friedrich 44
Bundschuh, Johann Caspar 45
Dietrich, Christian 117
Diez, Gottlob 131
Elsholz, Kurt 160, 162
Findeisen, Peter 213
Fromm, Christian Ludwig 61
Gräter, Carlheinz 202
Griesinger, Theodor 102
Günther, Agnes 108
Günther, Gerhard 109
Haag, Gottlob 217
Haller, Hans Dieter 183, 187, 231
Hannsmann, Margarete 212
Henk, Richard 171
Hofheimer, Leopold 93
Jäger, Friedrich von 29
Junker, Carl Ludwig 23
Käß, Josef 130
Keller, Karl 182
Knab, Armin 115
Knieser, Oskar 124
Köhler, Wolfgang Ludwig 13
Kurz, Marie 103
Lämmle, August 159
Layh, Heinrich 111
Liehr, Erika 183
Mayer, Johann Friedrich 27
Mörike, Eduard 58
Sausele, Heinz 127

Schaeff-Scheefen, G. Harro 154
Schlauch, Rudolf 168
Schlözer, August Ludwig von 48
Schlözer, Dorothea 22
Schmidt, Gotthold 117
Schmidt-Buhl, Karl 105
Schnizer, Karl 107
Schubart, Christian Friedrich Daniel 23
Schwarz, Georg 173
Stotz-Stroheker, Tina 201
Ströhmfeld, Gustav 128
S. H. 135
Trinkner, Hilde 165
Trinkner, Otto 158
V. K. 51
Walter, Eva 207
Wankmüller, Manfred 174, 176
Weber, Karl Julius 53
Wibel, Johann Christian 18
Wolf, Johann Ludwig 11
Zeiller, Martin 9

Zu den Bildern

Seite 7 + 259
Kirchberger Büchermarkt Plakat von Gerhard Frank,
Ausschnitt

Seite 8
Hohenloisch Kirchberg Kupferstich um 1651, Ausschnitt,
Privatbesitz

Seite 17
Kirchberg um 1700 Aquarell (Grisaille), Wilhelm Hammer
zugeschrieben, Privatbesitz

Seite 26
Kirchberg an der Jachst Kupferstich um 1800 von
Friedrich von Rechteren-Limpurg, Privatbesitz

Seite 38
Kirchberg an der Jagst Lithografie um 1835 von Louis Wolff,
Schefold 3853, Privatbesitz

Seite 54
Pfarrhaus in Kirchberg a. d. Jagst Tuschzeichnung 1921 von
Max Arthur Stremel, Ulmer Museum

Seite 59
Kirchberg Lithografie 1857 von Georg Maria Eckert,
Schefold 3856, Privatbesitz

Seite 60
Kirchberg Lithografie 1847, Titelbild der Oberamtsbeschreibung Gerabronn 1847, Schefold 3855, Privatbesitz

Seite 70
Kirchberg an der Jaxt Lithografie 1888 aus: Louis Rachel, Illustrirter Atlas des Königsreichs Württemberg, Schefold 3854, Privatbesitz

Seite 76
Lobenhausen Grisaille 1806 von Geier, Privatbesitz

Seite 86
Das Dorf (Lendsiedel) Radierung 1921 von Hans Emil Braun-Kirchberg, Opus 100, Sandelsches Museum Kirchberg

Seite 91
Brücke bei Eichenau Bleistiftzeichnung 1927 von Hans Prentzel, Sandelsches Museum Kirchberg

Seite 101
Schloss Kirchberg Holzstich 1866 aus: Theodor Griesinger, Württemberg in seiner Vergangenheit nach Land und Leuten. Stuttgart 1866, S. 313

Seite 104
Hornberg Radierung 1922 von Hans Emil Braun-Kirchberg, Opus 133, Sandelsches Museum Kirchberg

Seite 106
Kirchberg a. Jagst Bleistiftzeichnung 1901 von Gustav Schönleber aus: Postkartenserie hrsg. von L. Schaller, Stuttgart

Seite 110
Kirchberg a. d. Jagst Federzeichnung um 1910 von Hedwig Klemm-Jäger auf Postkarte, Verlag Fr. Bauer, Kirchberg, Privatbesitz

Seite 114
Kirchberg a. d. Jagst Bleistiftzeichnung 1927 von Heinrich Lotter-Reichenau, Privatbesitz

Seite 126
Schloß Kirchberg Radierung 1920 von
Hans Emil Braun-Kirchberg, Opus 83, Privatbesitz

Seite 140
Kirchberg a. J. Bleistiftzeichnung 1927 von Hans Prentzel,
Sandelsches Museum Kirchberg

Seite 144
Stadtturm mit Schwanen Radierung um 1920 von
Hermann Schäfer, Privatbesitz

Seite 155
Kirchberg Federzeichnung 1940 von Ludwig Lutz Ehrenberger
aus: G. Harro Schaeff-Scheefen, Geliebte in Franken
Rothenburg 1940, S. 83

Seite 166
Kirchberg a. Jagst Federzeichnung vor 1910 von Walter
Strich-Chapell aus: Von schwäbischer Scholle – Kalender für
schwäbische Literatur und Kunst 1914, September

Seite 172
Hofgarten Radierung 1908 von Wilhelm Legler,
Albertina Wien

Seite 179
Am Stadtgraben Tuschfederzeichnung 2003 von
Boris Lozinski, Privatbesitz.
Boris Lozinski *(geb. 1937) lebt seit 1993 in Kirchberg.*

Seite 200
Ohne Titel Radierung 2000 von Eberhard Stein, Opus R 139a,
Privatbesitz.
Eberhard Stein *(geb. 1943) lebt seit 1978 in Mistlau.*

Seite 204
Kirchberg an der Jagst Radierung 1934 von Otto Gross,
Sandelsches Museum Kirchberg

Seite 208
Aus Kirchberg an der Jagst (Haus Illig) Radierung (seitenver-
kehrt) 1921 von Felix Hollenberg, Büttenbender Nr. 187,
Sandelsches Museum Kirchberg

Seite 210
Kirchberg a. d. Jagst Tuschfederzeichnung 1934 von
Otto Wider, Privatbesitz

Seite 220
Kirchberg a / Jagst Bleistiftzeichnung 1923 von
Friedrich Gabler, Sandelsches Museum Kirchberg

Seite 222
Stadtweg Radierung 1908 von Wilhelm Legler, Albertina Wien

Seite 225
Protestantische Kirche in Gaggstatt Tuschfederzeichnung 1906
von Theodor Fischer aus: Fritz Beckert, Das Zeichen von
Architektur und Landschaft, Strelitz 1924, S. 91

Seite 230
Ohne Titel Radierung 2001 Henrik Dellbrügge, Privatbesitz.
Henrik Dellbrügge *(geb. 1972) lebt seit 2000 in Kirchberg.*

Seite 235
Zwei gleich groß ZA Wandobjekt 2001 von Edgar Gutbub,
Privatbesitz.
Edgar Gutbub *(geb. 1940) lebt seit 1968 in Mistlau.*

Der » Kirchberger Büchermarkt «
findet jährlich am 3. Juni-Samstag statt.